高职高专财经商贸类专业系列教材

全国优秀教材二等奖

公共关系教程

第 3 版

主　编　万国邦

副主编　李　萍　赵　奕

参　编　徐革文　黄　倩　黄　晋　段丽辉

机械工业出版社

本书荣获"全国优秀教材二等奖"。本书以满足高等职业教育财经商贸类专业学生公共关系技能培训为主要目的,服务在职人员和高等职业院校公共关系的教育需要,帮助学习者提升公共关系素养,正确认识公共关系与市场经济的关系,树立公共关系为社会发展、市场经济和职业生涯服务的观念,在社会实践中将公共关系纳入分析问题、解决问题的视野。

本书共九章,分别为公关工作认知、公关人员素质、公众关系协调、公共关系传播、公共关系调查、公共关系策划、公共关系实施、公共关系评估和公关危机管理。首先,每章开始由案例导入,设置学习情境;其次,正文详尽阐述技能操作的工作流程,理论知识简洁明了,中间穿插典型案例,便于理论联系实际;最后,通过案例评析探究其中蕴含的公共关系理论和实践技术,通过技能训练提高学习者的实践能力和综合素质。全书语言通俗流畅,案例经典有趣,可读性强。

本书既可作为高等职业院校公共关系课程的教材,也可作为广大读者自修公共关系的参考资料。

图书在版编目(CIP)数据

公共关系教程/万国邦主编. —3版. —北京:机械工业出版社,2020.8(2025.4重印)
高职高专财经商贸类专业系列教材
ISBN 978-7-111-66072-9

Ⅰ. ①公… Ⅱ. ①万… Ⅲ. ①公共关系学—高等职业教育—教材 Ⅳ. ①C912.31

中国版本图书馆CIP数据核字(2020)第122623号

机械工业出版社(北京市百万庄大街22号 邮政编码100037)
策划编辑:乔 晨　　　　　责任编辑:乔 晨 佟 凤
责任校对:李亚娟 肖 琳　　封面设计:鞠 杨
责任印制:单爱军
北京虎彩文化传播有限公司印刷
2025年4月第3版第10次印刷
184mm×260mm・16.25印张・376千字
标准书号:ISBN 978-7-111-66072-9
定价:49.90元

电话服务　　　　　　　　网络服务
客服电话:010-88361066　机 工 官 网:www.cmpbook.com
　　　　　010-88379833　机 工 官 博:weibo.com/cmp1952
　　　　　010-68326294　金 书 网:www.golden-book.com
封底无防伪标均为盗版　　机工教育服务网:www.cmpedu.com

前　言

我们生活在一个公共关系无处不在的社会，懂得运用公共关系的组织或个人将更容易实现其目标，精通公共关系的组织或个人将会具备更加持久的优势。公共关系甚至被称为社会的"第五权力"和人们的"个人伴侣"。

本书将引领你去探究公共关系的奥秘。希望下面的三个关键词能给你留下深刻印象：塑造形象、传播沟通和协调关系。所谓公共关系，就是公关主体为了塑造良好形象，运用传播沟通手段协调公众关系的一门科学和艺术。公共关系学以公共关系的客观现实和活动规律为研究对象，以在公众心目中树立组织的良好形象为根本目的，研究组织与公众之间传播沟通的行为、规律和方法，建立组织与公众之间的良好沟通关系。

本书是武汉市高等院校在线开放课程公共关系学课程组的建设成果之一。课程组在总结高等职业教育教学改革成果的基础上，认为探索高职课程内容要与职业标准对接，就必须从以下四个方面展开：一是如何将职业资格标准融入高职课程标准之中，合理确定课程教学目标，从实践层面真正实现高职课程目标与职业工作需求的对接；二是如何将职业资格标准融入高职课程教学内容之中，合理编制课程教学内容，从实践层面真正实现高职课程教学内容与职业岗位任务的对接；三是如何将职业资格标准融入高职课程教学方式之中，合理选择课程教学方式，从实践层面真正实现高职课程教学方式与职业工作过程的对接；四是如何将职业资格标准融入高职课程评价之中，合理开展学习效果评价，从实践层面真正实现高职课程效果评价与职业能力素质的对接。

在课程建设过程中，我们力求实现"四个对接"与"三个转变"。"四个对接"，即：公共关系教学目标与公共关系工作需求的对接、公共关系教学内容与公共关系岗位任务的对接、公共关系教学方式与公共关系工作过程的对接、公共关系学习效果评价与公共关系素质要求的对接。"三个转变"，即：教师角色的转变，由传统的知识传授者转变为学生构建知识结构的引导者、帮助者和促进者；学生学习方式的转变，由传统的知识接受者转变为自主学习者；课程体系的转变，由传统的学科体系转变为行动体系。我们期望通过这样的努力，为学生提供更实用、更有效的公共关系学习资源。

公共关系知识树

将这些理念落实到课程建设中，由此就形成了本课程的三个特色。一是突破学科体系，强化技能训练，构建了一个崭新的公共关系课程体系。我们以公关人员职业技能为主线，对公共关系理论知识和实务进行了重新组合，以技能训练带动知识学习。二是突出案例教学，融"教、学、做"为一体。每章开始由案例导入,引导学习者进入学习情境;正文中穿插典型案例,便于理论联系实际,增加可读性,提高学生的学习兴趣;每章最后给出技能训练题,发动学习者动手、动脑,使学习者的实践能力和综合素质通过技能训练得到提高。三是创新教学模式,发挥教师主导作用,引导学习者自主学习、探究学习、协同学习。本书对技能操作方面的知识力求按照工作过程详尽阐述,对理论知识则以够用为度,力求简洁;网络课程则为学生提供自主学习的丰富资源和师生互动、学生之间互动的环境。

人机对话,自主学习
学习者可通过智能手机、iPad、笔记本电脑等,利用网络课程(虚拟学习课堂)提供的一体化多媒体教学资源,按照自己制订的学习计划,随时随地开展自主学习。

联系实际,探究学习
公共关系学是一门应用型学科,其应用技术丰富发达,学习者应关注社会生活中新鲜的、典型的、富有争议的公共关系事件,探究其中蕴含的公共关系理论和实践技术。

小组合作,协同学习
公共关系学是一门综合性的边缘交叉学科,在学习的过程中,不同学科背景、职场经历的学习者获取的新知也会不同。顾炎武《与友人书》云:"独学无友,则孤陋而难成。"学习者可根据兴趣、地缘、事缘、人缘等,成立学习小组,互帮互学、相互激励、探讨问题、交流心得,协同完成实训(综合技能训练)任务。

随着5G时代的到来,人类社会的沟通正在发生前所未有的变革,对每个社会成员的公关素养要求也越来越高。正如中国传媒大学董关鹏教授所言,"公共关系是5G时代的必修课"。为此,课程组已获准立项建设公共关系学"金课"。我们将以党的二十大精神为指引,不断完善公共关系学课程内容体系,更新公共关系学课程标准,建设高质量数字化学习资源,打造更适应5G时代学习者学习需求的融媒体教材。我们将遴选最适合职业教育学生的学校资源、企业资源和其他社会资源,优化整合为一体化的课程学习资源,激发学生学习兴趣、滋养学生创新思想、放飞学生公关梦想,建成具备中华优秀传统文化精神、中国共产党治国理政经验和社会主义核心价值观文化底色的公共关系学在线开放课程,为"构建高水平社会主义市场经济体制""推进高水平对外开放""强化现代化建设人才支撑"做出公共关系学课程应有之贡献。

本书由万国邦主编,李萍、赵奕为副主编。各章编写分工如下:万国邦撰写第一、六、八章,黄晋撰写第二章,徐革文撰写第三章,李萍撰写第四章,黄倩撰写第五章,赵奕撰写第七章,段丽辉撰写第九章。在本书的编写过程中,我们参阅了大量相关文献,在此谨向这些文献的作者表示衷心的感谢!

本书配有电子课件等教师用配套教学资源,凡使用本书的教师均可登录机械工业出版社教育服务网 www.cmpedu.com 下载。咨询可致电:010-88379375,服务QQ:945379158。

本书从策划到出版的过程中,机械工业出版社的孔文梅和乔晨编辑付出了大量的心血,他们的许多宝贵意见对我们提高教材的质量起到了不容忽视的作用,对此我们向他们表示诚挚的谢意!

由于编者的水平和经验所限,书中难免存在不足之处,敬请同行专家和广大读者以及使用本书的老师和同学们批评指正。

编 者

目 录

前言

第一章　公关工作认知 1
- 第一节　公共关系的基本含义 2
- 第二节　公共关系的基本职能 12
- 第三节　公共关系的基本原则 20
- 本章小结 26
- 案例评析 27
- 技能训练 31

第二章　公关人员素质 33
- 第一节　公共关系观念 35
- 第二节　公共关系心理 39
- 第三节　公共关系能力 43
- 本章小结 47
- 案例评析 48
- 技能训练 50

第三章　公众关系协调 51
- 第一节　员工关系协调 53
- 第二节　顾客关系协调 58
- 第三节　媒介关系协调 64
- 第四节　社区关系协调 68
- 第五节　政府关系协调 72
- 本章小结 75
- 案例评析 76
- 技能训练 78

第四章　公共关系传播 81
- 第一节　实施有效传播 83
- 第二节　发表公关演讲 86
- 第三节　运用自控媒介 96
- 第四节　开展新闻宣传 101
- 本章小结 108
- 案例评析 109
- 技能训练 111

第五章　公共关系调查 113
- 第一节　设计公共关系调查方案 115
- 第二节　实施公共关系调查活动 123
- 第三节　撰写公共关系调查报告 135
- 本章小结 139
- 案例评析 140
- 技能训练 142

第六章　公共关系策划 143
- 第一节　确立公关目标、设计活动主题 144
- 第二节　确定目标公众、设计活动项目 151
- 第三节　预算活动经费、审定活动方案 160
- 第四节　撰写公共关系策划书 162
- 本章小结 167
- 案例评析 168
- 技能训练 170

第七章　公共关系实施 171
- 第一节　设计活动实施方案 172
- 第二节　实施公共关系传播 180
- 第三节　调控公共关系活动 189
- 本章小结 197
- 案例评析 198
- 技能训练 200

第八章　公共关系评估 201
- 第一节　制订公共关系评估标准 203
- 第二节　实施公共关系评估活动 211
- 第三节　撰写公共关系评估报告 216
- 本章小结 222
- 案例评析 222
- 技能训练 224

第九章　公关危机管理 227
- 第一节　预防公共关系危机 228
- 第二节　识别公共关系危机 234
- 第三节　处理公共关系危机 242
- 本章小结 248
- 案例评析 248
- 技能训练 251

参考文献 253

第一章　公关工作认知

☞ 学习目标

1. 能够正确认识公共关系是现代社会文明的产物，理解公共关系观念、公共关系活动都是随着社会发展而变化的。

2. 能够在众说纷纭中厘清对公共关系的认识，理解公共关系构成要素之间的相互关系和公共关系的独特管理领域。

3. 能够正确认识公共关系的基本目标，在公共关系活动中遵循公共关系的工作原则，履行公共关系职能，帮助组织与公众建立和维持良好的关系。

引 导 案 例

乔治五世饭店的不速之客

1992年圣诞节,在法国的首都巴黎,一个慈善组织为了促使政府福利部门为穷人提供更多住房,精心策划安排近200名无家可归者占据了豪华的乔治五世饭店的门厅。这无疑会给饭店的正常经营造成妨碍。如果仅仅依法办事,饭店可以动用自己的安保力量驱赶他们,或者与警方及政府福利部门联系。但是,一旦动用强硬措施,便会造成巨大的影响,而这样的影响可能会损害饭店形象。况且,那个慈善组织正愁无法向政府施加压力呢!精于公关艺术的饭店负责人不仅没有强硬地驱赶这些无家可归者,而且利用这个机会为饭店形象添上了光彩的一笔。饭店总经理亲自出面,向门厅内的人们问候并发放巧克力,同时向他们的子女赠送圣诞礼物。这种赠礼的家庭式气氛,迅速消除了这些人的敌对感,缓和了店方与这些无家可归者之间的关系。于是,这批不速之客就像一般来访的客人一样,陆陆续续离店而去,他们来的时候满怀一腔不平,走的时候则带着一丝愧疚,并且感觉到一种被友善对待的温暖。90分钟后饭店大厅便恢复常态了。这种解决办法对住店的宾客是一种安慰,他们感谢店方既解决了让他们不得安宁的危机,也让他们不至因强烈的居处对比反差而感到不安。目睹这一事件的人们也因事情得到温和友好的解决而感到庆幸。新闻界报道了这则圣诞花絮,受众的一般印象是:鼓动者无可厚非,饭店通情达理,受鼓动者也值得同情。

在经营管理工作中,经常会遇到类似的情景。乔治五世饭店为什么不依法办事,而要采取这种温情脉脉的方式对待那些"不速之客"?这是因为该饭店要考虑其"公共关系",因此选择了用"公共关系"的方式来处理这一突发事件。

在现代社会里,公共关系无时不有、无处不在。任何组织都需要通过有效的公共关系工作塑造良好形象,创造有利于生存发展的社会环境。要有效地开展公共关系工作,必须先正确地认识公共关系,本章的作用就是帮助你认识公共关系的基本理论,正确理解公共关系这一现代社会文明的产物,以达到学习入门的目的。

第一节 公共关系的基本含义

类似于现代公共关系的思想和活动古已有之,但作为一门科学,公共关系产生于19世纪末20世纪初的美国,这是因为公共关系的产生与发展受到社会经济、政治、文化以及传播技术等因素的制约。要弄清楚什么是公共关系,首先,有必要分析公共关系概念的基本含义,把握公共关系的本质;其次,要分析公共关系的构成要素,把握各要素的作用及其相互关系;最后,要在上述分析研究的基础上,表述公共关系的含义。

一、公共关系的存在形式

现代公共关系源于美国,译自英文Public Relations(缩写为PR),最初传入中国时,曾被译为公众关系,现在通行的译法是公共关系,简称公关。

Public Relations 的英文原意中有多种指代,今天人们常说的"公共关系",主要包含三种含义:①组织与其公众之间客观存在的关系;②专门为协调这些关系而开展的工作;③由此而形成的一种现代社会意识。也就是说,公共关系包含了公共关系状态、公共关系活动、公共关系观念三种含义。这三种含义正是公共关系的三种基本存在形式。公共关系状态是公共关系的静态存在形式,公共关系活动是公共关系的动态存在形式,公共关系观念是公共关系的文化存在形式。

(一)公共关系状态

公共关系状态是指一个组织所处的社会关系状态和社会舆论状态,它体现了公众对社会组织的联系、了解和支持的程度。换言之,公共关系状态即社会组织在公众心目中的现实形象状态。公共关系状态伴随着人类社会的产生而产生,是一种不以人的主观意志为转移而客观存在的社会关系状态。公共关系状态主要通过关系的规模大小、质量好坏和变化趋势等来体现。它有可能处于人们被意识到的状态,也有可能是人们还没有意识到的。例如,社会组织在公众心目中的知名度如何,美誉度怎么样,组织与组织之间的关系是否亲密,是相互合作还是彼此对抗等。

一般来说,公共关系有四种状态:第一种是高知名度、高美誉度,这种状态是组织最理想的状态;第二种是高知名度、低美誉度,这是最不理想的状态,组织处于一种危机状态;第三种状态是低知名度、低美誉度,这是组织的原始状态;第四种是低知名度、高美誉度,这是组织的一种较为稳定和安全的状态,说明组织处于发展阶段,有很好的发展前景。任何组织都会有一种公共关系状态,且属于这四种状态中的一种。

公共关系状态既是组织公关活动得以进行的基础,也是组织公关活动实际形成的结果。任何组织要在激烈的竞争环境中生存和发展,就必须主动去适应、改变社会环境,自觉追求和塑造良好的组织形象,建立良好的公共关系状态。

(二)公共关系活动

公共关系活动是组织以创造良好的公共关系状态(或树立良好的组织形象)为目的而开展的各种协调沟通活动。

公共关系活动是主观见之于客观的一种社会实践活动;公共关系活动是改善组织原有的公共关系状态,实现公关目标的手段;公共关系活动是社会组织树立自身良好形象的过程;任何一项公共关系活动都具有目标性、主观性、技巧性等特点。

公共关系活动可以细分为兼及的公共关系活动和专门的公共关系活动。

1. 兼及的公共关系活动

兼及的公共关系活动是指那些在组织日常事务中兼顾了公共关系的活动。如接待工作中谦虚有礼、营销工作中诚实待人等,这种活动并非由专门的公共关系部门和公共关系人员所从事,一般不需要周密的策划,不需拨给专门的经费。

2. 专门的公共关系活动

专门的公共关系活动是指由专门的公共关系机构和公共关系人员所策划和从事的公共关系活动。如对组织形象进行调查、对组织的方针政策可能给组织公关状态产生的影响进行评估、筹划组织的庆典活动、编印公关刊物、制作公关广告等。

无论是兼及的公关活动还是专门的公关活动，对于公关工作来说都十分重要，不可偏废。

公共关系活动是否自觉、是否科学的重要标志，就是看有没有自觉的公共关系意识和科学的公关理论作为指导。因此，现代公共关系活动又是和公共关系观念相联系的。

（三）公共关系观念

公共关系观念属于一种现代经营管理和行政管理的思想、观念和原则，它是在总结现代经营管理和行政管理经验的基础上，用以指导组织自身行为、树立组织良好形象、处理组织内部和外部各种关系的一整套具有哲学意义的指导思想。

公共关系观念影响和指导着个人或组织决策与行为的价值取向，从而反作用于人们的公共关系活动，并间接影响实际的公共关系状态。

对于任何一个组织或者个人来说，要有良好的公共关系状态，必须要有相应的公共关系活动。这些活动，必须是在正确的公共关系观念指导下进行的。换言之，没有现代公共关系观念，就没有适应现代状况的公共关系活动，因而也不会产生良好的公共关系状态。所以，在这三个层面上，公共关系观念是至关重要的。

二、公共关系的构成要素

公共关系是由组织、公众和信息传播沟通三大要素构成的。组织是公共关系的主体，它主宰着公共关系活动，决定公共关系状态；公众是公共关系的客体，他们的态度和行为影响着组织目标的实现；信息传播沟通是公共关系的过程，它决定着公共关系活动的效果。

（一）公共关系主体——组织

组织是社会组织的简称，是指人们为实现特定目标，按照一定的规范建立起来的社会团体。如政治组织、经济组织、军事组织、文化团体以及民间组织等具体机构，它是实施公共关系活动的主体，它可以发起和从事各种公共关系活动。

1. 组织的基本特征

任何一个组织都具备以下基本特征：

1）目的性。每个组织都有自己的特定目标，这个目标体现了该组织存在的意义和奋斗方向。

2）群体性。每个组织都有一定数量的、较为稳定的成员。

3）系统性。每个组织都是以一定的规章制度、责任分工相互约束的整体，以形成合力，完成共同目标。

4）协作性。每个组织都有与实现其特定目标相适应的结构形式，要求组织成员之间相互协作、相互制约。

5）变动性。每个组织都受到社会环境的制约，社会环境的变化必然带来组织的相应改变。

2. 组织的运行环境

组织运行环境是由影响和制约组织生存和发展的诸多因素构成的大系统。按照组织对这些因素的控制、影响程度的不同，可将它们区分为组织的内部环境和外部环境两大类：

1）组织的内部环境包括组织的决策层、员工队伍、员工关系、经营状况、管理机制、文化氛围、精神面貌和设备设施、建筑风格、装潢布置等，它们是由有形的人、财、物与无形的信息、知识、管理、精神等组成的微观环境系统，是组织赖以生存和正常运行的基本条件。

2）组织的外部环境更为复杂，由自然环境和社会环境两大系统组成。前者是指组织所在地区的地形、气候特点和水、空气质量、植被面积、天然景观等各种自然因素及其对组织的影响；后者是指组织所面对的政治、经济、文化等状况及其对组织的影响。

3. 组织的公共关系工作

组织开展公共关系工作，其目的就是树立组织的良好形象，为实现组织目标创造良好的内部环境和外部环境。因此，公共关系工作目标与组织目标的关系是：

1）组织目标决定公共关系目标。

2）公共关系目标体系是组织目标体系中的子目标系统。

3）公共关系目标服务、服从于组织目标。

4）公共关系工作必须帮助组织实现目标。

（二）公共关系客体——公众

公众是与特定的公共关系主体相互联系和相互作用的个人、群体、组织的总和，是公共关系工作对象的总称。公众的数量以及态度，决定着组织生存环境的优劣。正确认识和分析公众，积极地影响公众，争取不同公众对组织的理解与支持，是公共关系工作的重要任务。

1. 公众的特点

公众是由组织来确定的，每个组织都有自己特定的公众对象。组织的性质、规模和目标，决定着公众的范围和数量。一般来说，公众具有如下特点：

1）整体性。公众具有群体性，每一个公众都是某一类公众群体中的一员，或是以代表某类公众的"代表者"出现。公众不是单一的群体，而是与某一组织运行有关的整体环境。任何组织的生存和发展都离不开一定的公众环境。公众环境是组织运行过程中必须面对的社会关系和社会舆论的总和。公共关系工作不可只注意其中某一类公众而忽略其他公众。对其中任何一种公众的疏忽，都可能致使整个公众环境恶化。因此，开展公共关系工作时，首先应该将组织面对的公众视作一个完整的环境，要用全面、系统的观点来分析自己面临的公众。

2）共同性。公众是具有某种内在共同性的群体。这种内在共同性即相互之间的某种共同点。这样一些共同点，使一群人或一些团体、组织具有相同或类似的态度和行为，构成组织面临的一类公众。了解和分析自己的公众，必须了解和分析其内在的共同性、内在的联系，这样才能化混沌为清晰，从公众整体中区分出不同的对象。

3）多样性。公众的多样性表现在公众种类的多样性、公众存在形式的多样性和公众态度、行为的复杂性三个方面。公众种类的多样性，决定了沟通内容、信息角度的多样性；公众存在形式的多样性，决定了沟通方式和传播媒介的多样性；公众态度、行为的复杂性，决定了公共关系工作中公共关系策略的运用。公共关系工作要针对不同的公众，传播不同的信息，选择不同的传播媒介，运用不同的沟通方式，采用不同的公共关系策略。

4）可变性。任何组织面临的公众都在不断地变化，其性质、形式、数量、范围等方面随着主体条件、客观环境的变化而变化。公众环境的变化，必将导致公共关系工作目标、方针、策略、手段的变化；组织自身的变化，也会导致公众环境的变化。明确公众的可变性，社会组织才能随时修订计划，采取公共关系措施，让公众向有利于组织的方向变化。

5）能动性。公众不只是被动地作为公共关系的客体，而是从自身利益需要出发，积极主动地影响某一组织的决策和行为。社会组织必须及时了解和分析公众的态度，满足公众的需求，以争取公众对组织的支持与合作，并要善于引导公众，调动公众的能动性向有利于组织的方向发展，确保组织目标的顺利实现。

2．公众的分类

在公共关系工作中，我们不仅要了解公众的特点，还要对公众进行详细的划分，以明确公共关系的具体工作对象。常见的五种分类法如下：

1）根据公众与组织的所属关系，可分为内部公众和外部公众。内部公众是指组织内部的各类成员和与组织有较多共同利益的公众，如企业的管理、技术、生产、销售等人员和股东；外部公众是指组织外围的公众，他们不从属于组织，如消费者、原料供应商、政府以及上级主管部门、竞争对手、新闻媒介、社会名流、社区居民等。

2）根据公众对组织的重要性程度，可分为首要公众、次要公众和边缘公众。首要公众是指对组织的生存、发展起着决定性作用和影响的那部分公众；次要公众是指对组织有一定的影响，但没有决定性意义的公众；边缘公众是指与组织有关系，但对组织的生存和发展影响有限的公众。组织的公共关系工作，要保证能够有效地影响首要公众，兼顾次要公众，关注边缘公众。

3）根据公众对组织的不同态度，可分为顺意公众、逆意公众和独立公众。顺意公众是指对组织的政策和行为持肯定态度的那部分公众；反之，对组织缺乏好感、持否定态度的公众就是逆意公众；独立公众对组织的政策与行为持不明朗态度，既不明确赞同，也不反对。面对不同态度的公众，组织的公共关系工作就是要尽量稳定、维系顺意公众，努力使独立公众向顺意公众转化，对逆意公众来说，也不要采取听之任之的态度，应该弄清楚他们对组织产生敌意的原因，针对原因采取对策，诚恳地向他们做出解释，与他们进行沟通，使他们逐步向独立公众，甚至向顺意公众转化。

4）根据公众与组织关系的稳定程度，可分为稳定公众、周期公众和临时公众。稳定公众是指具有稳定结构，与组织保持较为稳定关系的公众，如组织的员工、老顾客、社区公众等；周期公众是指那些遵循一定规律和周期出现的公众对象，如旅游旺季出现的众多旅游者、春节前后许多地方出现的春运潮等；临时公众是指那些因临时因素和突发事件而出现的公众，如地震、洪水等自然灾害造成的受灾民众，某一特大事故引起的受害者及其家属等。区分稳定、周期、临时三类公众有助于组织根据这些公众的特点和情况，有针对性地分别制订公共关系的长期性策略、周期性策略和处理突发事件的应急策略。

5）根据公众的一般发展过程，可分为非公众、潜在公众、知晓公众和行动公众。非公众是公共关系学中特有的一个概念，是指与组织不发生关系，不受组织行为影响，也不对组织产生任何影响的社会群体或者个人；潜在公众是指那些组织的行为和目标有可能影响到的公众，其本身还没有意识到；知晓公众是指那些已经了解了组织的有关信息，并意识到自己的权益与组织已经发生了某种联系的公众；行动公众是指那些已经采取行动，对组织产生了实际影响的公众。把公众划分为非公众、潜在公众、知晓公众和行动公众是一种纵向的分类方法，其目的是把公众理解为一个连续的发展过程。对公共关系工作来说，划分出组织的非公众是有意义的，这可以帮助我们减少公共关系工作的盲目性，将非公众排除在公共关系活动的范围之外，避免不必要的浪费；对潜在公众，要预测、监控事态的发展，分析各种可能出现的后果，制订多种应对的方案，积极影响事态向好的方向发展，当事态不可避免地要变糟时，采取必要的预警措施，防患于未然，将问题解决在萌芽状态，避免酿成更大的麻烦；对知晓公众，要采取积极主动的公共关系姿态，及时沟通，主动传播，满足公众要求被告知的心理需求，使公众对组织产生信任感，主动引导舆论导向；对行动公众，除了采取相应的行动别无选择。

对公众进行分类是为了更好地开展公共关系工作，更好地服务于组织的发展，以上的分类虽然标准不同，但是他们之间是有交叉和融合的。因此，在具体的公共关系工作当中，应该因时而异、因事而异，遵循突出重点、强调应急、避免扩散的动态选择原则，对公众进行合理的分类，这样公共关系工作才会卓有成效。

3. 影响公众行为的心理因素和社会因素

1）影响公众行为的心理因素。影响公众行为的心理因素是多种多样的，从公共关系角度看，主要有以下六个方面：需要、知觉、价值观、态度、性格和气质、兴趣和能力。不过在这些因素当中，最基本、最主要的因素是"需要"。在研究和分析公众问题、解决公关问题时，我们应该把这一因素放在首位来考虑。

2）影响公众行为的社会因素。公共关系中的公众都是生活在特定的社会环境中的，他们的行为以及心理的形成与变化无时不受到其生活的社会环境的影响，因此，要深入认识公众的行为，还需要进一步研究分析影响公众行为的各种社会因素，如文化因素、经济因素、政治因素、教育因素、组织因素、阶层因素、性别因素、年龄因素、职业因素、种族因素等。这些因素往往会同时对公众行为产生影响。在公共关系工作中，对影响公众行为的社会因素应该考虑各种因素的共同作用，这样才不会顾此失彼。

（三）公共关系的过程——信息传播沟通

传播是指个人间、群体间或群体与个人之间交换、传递新闻、事实、意见、感情的信息交流过程。它是人类社会赖以生存和发展的前提。信息传播沟通是连接公共关系主体和客体的纽带，它是公共关系的工作过程，也是公共关系的基本手段。信息传播沟通的质量和效果决定着公共关系工作的效果。

虽然，影响信息传播沟通质量与效果的因素是多方面的——如公关人员的知识结构、文化修养、思维观念、经验阅历，对公众的研究和把握程度，信息传播的物质条件、社会环境和具体环境，公众对信息的接受、理解水平等。但毫无疑问，制约传播沟通质量和效果最直接、最重要的因素，还是公关人员对传播沟通理论的掌握和实践、运作的能力。

"工欲善其事，必先利其器"。"利其器"，一是靠实践锻炼积累直接经验，二是靠学习借鉴积累间接经验。"利其器"的基础是"识其器"，因此，我们必须先来认识信息传播沟通的相关知识。

1. 信息传播沟通的要素

（1）基本要素

传播沟通的基本要素包括信源、信宿、信息、媒介、信道、反馈六个要素。

1）信源即信息的发布者。信息发布者的编码能力、形象、声誉等影响着信息传播沟通的效果。

2）信宿即接受并利用信息的人。信息接受者的译码能力及其观念、态度和情感也影响着信息传播沟通的效果。

3）信息是具有新内容、新知识的消息，包括观念、态度和情感等。信息是信息传播沟通的内容，信息质量对信息传播沟通的效果具有决定性的影响。

4）媒介是指用以记录和保存信息并随后由其重现信息的载体。信息与媒介密不可分，离开了媒介，信息就不复存在；任何信息都必须以某一特定的媒介作为载体，才可能进行传递。

5）信道是指信息传递的途径、渠道。信道的性质和特点，将决定对媒介的选择。

6）反馈是指信息接受者对信息传播者所发出信息的反应。在传播沟通过程中，这是一种信息的回流。信息传播者可以根据反馈检验传播沟通的效果，并据此调整、充实、改进下一步的传播沟通行为。

（2）隐含要素

信息传播沟通的效果除了受到上述基本要素的影响外，还受到时空环境、心理因素、文化背景、信誉意识等隐含要素的影响。

1）时空环境。传播沟通时机的选择、座位的设置排列、交流环境气氛的营造对信息传播沟通的效果有明显的影响。

2）心理因素。在不同的心理状态下，人们接受信息的效果是大不相同的。没有心理上的沟通，是无法获得最佳沟通效果的。"愉悦"感情是促使信息传播沟通取得成效的"催化剂"。

3）文化背景。传播沟通是一种文化现象。不同的经济环境、风俗习惯、民族心理、性格特征、思维方式、价值观念等，使人们对同一信息内容可能产生不同的主观感受。因此，在信息传播沟通过程中，公关人员务必要了解信息接受者的文化背景，尊重他们的文化习惯，适应他们的心理性格特征，以避免产生沟通障碍。

4）信誉意识。信息内容的可信度和权威性与传播沟通效果成正比；信息传播者的可信度及其被公众所信赖的程度与传播沟通效果成正比。

2．信息传播沟通的媒介

荀子在《劝学》中说："登高而招，臂非加长也，而见者远；顺风而呼，声非加疾也，而闻者彰。假舆马者，非利足也，而致千里；假舟楫者，非能水也，而绝江河。君子生非异也，善假于物也。"这段话可以给信息传播者一个重要的启示：如何能使信息"见者远""闻者彰""致千里""绝江河"，克服种种障碍，增强影响的广度和深度？重要的途径在于"善假于物也"。现代科学技术使这类"物"——高效媒体不断被发明创造出来，从而使信息传播沟通更便捷，也使公关活动发生了深刻变革。

（1）大众传播媒介

大众传播媒介在公共关系传播中发挥着极为重要的作用，它是其他诸多媒介实现最佳效果的"助动器"和"放大机"。大众传播媒介主要包括报纸、杂志、广播、电视、互联网、电影、书籍等，它具有传播范围广、传播速度快、传播内容重要等特点，能够传播信息，引导舆论，传递组织文化，宣传组织形象。

报纸、杂志、广播、电视是公共关系活动中最常用的四种传播媒介，它们各有特点和利弊，因此，在实施公共关系活动时，应有选择地使用。为了取得最佳的传播效果，也可综合使用。此外，互联网由于具有传播范围广、超越时空、高度开放、个性化、互动性强、使用成本低等特点，越来越被社会组织重视。

（2）人际传播媒介

人际传播媒介可分为语言媒介和非语言媒介。

1）语言媒介又称为口头媒介，它是传、受两者之间双向性的信息交流中介，是人类最古老而又久用不衰的传播媒介，是一切传播活动的基础和重要支柱。语言媒介使用具有简便、快捷、易懂、生动、易控的特点，能使人产生亲切感和友好感，但出口即逝，传播范围受到限制。日常访谈、讨论问题、会议报告、公关演讲等都使用语言媒介。

2）非语言媒介在日常生活中也是较为常见的，如书信、图画、体态语言（如动作、姿态、表情、眼神）等，都是很好的信息交流媒介。有时非语言传播比语言传播更为确切，如皱眉头表示不满，挥舞拳头表示愤怒，这比语言表达还要生动清楚。

（3）其他媒介

除上述传播媒介之外，还有一些常见的、可以灵活使用的公共关系媒介物，如实物媒介、人体媒介。

1）实物媒介指的是实物充当信息的载体，如产品、公关礼品、象征物等。其特点是直观明确、可信度高、视觉和感觉冲击力强，容易引起公众的反应。

2）人体媒介借助人的行为、服饰、表情和社会影响等作为传递信息的载体，它包括组织成员、社会名流、新闻人物以及能够影响社会舆论的公众等。人体媒介容易建立传播双方感情的沟通渠道,在公共关系传播中有其独特的形象影响力。

3. 信息传播沟通的方式

在公共关系工作中,想要获得良好的传播沟通效果,不仅要选择最佳的传播媒介,还要选择合适的沟通方式。

(1) 自我传播

自我传播又称内向传播,是每个人本身的自我信息沟通。其表现形式是人的自言自语、沉思默想、内心冲突、自我安慰、自我陶醉等。内向传播是人的自我需要,也是人的社会需要,是人为了适应环境而进行的自我调节。这种传播的特点是:"主我"(I)和"宾我"(me)之间的内向沟通,是人类传播的基本单位和细胞。自我传播能力高的人容易与他人交往,容易适应社会。

(2) 人际传播

人际传播是指个体与个体之间的信息沟通、交流。人际传播是人类最常见、最广泛的一种传播方式,是构成人际关系的基础。其表现形式分为面对面传播和非面对面传播两种。前者一般通过语言、动作和表情等媒介进行交流,在同一空间进行;后者则通过电话、微信和电子邮件等媒介进行交流,可跨越空间进行。它也是公共关系中比较常用的一种传播方式,对组织树立形象有特殊的效果,尤其是在处理内部公众关系时。这种传播具有个性化、私密性和信息反馈的及时性等特点。因此,在传播沟通过程中,双方不断地相互调整,相互适应,传播沟通效果也易于显现。

(3) 组织传播

组织传播是指通过组织所控制的媒介与公众进行的信息传播沟通活动,是组织与其成员、组织与其所处环境之间的沟通交流活动。组织传播分为组织内部传播和组织外部传播。前者主要分为自上而下的沟通(上级领导传达政策、决策给下级),自下而上的沟通(员工向上级领导反映情况、表达意见和态度、提出建议等),平行沟通(组织内部各部门之间的横向交流)三种方式。后者是指对可能影响组织生存发展的各种外部公众进行的传播沟通。这种传播沟通的特点是:传播沟通的主体是组织,传播沟通的对象十分广泛、复杂,传播沟通具有明确的目的性和可控性。因此,组织传播是疏通组织内外沟通渠道、密切组织内外关系的一种重要的传播沟通方式。

(4) 大众传播

大众传播指的是职业传播者通过大众传播媒介,将大量复制的信息传递给分散的公众的一种传播沟通活动。从媒介角度看,大众传播分为两大类型:一类是印刷类的大众传播媒介,另一类是电子类的大众传播媒介。这种传播沟通的特点是:传播沟通主体具有高度组织化的特点,具有专业化、现代化和技术化的传播手段,传播沟通对象众多,传播速度快,覆盖面广,影响大,传者和受者之间的"人际关系"不复存在,信息反馈比较慢,信息反馈的渠道比较间接。

从自我传播到大众传播,传播沟通形式发生了四个变化:①受众面越来越大;②传受双方距离和感情越来越远;③信息传播的个性化越来越淡;④组织系统和传播技术越来越复杂。

三、公共关系的理解维度

从 1903 年美国记者艾维·李开办第一家正式的公共关系事务所算起，公共关系已有百余年的历史了。但是，对于公共关系的定义，目前仍然是五花八门、众说纷纭，可以说有多少种公共关系著作，就有多少种公共关系的定义。

认识公共关系的最简便方法，应该是给公共关系下一个定义。怎样来给公共关系下定义呢？可以从公共关系的根本目的、特殊手段和操作特征三个维度，来理解和定义公共关系。

1. 公共关系的根本目的是塑造良好的组织形象

国际公共关系协会定义公共关系时强调，公共关系是一种管理职能。那么，公共关系管理的是什么呢？公共关系作为现代组织管理的独立职能，其管理对象是社会信息资源、公众关系资源、传播媒介资源和组织形象资源。公共关系的这个独特管理领域，反映了现代信息社会管理发展的趋势：日益重视信息资源、关系资源、传播资源和形象资源。因此，公共关系与资金、技术和人才并列，被称为现代组织经营管理的"四大支柱"。公共关系的根本目的，是通过有计划的、持之以恒的公共关系活动，塑造、树立、维护良好的组织形象，协调组织与公众的相互关系，既能使组织适应公众的要求，又能使公众有利于组织的生存发展。

2. 公共关系的特殊手段是信息传播沟通

公共关系是一种双向的信息传播活动，英国公共关系学会的公共关系定义是这种学术思想的典型代表："公共关系是为了建立和维护组织与其公众之间的相互理解而付出的一种有目的、有计划的持续努力。"美国公共关系研究与教育基金会主席 R.哈罗博士，通过征求 83 名公共关系领导人的意见，研究了 472 个定义后，提出了一个非常全面的公共关系定义，这个定义强调，公共关系"用调查研究和正确并合乎道德的沟通技术作为其重要手段"。公共关系作为一种管理职能，它用以协调组织与公众关系的手段不是常用的经济、行政或法律手段，而是现代信息社会的信息传播沟通。

3. 公共关系的操作特征是科学性与艺术性的统一

1978 年，国际公共关系协会发表了《墨西哥宣言》，宣言中强调：公共关系是一门艺术和社会科学。科学性意味着公共关系工作必须遵循公共关系的内在客观规律，其手段与目的之间具有必然性；艺术性意味着公共关系工作就像艺术创作一样，必然要走向熟能生巧、自由发挥的境界。如果说科学性要求公关工作必须按照固有的程序展开的话，那么艺术性则要求公关工作要充分发挥创意的作用，以新鲜的、富有魅力的内容和形式引起公众的关注和参与。任何组织要想成功地开展公共关系工作，既要遵循公共关系的一般原理，又要结合实际创造性地开展活动，要在共性制约之下张扬个性。公共关系的操作特征是科学性与艺术性的统一，还体现在它与艺术创作一样，必须是真善美的统一。公共关系的出发点要善，公共关系的过程要真，公共关系的结果要美。

由此，我们可以给公共关系下一个简明扼要的定义：公共关系是组织为了塑造良好的组织形象，运用信息传播沟通手段协调公众关系的一门科学与艺术。

第二节　公共关系的基本职能

公共关系作为现代社会组织经营管理中的重要组成部分，在组织运营的各个环节都发挥着重要的职能作用。

一、采集信息、监测环境

1. 信息是公共关系工作的基础

在现代信息社会，信息就是资源。一个组织要想在激烈的竞争中得以生存与发展，必须依赖于对信息的收集、分析与合理利用。因为在这个社会里，构成社会组织管理基础的已经不是物质生产，而是贯穿于整个社会并最终决定其发展的信息交流。

一个社会组织的生存与发展，在很大程度上要受到组织所处环境的影响和制约。公共关系的首要职能就是监测组织环境，并向组织决策者提出建议，将可能危害组织形象的问题消灭在萌芽状态。所谓监测组织环境，是指观察和预测影响组织目标实现的公众情况和其他社会环境的变化情况。

监测组织环境，主要是通过采集信息—分析信息—预测信息来完成的。

2. 公共关系需要采集的信息

从公共关系工作的角度，需要收集的信息主要包括以下几个方面：

（1）内部环境信息

组织内部环境信息主要包括组织的目标、方针、政策；组织成员对组织的要求和评价；组织的实际状况等。

（2）社会环境信息

社会环境信息包括政策指导性信息、社会政治动态、经济金融信息、文化科技情报、时尚潮流变化等动态信息。采集社会环境信息要注意分析各种社会动态信息对组织的直接或间接影响，充分利用环境中的有利因素和有利时机，避免不利因素的影响。

（3）组织形象信息

公共关系活动的策划和开展以维护组织的良好形象为目的。组织形象信息主要包括以下四个方面：

1）公众对组织机构及其办事效率的看法和评价，如机构是否优化、设置是否合理、办事效率的高低等。

2）公众对组织管理水平的看法和评价，如领导机制是否健全、经营方针是否正确、市场目标是否合理、用人制度是否科学等。

3）公众对组织人员素质的看法和评价，如工作人员的工作能力如何、是否具有较高的业务水平和文化水平、是否具有创新精神、是否具有良好的人际关系以及工作作风等。

4）公众对组织服务质量的看法和评价。如服务态度如何、对顾客是否具有责任感、提供咨询建议时是否具有诚实感及售后服务是否令人满意等。

3. 公共关系人员采集信息的渠道

1）内部员工的信息反馈。
2）外部公众的信息反馈。
3）新闻媒介的宣传报道。
4）上级主管部门的文件与简报。
5）公共关系人员的社会交往。
6）专家分析。

二、咨询建议、参与决策

咨询建议是指公关人员向决策管理部门提供有关公关方面的情况和意见，它是从社会公众的角度、组织形象的角度和传播沟通的角度为决策提供咨询服务的。

1. 组织环境的预测咨询

在科技和商品经济飞速发展的现代社会中，市场变化日新月异，公众心理状态、趋向也在不断变化。能否迅速预测、把握市场变化动态和公众意向的变化趋势，决定着一个组织的生存和发展。

2. 组织形象的咨询建议

组织形象的咨询在于诊断组织存在的问题，为塑造组织形象提出合理化建议。特别是组织形象受损时，公关人员更要及时反映现状，提出意见，以便改善组织形象。

3. 决策目标的咨询建议

从社会公众的角度去评价决策目标的社会制约因素和社会影响效果，努力使决策目标与公众利益和环境因素相容。

小案例 1-1　鸽子事件

纽约联合碳化钙公司建起了一栋 52 层的总部大楼。正当该公司精心策划如何向社会介绍新竣工的总部大楼时，突然在大楼的一个房间里发现了一大群野鸽子，负责公关传播的主管计上心来，就此大做文章。在他的策划下，公司先是关好大楼窗户，不让鸽子飞走；接着电话通知动物保护委员会，请他们立即派人妥善处理这些鸽子；同时，通知纽约新闻界，请他们来采访报道。动物保护委员会工作人员的到来，"惊动"了纽约的新闻界，包括三大电视网在内的传播媒介，出动了一大批记者赶来采访。于是，从动物保护委员会的工作人员捕捉第一只鸽子起，到 3 天后最后一只鸽子重返蓝天为止，新闻消息、特写、图片、电视录像连续不断地出现在报纸和屏幕上，既有现场描绘，又有人物专访、新闻评论，公司首脑借机出场亮相。一时间，"鸽子事件"竟成当地一大热点新闻。随着一只只鸽子重返蓝天，纽约联合碳化钙公司总部的摩天大楼也闻名遐迩。

三、传播沟通、塑造形象

公共关系必须通过各种传播媒介,将组织的有关信息及时、有效、准确地传播出去,争取公众的了解、信任与支持,树立良好的组织形象。

传播沟通可以利用广播、电视、报纸、网络等大众传播媒介,也可以利用书信、电话、面谈等人际传播媒介,还可以采用展览、赞助、策划新闻等方式。社会组织要善于运用各种传播媒介和沟通方式,不失时机地宣传本组织,扩大其在公众中的影响。

1. 宣传产品与服务信息

通过公共关系活动帮助组织将产品与服务信息告知于社会,并让公众信任本组织的产品与服务信息。

2. 宣传组织活动信息

有效地传播组织所开展的公共关系活动信息和日常工作中具有公共关系意义的组织活动信息,扩大组织的影响力,提升组织的美誉度,在公众心目中形成深刻的印象。

3. 宣传组织参与社会活动的信息

抓住组织参与社会活动的时机,扩大传播该信息,让公众充分认识到组织存在的社会价值,使组织形象得以确立并得到公众的认同。

小案例1-2 本店绝不食言

一家经营强力胶水的商店坐落在一条鲜为人知的街道上,生意很不景气。一天,这家商店的店主在门口贴了一张布告:"明天上午九点,本店将用自营的强力胶水把一枚价值4 500美元的金币贴在墙上,若有哪位先生、小姐能够把它揭下来,这枚金币就送给他(她),本店绝不食言!"这个消息不胫而走。第二天,人们将这家店铺围得水泄不通,电视台的新闻采访车也开来了。店主拿出一瓶强力胶水,高声重复布告中的承诺,接着便在那块从金饰店定做的金币背面薄薄涂上一层胶水,将它贴到墙上。人们一个接着一个地上来试运气,结果金币纹丝不动,这一切都被摄像机录入镜头。这家商店的强力胶水从此销量大增。

四、教育引导、协调关系

公共关系协调是在信息传播沟通的基础上,经过调整自身的行为,达到组织与公众互利互惠、和谐发展。公共关系协调的重要作用在于保持组织与环境的平衡,确保组织目标的实现。

1. 协调内部关系,增强组织凝聚力

(1) 对内部员工的教育引导,提高员工素质

1) 促使组织成员增强公关意识。教育引导本组织的员工重视本组织的形象和声誉,时

刻注意维护本组织的形象，要使员工形成一种自觉的、主动的甚至习惯的公共关系意识，使员工自觉珍惜组织的良好形象和声誉。

2）提高组织成员的公共关系技能。组织员工仅为组织增光的良好愿望是不够的，还应掌握一些基本的公关知识和技能，以便在公众面前树立一个美好的形象。在员工中进行公关知识讲座，提高员工的公关技能，是内部公关工作中一项经常性的工作。

（2）组织内部关系协调

1）协调组织内部领导与管理层、员工的关系。公关人员一方面要用科学的方法，经常向员工宣传本组织的政策、方针，传达领导层的经营战略，并尽可能充分地对组织的方针、政策、战略意图做出相应的解释和说明，使员工了解、理解，并自觉执行，而且应该在出现矛盾时及时进行调节和消除；另一方面，公关人员还要不断地、广泛地从员工中搜集对组织的意见和看法，及时将这些情况转达给领导，以改进和促进组织的工作，保证领导与员工的关系和谐发展。

2）协调组织内部各部门之间的关系。有时候，由于分工的缘故，组织各部门之间往往缺乏"一盘棋"的全局观念，常常各自为政，而且各部门的主要负责人之间也出现互不买账的行为和言语，导致矛盾的产生，这样会给组织的发展设置不必要的障碍和麻烦。因此，需要公关人员通过沟通加强各部门之间的联系、了解，使他们能相互支持、信任、谅解、协作，努力提高组织绩效，实现组织目标。

总之，组织要建立和完善内部的各种传播沟通渠道和协调机制，促进内部的信息交流。通过不懈的努力，使组织内部保持和谐状态，以促进思想上和行动上的一致，增强组织的凝聚力。

2．协调外部关系，建立和谐的公众环境

（1）对外部公众的教育引导，帮助公众正确认识问题

公众的观点、态度和行为对社会组织工作目标的实现具有很大的影响。社会组织开展公共关系工作，一方面要通过对公众的研究和了解，适应公众的需要，满足公众的要求；另一方面，也要通过卓有成效的传播工作，有效地影响公众。

对外部公众的教育引导，主要是通过有效的传播沟通，帮助公众正确地认识问题，既可以维护组织利益，又可以满足公众利益。如工商企业市场营销中的消费者教育，就是典型的对外部公众的教育引导。我国台湾商界流传的"学生荣誉裙"的故事，是一个对外部公众进行教育引导的经典案例。

（2）组织外部关系的协调

组织与外部各类公众之间由于多种因素的影响常常会产生误会、摩擦、矛盾乃至冲突。如何缓和、解决这些矛盾冲突？毫无疑问，这就要靠对外协调的工作。

公共关系人员必须具备强烈的公共关系意识，将公众观念、互惠观念、传播观念、形象观念等公共关系意识自觉地融入协调各类公众关系的工作中，避免或减少组织与其外部环境的摩擦和冲突，建立和谐的公众环境。

小案例1-3 学生荣誉裙

20世纪60年代中期,我国台湾人出国常带回尼龙、特多龙的衬衫及女用衣裙馈赠亲友,纺织厂商从中发现了商机,于是与日本东洋尼龙厂合作,进口其特多龙原料,加工制成衬衫、衣裙等销售,果然很受成年人欢迎。为了扩大市场,他们瞄准了学生这一潜在的消费群体。但是,人们对新产品所持的守旧态度构成了纺织厂商进入目标市场的障碍。因为当时台湾各学校都把特多龙制品看成近乎奢侈品的一种特殊产品,认为穿上这种面料的衣服,会助长学生讲究"漂亮"和"浪费"的心理,有违学校教育中所崇尚的朴实风气,所以,学校禁止学生穿着特多龙料子的袜子和衣裙。

这种观念极大地妨碍着纺织商与原料商开拓市场。如何才能说服学校改变这种观念呢?厂商多次会同营销专家策划如何攻克堡垒,突破防线。最后,决定先试着从优秀学生入手,然后再全面铺开战线。

著名广告专家颜伯勤参与了策划,他建议厂商给全台湾省各级女子中学及女子大专班每一班成绩最优者赠送特多龙百褶裙一件,并命名为"学生荣誉裙"(该命名对这次公关活动的成功具有决定性意义,它使这次活动更容易为学校所接受,也更容易为全社会的公众所认同)。厂商声明,赠予的意义在于鼓励学生学习,使优秀者在群体中激发起一种成绩优良的荣誉感。学校收到厂商要求提供每一班成绩最佳者姓名和住址的公函后,大多数都采取了合作的行为。

厂商收到名单后,就与这些同学直接联系,为她们每人送上一封信和一张兑换券。凭此券,她们可以向附近地区的经销店兑取学生裙一件,颜色与尺寸大小都由她们自己挑选。这种办法既可免去邮寄的麻烦,又能确保这些学生穿着得体、漂亮、大方。信的内容则是祝贺她们得到校方的推荐,并向她们介绍这种特多龙面料的裙子具有容易洗涤、不用熨烫、整洁方便的诸多优点,穿这种面料的衣服是生活上的一大改进。

过了两个星期,这些穿上学生荣誉裙的女生,又收到了第二封信,信封内还有10张优惠券。信上讲,最近好多同学要买这种学生荣誉裙,厂商特地寄来这些优惠券,请她分赠同班中的好同学,让同学们凭券去购买,还可以获赠精美的裙架一个。因为经自己介绍可以使同班同学得到优惠是一件很有面子的事情,所以她们很乐意分享优惠券,而且做得很认真。因为同学中的"标兵"已得到校方许可,可以穿这种"学生荣誉裙",实际上等于解除了不让穿这种"奢侈品"的禁令,所以,一般的女同学也穿上了这种裙子。后来,女校的学生制服都改用了特多龙面料,逐渐地,男校的同学们也穿上了这种面料的制服,这种衣服变成了流行的、大众化的学生服。

五、对外交往、增进合作

公共关系人员要帮助组织广交朋友,保持与公众的良好关系,成功地编织各种"关系"网络,以促进各类公众对组织的信任、支持与合作。

1. 对外交往的步骤

公共关系人员的对外交往活动,一般按如下层次逐步展开:首先是向交往对象传播他们感兴趣的信息,并通过各种形式的活动联络感情、结交朋友;其次是通过组织实施的行为和公共关系人员的努力来影响交往对象,使他们转变观点、改变态度、密切合作,成为组织值得信赖的朋友。

2. 对外交往的方式

公共关系人员可采用的交往方式多种多样,如组织参观、举办庆典、进行专访、举办联欢活动等。

3. 对外交往应注意的问题

1)注重交往频率与沟通渠道。
2)把握交往过程中的尺度。
3)设计具有创意的活动。
4)重视在交往中培养感情。

> **小案例1-4** *如何把面包卖给旅馆*
>
> 杜佛诺是美国纽约一家面包房的老板,他想把面包卖给某家旅馆。四年来,他每星期都去拜访旅馆经理,甚至在这家旅馆开房间住在那里,以期得到生意,但都失败了。在研究人际交往方法后,他变换交往方式,先找寻旅馆经理感兴趣的东西。经过调查,他发现该经理是美国旅馆协会的会长,凡是协会的事,他都尽力参与。杜佛诺再次拜访这位经理时,闭口不谈面包的事,而是说美国旅馆协会的事情。结果,该旅馆经理兴趣大增,滔滔不绝地讲了半个多小时的相关内容,并竭力邀请杜佛诺参加旅馆协会。几天以后,旅馆负责采购的人员打电话给杜佛诺要面包货样及价目表。期盼了四年的生意,竟然就这样轻而易举地得到了。

六、开展活动、服务营销

1. 吸引公众注意,开拓目标市场

通过公共关系活动"造势",引起社会大众或特定对象的注意和回应,造成"利己"的声势,以达到"广"而"告"之,不"销"而"售"的效果。

2. 转变公众态度,扫清市场障碍

通过公共关系活动,转变公众因道德观念、风俗习惯、文化传统、心理因素等的束缚而形成的妨碍市场营销的态度,改变人们的观念,消除阻力,拓展市场。

3. 消除公众疑虑,稳固销售市场

通过有效的公共关系活动,针对公众的误解或疑虑给予必要的解释或说明;对竞争对手的造谣中伤予以必要的回击,以正视听,确保企业产品销售市场的稳固。

4. 消弭形象危机,重塑产品形象

通过及时、正确地开展公共关系活动,消除由于内、外原因造成的形象危机,争取公众谅解,将损失降低到最低限度。

> **小案例1-5　长城饭店盛大的集体婚礼**
>
> 闻名海内外的北京长城饭店，是中国第一家中外合资的大型五星级饭店。作为一家经常接待外国元首的豪华饭店，长城饭店的客人98%是外宾，这在许多中国人心目中形成"长城饭店是外国人出入的地方，中国人进不去"的误解。为了消除这种误解，公共关系部想出了一个好主意：举办一次集体婚礼，每个普通的北京市民都可以报名参加，还可以带上15名亲友。这条消息在《北京日报》以广告形式登出后，没过几天，名额爆满，来电话者、登门询问者应接不暇。公共关系人员忙得不亦乐乎。当95对新婚夫妇和他们的近1 500名亲友步入长城饭店大厅时，通过中央电视台和北京电视台，亿万中国人收看到了这一盛况。此举受到人们的热烈赞扬，新婚夫妇们也为能在这里举行婚礼而感到荣幸。自此以后，许多企业、政府机构、社会团体也在这里举办各种活动。长城饭店在中国人的心目中变得更亲近了。

七、管理问题、处理危机

1. 管理问题，预防危机

一个危机事件的出现，往往是发挥不良作用的因素由量变到质变的结果。因为我们平时疏于防范，危机在我们不经意的情况下突然出现，给我们的印象就是突然爆发，这让我们感到意外。事实上，一次偶然出现的恶意中伤，对组织形象、信誉造成的伤害，是组织平时对公众关系疏于协调造成的；一次偶然的食物中毒，往往是平时不注意严格把握生产经营管理细节造成的；一次偶然的毒气泄漏，可能是由于器具性能缺陷造成的……太多的偶然，其实都有它的必然性。

事后处理不如事中控制，事中控制不如事前预防。可惜不少组织未能认识到这一点，等到危机造成了重大的损失，才想到用公关去弥补，很多时候，为时已晚。在危机来临之时，正确、及时、妥当的处理固然很重要，将危机隐患消除于萌芽之时更为重要。社会组织应当建立一套危机预警机制，加强问题管理，预防公共关系危机。

2. 预判趋势，识别危机

对社会组织而言，公共关系危机是"已知的未知"，尽管人们并不希望它到来。危机产生的原因一般都具有偶然性，一次小小的失误、一个突发的意外、一场误会、不期而至的偶然事件，都可能使平静发展的社会组织公共关系突然失衡，导致公共关系危机出现。

公共关系危机的种类繁多，而且诸多内外部因素都可能引发公共关系危机。公共关系工作者在日常的公关工作中，要善于通过一些事物的现象和自己长期的工作经验，预判隐性状态下的公关危机的发展趋势，判断显性状态下的公关危机的危害程度。

3. 解决纠纷，处理危机

危机一旦发生，不可避免的麻烦就到来了。面对危机进行妥善处理是组织迫切需要的一种公共关系工作。

危机事件一旦爆发，消息便会像病毒一样以裂变方式高速度地传播，组织必须当机立断，在最短的时间内做出最快的反应，采取果断措施控制事态，掌握主动权，防止事态扩大。反之，逃避、推脱、心存侥幸，都会使事态扩大、升级，使局势难以控制。

危机公关是公共关系工作的一种特殊形态，是组织的公共关系工作水平的综合显示。有效的危机公关不仅有助于避免组织不希望的事情发生，而且是组织自我保护、维护自身形象的客观要求，它对于防止组织形象的下降，保卫已有的公共关系工作成果有着其他公共关系工作不可替代的作用。

小案例 1-6 不是所有的辣条都是"虾扯蛋"

2019年的3·15晚会上，"危险的辣条"曝光了"虾扯蛋"等辣条制造商。众多媒体报道辣条事件，聚焦点多在电商平台下架相关产品。网友关于辣条的讨论量剧增，说得最多的是健康和安全。3月15日22点23分，就在3·15晚会曝光辣条行业乱象不久，"麻辣王子麻辣条"官方微博发布了一则置顶视频，并配文："3·15#虾扯蛋辣条#令人痛心！行业有乱象，但总有人在坚守底线，做良心产品！听麻辣王子创始人讲述：为了让消费者吃上正宗、健康的辣条，我们做了什么？"在大家质疑辣条品牌安全问题时，视频公开了麻辣王子的车间，创始人亲自讲述品牌理念。这条带着话题的微博在第一时间发出，引发了一大波好感。3月16日，"麻辣王子麻辣条"又发了一则视频，邀请了许多大学生去麻辣王子实地参观，并在微博邀请网友前去考察。3月18日，麻辣王子再接再厉，这次县委书记也来车间考察并品尝辣条了。接二连三的微博，让麻辣王子不仅没有受3·15辣条风波影响，还扩大了知名度，麻辣王子销量不降反升，还连续几次登上微博热搜。

八、优化环境、造福社会

公共关系工作本身就是一种服务工作，公共关系人员所开展的一系列公共关系活动，都是为帮助组织实现目标的。公共关系在为组织服务的同时，也给公众带来了实惠，为社会优化了环境。

1. 优化社会互动环境

社会互动是社会学的术语，它指社会的横向关系，指社会上人与人、群体与群体之间的交往和相互作用。公共关系对社会互动环境的优化通过沟通社会信息、协调社会行为、转化社会风气来实现。

2. 优化社会心理环境

现代社会一方面是高科技的飞速发展，另一方面却是人类美好情感和个性的丧失，造成人们心理不平衡。公共关系在一定程度上有助于克服这种病态的社会心理，它可以提供给社会这样一种良好的关系氛围，它用真诚、广泛的社会交往帮助人们摆脱孤独和隔阂、恐惧和忧虑，帮助人们获得一种心理自控和心理盘旋能力，从而优化社会心理环境。

3. 优化社会经济环境

公共关系沟通了社会各部门、各团体之间的联系，促使它们齐心合力承担各种社会义务，改善经济条件，消除经济环境中薄弱、落后的部分。

4. 优化社会政治环境

公共关系既是民主政治的产物，反过来又能促进民主政治的建设。公共关系主要从两个方面促进民主政治的建设。一是树立"民本位"思想,增强社会管理人员的公仆意识和人民群众的主人翁意识;二是满足人民群众参与社会公共事务决策和管理的愿望。

> **小案例 1-7** **"炉边谈话"见奇效**
>
> 罗斯福总统入主白宫之日,正是德、日、意法西斯羽翼渐丰之时,他以政治家的敏锐洞察力预感到世界战争阴云即将来临。但是,美国卷入第一次世界大战的教训像梦魇一样缠绕在美国人的心头,"不介入战争"的孤立主义呼声席卷全国。有鉴于此,罗斯福总统以"炉边谈话"的巧妙形式,开始了有步骤地引导公众舆论的工作。他借助广播这个当时最先进且最普及的传媒工具,一改过去主持人正襟危坐的"传道"式刻板风格,以围坐在壁炉边与家人、朋友聊天的形式,用平和轻松的语调及时把大政方针传达给听众。
>
> 欧战爆发的当天晚上,罗斯福总统立即发表了"炉边谈话"。为了安抚国人,他首先说道:"我希望美国不会介入这场战争,我认为它不会介入。我向你们保证,并再次保证,你们的政府将为实现这个目标做出一切努力。"但在讲话中又委婉地暗示:"美国的安全现在和将来都是同西半球及其邻近海域的安全联系在一起的。总有一天,美国应为受到创伤的人类提供尽可能的帮助。"第二次世界大战伊始,德国法西斯入侵势头强劲,法国沦陷,英国军事力量损失惨重。为了说明战争局势的严重性,总统再次发表"炉边谈话",警告国民英国战事吃紧,美国已难隔岸观火,号召人们丢掉与纳粹和平共处的幻想,准备斗争。总统的呼吁逐渐赢得了公众的支持,并先后两次修改中立法以适应形势需要。
>
> 珍珠港事件使美国人彻底清醒,在总统发表了题为《我们将打赢这场战争,我们还将赢得战后的和平》的"炉边谈话"后。"美国参战"成为美国社会的共同呼声。美国上下同仇敌忾,积极投入了反法西斯战争。罗斯福总统的良苦用心终于得到了预期的回报。

第三节 公共关系的基本原则

公共关系工作既复杂而又烦琐,在这些具体工作中要想取得事半功倍的效果,就必须明确公共关系工作的目标,掌握一些搞好公关工作的基本原则。这些原则可以说是开展公关工作的指南,可以使我们避免陷入常见的公关误区。

一、以客观事实为基础

1. 传播真实信息

1)收集真实可靠的信息。在收集信息时,公关人员要努力做到客观、真实、全面、公正,保证所搜集到的信息真实可靠。

2)要向公众说真话。传播信息时,要向公众说真话。一个组织说一次谎话可能不会被公众抓住,一个虚假的广告宣传也可能会为组织带来暂时的巨大经济效益。但我们须知,在传播媒介社会监督作用日益加强的今天,想长久隐瞒事件的真相是不可能的。

3)要从事实出发开展公关活动。在开展公关活动时,公关人员必须树立先有事实,后有公关活动的思想。在每一次公关活动之前,公关人员要进行实事求是的调查研究,掌握组织与公众各方面的实际情况。

2. 塑造真实形象

"公共关系是90%靠自己做得对,10%靠宣传。"公共关系的好坏,组织形象的美丑,主要通过事实而不是单纯依赖宣传来证明。因此,公关人员在塑造组织形象时,先要通过自己的努力,使组织具有良好的表现与鲜明的特征,然后将这些表现与特征传播出去,为组织塑造真实、美好的形象。

3. 对公众有真情实感

区分公共关系传播是欺骗公众还是运用传播技巧的标准,主要是看这种传播是否损害了公众的利益;选择最佳传播方式的标准主要是看这种传播是否维护了公众和组织利益的最佳结合;判断公共关系传播是否诚实,不能只看传播事实是否绝对真实,而是要看对公众是否有真情实感。

小案例1-8　里根总统的答谢宴会

> 1984年初,当获悉美国总统里根访华的消息后,长城饭店立即意识到:这是一个难得的机会!当时长城饭店还未全部竣工,服务设施不尽完善。为了争取里根总统在长城饭店举行答谢宴会,他们拟定了周密的计划,并全力付诸实施。
>
> 首先,频频邀请美国驻华使馆的工作人员到饭店作客,不厌其烦地带领他们参观饭店,介绍设施与服务,听取他们对饭店设施、饮食、服务等方面的意见,并且抓紧时间一一改进。当大使馆官员对饭店的饮食和服务都表示满意之时,饭店才提出承办里根总统答谢宴会的请求。
>
> 4月28日,来自世界各地的500多名记者聚集在长城饭店,向世界各地发出了里根总统答谢宴会的消息。发表在世界各地的报纸、电视台的消息中,无一不提到长城饭店。正是由于这次现场报道,以及世界各大通讯社、报纸的报道,使全世界的电视观众和报纸读者在注意里根访华这个大事件的同时,也了解了北京长城饭店豪华的设施和一流的服务。于是,长城饭店在全世界名声大振。据统计,长城饭店开业的头两年,70%以上的客人来自美国。

二、以公众研究为依据

公共关系的对象是公众,公共关系事实上就是公众关系,离开了公众,公共关系就成了无本之木、无源之水。组织的一切活动应本着对公众负责的原则,平衡组织与公众的利益。公众利益是组织开展公共关系活动的出发点和归宿点。因此,公共关系工作要以公众研究为依据。

1. 从公众与组织的横向联系来研究公众

公共关系工作要研究公众的范围、公众的类型、公众的数量、公众的活跃程度等。

2. 从公众的变化过程来研究公众

公众具有可变性,对公众的研究应该采取动态研究的方法。组织应从非公众—潜在公众—知晓公众—行动公众这一线索来把握公众的变化,这样才能在公共关系工作中减少盲目性，使公共关系更加有成效。

3. 与公众所面临的问题相结合来研究公众

公众是与组织发生相互作用并面临共同问题和共同利益的社会群体。只有注重研究问题和研究公众相结合，才能在解决问题的同时协调组织与公众之间的关系。

小案例1-9 "请留心你家的后窗"

20世纪50年代，阿尔弗雷德·希区柯克执导的《后窗》公映。该片讲述了这样一个故事：摄影记者杰弗瑞由于一次意外摔断了一条腿，经常周游的他如今不得不在轮椅上过一段无聊的日子。闲极无聊的杰弗瑞便买来一架望远镜，每日坐在屋子里透过对面楼层的后窗观察周围的邻居们，窥视住户的家庭隐私。有一次，他觉得他见证了一起谋杀案，于是他跟女友莉莎、护士斯泰拉一起展开业余侦探工作，由此破获了一起杀妻分尸案。影片上映后，人们竞相观看，形成了"后窗热"。这时，一家生产百叶窗的企业借助"后窗热"在报上连续刊登题为《请留心你家的后窗》的销售广告，轻而易举地掀起了一个"百叶窗热"，其生意一下子兴隆起来。

三、以互惠互利为信条

在市场环境里，"天下熙熙皆为利来，天下攘攘皆为利往"。利益是联结组织与公众的纽带。组织与公众必须平等互利、共同发展。互惠互利是公共关系工作的信条。

公众利益是组织利益的基础和前提，组织利益是公众利益的发展和延续。组织在开展公共关系活动的过程中，应先考虑如何令公众满意，让公众对组织产生认同感，而后才能考虑组织自身的利益。

小案例1-10 *酒店迎亲*

高某就任上海某酒店公关部经理时，酒店还缺乏知名度。1987年秋，她从记者朋友处得知，日本著名影星中野良子将携她的新婚丈夫来北京、上海访问。她马上意识到这是酒店开展公共关系活动，提升知名度和美誉度的好机会。于是，她立即采取了措施，争取到了接待客人的机会，然后又直接给正在北京的中野良子打电话，请她来上海时下榻自己所在的酒店。对方应允后，高某立刻带领宾馆的工作人员进行策划和准备。当中野良子夫妇到达酒店时，等待他们的是一个洋溢着浓烈喜庆气氛的"迎亲"场面。

在一片热烈的鞭炮声里，中野良子夫妇被40多位中外记者及酒店上百名员工簇拥进一个中国传统式的"洞房"——正墙上大红"喜"字熠熠生辉，两旁的对联上写着"富士山头紫燕双飞白头偕老，黄浦江畔鸾凤和鸣永结同心"。在"闹洞房"仪式中，新婚夫妇还品尝了象征"甜甜蜜蜜""早生贵子"的哈密瓜、桂圆、红枣等，在异国他乡度过了一个难忘的欢乐之夜。

第二天，众多记者纷纷在各自的媒体上报道了这一消息。酒店也随着这些报道在一夜之间扬名海内外，特别是在中国和日本公众中留下了深刻而美好的印象。

四、以立足长远为方针

开展公共关系工作是一种战略行为,追求的是长远目标,不能急功近利。立足长远要注意以下三个方面:

1. 从长远着眼,追求社会效益

组织为了适应变化的公众评价标准,必须进行长期、持久、艰苦的公共关系工作。公关人员既不能把它当成一种权宜之计,也不能把它当成推销产品和服务的一般策略,而是要从长远着眼,追求社会效益,塑造组织的良好形象。

2. 注重公共关系效果的积累

无论是塑造组织形象,还是开展公共关系专题活动,即便是公共关系日常工作,其效果都不是一朝一夕、一时一事所能显现的。只有高度重视公共关系效果的积累,良好的组织形象才能得以树立起来,公共关系专题活动的目标才能得以实现,公共关系日常工作的成效也才能得以显现。

3. 注重公共关系工作的系统性和连续性

为了保障公共关系效果的积累,公共关系工作必须具有系统性和连续性。如何保证公共关系工作具有系统性和连续性?这就要求公关人员在制订公共关系工作规划、策划公共关系专题活动时,必须确立公共关系目标体系。

五、以不断创新为灵魂

公共关系工作必须研究公众心理,满足公众求新、求异、求变的心理特征,这样才能取得预期的效果。如果一味重复经典战略,或者长期运用一种公关方法,必然会引起公众的感觉疲劳,事倍功半,甚至会引起公众的反感,产生负面效果。"创新是第一动力",公关人员在开展公共关系活动时,要具有开拓创新的意识,不断推出新形式、新内容、新方法、新手段。

小案例1-11 与顾客同庆"生日"

友谊华侨公司店堂装修后,准备在新年元旦重新开业。但有一件事使该公司总经理为难,焕然一新的"友华"怎样才能吸引更多的顾客呢?深夜12点钟了,他还无法入睡,随手翻起床头的《国外营销术》,突然看到一篇谈营销主体如何以贴近顾客的方式来促进销售的文章,他的脑海里蓦地迸发出灵感的火花:能不能以"友华"的名义请市里在历年元旦这天出生的人在开业当天到店里来过生日?

第二天,公司员工听总经理谈了这个想法后,都认为这是一个新招,可行。于是他们赶制了一批精巧的生日纪念卡和小礼品,接着在报纸和电视上登出广告,邀请市里历年元旦出生的人趁"友华"重新开张之际,来店同庆节日之喜。

开业那天,过生日的顾客怀着兴奋的心情手持户口簿排队领取生日礼品,他们三五成群地赶来,吸引了不少过往行人。没过多久,店里的人群就摩肩接踵了。一位81岁高龄的老人闻讯后，高兴地说："我活了81岁，从来没有看到过商店为顾客过生日，今天看到了。"他特地叮嘱60岁的儿子到店里代他受喜。进到店来，这位花甲老人替父亲领了生日纪念品后，又被琳琅满目的商品所吸引，看了这个柜台又看那个柜台，边看边买，出店时，大包小盒提了一大串。到下午5点钟，公司共发出生日礼品千余份，而商店的客流量已超过20万人次，销售额达100万元，相当于过去日平均数的十几倍，创了该店的历史纪录。

六、以遵纪守法为准则

1. 遵守职业道德

各个国家、各种类型的公共关系机构都制定了公共关系职业道德或职业准则，公关人员在公关活动中必须遵守职业道德。

2. 遵守社会公德

公关人员在公关活动中必须遵守社会公德，决不能用不健康、不文明的活动方式来吸引公众、迎合公众。当某些公众提出伤害国家或其他公众利益的要求时，公关人员不能仅仅为了组织自身的利益而盲目屈从。须知，满足了这些少数公众的不合法、不道德的要求，就是对大多数公众合法利益、公共道德的伤害，最终也会损害组织的形象。

3. 尊重风俗文化

组织开展公关活动，面对国内、国际公众，必须了解并尊重不同国家与民族的风俗习惯和传统文化，才能争取公众。

4. 遵守法律法规

党的二十大报告提出"坚持全面依法治国，推进法治中国建设"，社会组织开展公关活动应遵守相关法律、法规，使自己的活动始终在法律规范的空间内运行。

小案例1-12　一张照片引发的风波

2019年4月10日晚9点，人类史上第一张黑洞照片面世，引起朋友圈、微博广泛讨论。4月11日上午，有网友发现视觉（中国）文化发展股份有限公司（以下简称视觉中国）上架了这张人类史上第一张黑洞照片，并且标明：此图片是编辑图片，如用于商业用途，请致电或咨询客服代表。广大网友对这种做法表示质疑。关于"人类首张黑洞照片"的讨论一石激起千层浪，也把视觉中国推上了舆论的风口浪尖。这家市场份额超40%的国内最大的视觉素材版权交易平台公司被爆出拥有数十家企业标志图片的版权，甚至连国旗、国徽的版权也被收入囊中。一时间，大家都问："咋啥都是视觉中国的呢？"与此同时，一些社会名人也加入吐槽的行列。在网友曝出"黑洞照片被视觉中国声明版权"后，共青团中央官微、新华社、人民日报等主流媒体纷纷发声。

这场舆论风波的关键点有三：一是视觉中国作为一个声称保护版权的平台，其自身却存在版权纷争，其虚假声称有版权并进行销售的行为，可能已经构成对相关图片权利人著作权的侵犯且涉嫌不当得利；二是视觉中国向有"侵权"行为的公司索取高额的赔偿金额和图片使用费，并以此要挟企业签年度合同，其"维权"方式引发争议；三是视觉中国涉嫌将大量包括国旗、国徽在内的非商业或"公有领域"图片版权、企业标志图片版权据为己有，并标明商业用途。

4月11日晚间起，视觉中国官网无法访问。4月12日，时值视觉中国3.88亿股限售股解禁上市流通之日，公司却迎来了关闭网站，开展整改。股价开盘后跌停，一夜之间市值蒸发19.7亿元。当天下午，天津市网信办成立工作督导组进驻视觉中国进行督导检查，并指导、督促公司整改。

七、以领导支持为动力

从公关部的理想位置来看，它至少应该在一位高层领导的直接领导之下。这一点正说明公共关系是需要得到领导的大力支持的。

公关活动的目标是树立组织的良好形象，这一目标也是组织自身根本政策和行动的体现，而上层领导正是这些政策的制订者和倡导者。

重大的公共关系活动往往涉及整个组织的各部门，需要上层领导来推动。如果组织的上层领导对重大的活动采取轻视甚至反对的态度，那么公关活动就不能得到组织内部其他各部门的配合。

八、以全员公关为保证

全员公关是指在社会组织中所有工作人员都要参与公共关系活动。要做好全员公关，必须进行全员公关管理。所谓全员公关管理，即通过全员的公关教育与培训，增强全员的公关意识，提高全员公关的自觉性，加强整体的公关配合与协调，全面发动全员的公关努力，形成浓厚的组织公关氛围与公关文化。具体包括如下三点：

1. 树立全员的公关意识

组织的领导应关注组织的公关状态，在经营管理中提出公共关系方面的要求，在实际工作中支持和指导公共关系工作。职能部门和基层的负责人，需要了解自己的公共关系责任；弄清自己的工作职责与公共关系的关系；努力使所属部门的业务支持整体公共关系目标；在工作中及时向公关人员寻求忠告和协作；让公关部门了解本部门的计划、作业、人员变动及新产品（服务）等方面的最新信息。

2. 充分重视全员的公共关系配合

组织及其公关部门要将公关的日常性工作与全体干部、员工的日常行政、业务、生产工作结合起来；应该在有关的规章制度中明确每一个部门或岗位对公共关系应负的责任。

3. 努力培育组织的公共关系氛围与文化

组织及其公共关系部门要经常在干部、员工中进行公共关系的教育和培训，开展公共关系方面的评比和奖励，努力培育组织的公共关系氛围和公共关系文化。

> **小案例 1-13** 趣店风波
>
> 趣店是一家面向非信用卡人群的金融科技公司,背靠互联网面向蓝领、白领的年轻人,与多家第三方大数据平台合作,能够多维度、全方位识别用户信息。趣店提供给年轻人分期消费的消费贷服务,具有方便灵活的借款与还款方式,以及实时审批、快速到账的特性,这与传统意义上的银行贷款有很大的不同,其灵活、快捷性能够满足年轻低收入人群高消费的社会需求。这种贷款是互联网金融平台提供的一种无担保、无抵押、无场景的信用贷款产品,但这种贷款也潜藏着高昂的金融服务费,这也正是趣店发家的经济来源。通过前两年用户基数和用户习惯的培养,趣店在第三年成功扭亏为盈,获利 9.74 亿元。2017 年 10 月 18 日,趣店正式登陆纽交所,当日公司股价开盘价为每股 34.35 美元,曾一度飞涨超 46%,最终报收于每股 29.18 美元,上涨 21.58%,市值达近 100 亿美元。
>
> 但就在趣店暗喜、投资人狂欢之时,各种铺天盖地的质疑声涌向趣店,围绕现金贷、高利贷、校园贷等关键词对趣店进行"拷问"。有一篇《趣店罗敏回应一切》的文章流传颇广。文中问及是否借钱给学生的问题,罗敏表示,"2015 年以前我们主要借钱给学生,现在我们一旦发现借款人是学生,就拒绝借钱。"当被问及是否教唆用户向其他人借钱来偿还趣店的钱时,罗敏说,"凡是过期不还的,我们这里就是坏账,我们的坏账,一律不会催促他们来还钱。电话都不会给他们打。你不还钱,就算了,当作福利送你了。就这样。"同时他表示,"我们的坏账率低于 0.5%。"当被问及 50% 的利润率是否过高时,罗敏说以总贷款额计算的利润率为 2%,并表示"跟京东差不多"。这篇文章更是将该事件推向了高潮,众多媒体纷纷将矛头指向趣店,质疑之声四起,渐渐演变为给整个行业贴上恶性标签的可能。受此影响,美国时间 2017 年 10 月 23 日,趣店股价一度跌逾 20%,市值蒸发了 28 亿美元。
>
> 对趣店的指责中,本来就有很多不准确的表述,遗憾的是,罗敏的回应却并不专业。《以"回应质疑"的名义胡说八道,趣店 CEO 罗敏公然撒了哪些谎?》一文显示,趣店的招股书中透露,趣店拥有数百名电话中心运营人员,主要负责催收。趣店先通过发短信和自动拨打语音电话向借款人催款,如果没有成功,催收人员会人工打电话给借款人,必要时还会上门当面收款。如果用户逾期 20 天以上未还款,趣店会主动向芝麻信用披露。

本章小结

1. 公共关系主要包含三种含义:公共关系状态、公共关系活动、公共关系观念。这三种含义正是公共关系的三种基本存在形式。公共关系状态是公共关系的静态存在形式,公共关系活动是公共关系的动态存在形式,公共关系观念是公共关系的文化存在形式。对于任何一个组织或者个人来说,要有良好的公共关系状态,必须要有相应的公共关系活动,而这些活动,必须是在正确的公共关系观念指导下进行的。

2．公共关系是由组织、公众和信息传播沟通三大要素构成的。组织是公共关系的主体，它主宰着公共关系活动，决定公共关系状态；公众是公共关系的客体，他们的态度和行为影响着组织目标的实现；信息传播沟通是公共关系的过程，它决定着公共关系活动的效果。

3．公共关系是组织为了塑造良好的组织形象，运用传播沟通手段协调公众关系的一门科学与艺术。这一表述包含了三个方面的意思：公共关系的根本目的是塑造良好的组织形象；公共关系的特殊手段是信息传播沟通；公共关系的操作特征是科学性与艺术性的统一。

4．公共关系的基本职能是：采集信息、监测环境，咨询建议、参与决策，传播沟通、塑造形象，教育引导、协调关系，对外交往、增进合作，开展活动、服务营销，管理问题、处理危机，优化环境、造福社会。公共关系人员和组织的管理者要善于履行公共关系的职能，为组织创造良好的内外环境，帮助组织实现工作目标。

5．公共关系的基本原则是：以客观事实为基础，以公众研究为依据，以互惠互利为信条，以立足长远为方针，以不断创新为灵魂，以遵纪守法为准则，以领导支持为动力，以全员公关为保证。这些原则是开展公关工作的指南，可以帮助公关人员避免陷入常见的公关误区。

案例评析

一条手机短信引发的全国市场震荡

"瘦肉精""苏丹红"等事件的发生，使人们对食品安全忧心忡忡。而食品安全成为各方面关注的中心，则始于2008年9月的三鹿奶粉事件。它直接导致民众的消费信心指数降至最低点，多个国家和地区开始全面或部分禁止中国奶制品及相关产品（糖果、咖啡和巧克力等）的销售或进口。由"蛆橘事件"导致的柑橘严重滞销、果农损失惨重，无疑是该年秋末冬初的又一起公共事件。

一、发现疫情，迅速处理

2008年9月21日，四川省广元市旺苍县尚武镇村民向县农业局报告，在自家柑橘园内发现疑似柑橘大实蝇的害虫。第二天，县农业局立即派出技术人员予以核实，确认为柑橘大实蝇。9月23日，旺苍县农业局将情况上报到广元市农业局，针对尚武镇的柑橘普查就此开始，与尚武镇相邻的嘉川镇、白水镇两个主要柑橘产地也在普查范围内。3天后，普查结果出炉：全县11个乡镇的6.8万余株柑橘树发生疫情，占该县柑橘树总量的8.9%，蛆果率为1%左右。为了及时控制、扑灭疫情，旺苍县人民政府开始在疫区各公路沿线张贴《防治大实蝇疫情的公告》，旺苍橘农们把成熟的和未成熟的柑橘全部摘下来，按照每公斤0.3元的标准由政府统一收购，然后深埋在石灰坑里，进行消毒等无害化处理。

10月4日，《华西都市报》发表《好可惜！万吨柑橘长蛆被深埋》的文章，报道了旺苍柑橘园的大实蝇疫情——这是对此次疫情的首次公开报道。当天，凤凰网转载了该文，不过标题改成《广元暴发大实蝇疫情万吨柑橘长蛆被深埋》；《北京青年报》也转载了《华西都市报》的这篇文章，标题改为《广元橘园暴发柑蛆政府出资300万收购》。另外，水果帮网站也进行了转载。同日，《华西都市报》发表了跟踪报道《误食"柑蛆"莫慌！人体不会有大碍》，并刊登专家观点。此时，距旺苍县将疫情上报到广元市政府已近两周。此后，一些网站、论坛和博客，其内容全都来自《华西都市报》的报道。

10月10日前，旺苍县已完成全部蛀果处理，共1252吨。同时，该地加强集贸市场检查，并在疫情发生区的主要交通要道设立了检查检疫站，坚持24小时值班检查，严禁蛀果上市和向外调运。

二、短信传播，市场震荡

10月20日，网帖《柑蛆（大实蝇）疫区看来只是四川广元》在网易论坛引来火爆点击。发帖者"隔世空的红颜"提醒："有新闻写了这件事情，虽然不知道真假，但大家还是注意一下吧。"并贴出了一张照片显示：柑橘上面有一透明的、疑似虫子的物体。帖子随后被各大网站论坛社区疯狂转载，各不相同的标题，使得信息开始出现偏差。

随即，很多人的手机收到这样的短信："请告诉家人和朋友，今年暂时别吃橘子，四川广元的橘子在剥皮后的白须上发现小蛆状病虫。四川埋了一大批，还洒了石灰，看后请转发给你的朋友。"从10月中旬开始，这条短信不断以网络跟帖和手机短信的形式在社会上传播开来，QQ群里也同样充斥着"广而告之"。

谁也没有预料到，一条手机短信引发了柑橘市场风波。尽管与此同时有多位农业专家出面解释，各方官员也在不同场合亲自试吃，四川产橘地的一些网友也用自己的亲身经历告诉外地网友，橘蛆并不像传说中那样可怕，可是，柑橘市场却一点儿也没有好转，一些柑橘主产区的柑橘此时已出现严重滞销。在北京最大的水果批发市场里，一卡车橘子3天都卖不完，很多都烂掉了；四川、湖南、江西等地的橘农抱树痛哭；产橘大省湖北的损失可能达到15亿元。

三、政府公关，市场回暖

10月21日下午，四川省农业厅首次就此事召开新闻发布会表示：经当地政府部门的努力，疫情已得到控制，并非如传言中那样严重，有虫害的柑橘仅占1%，所有病害果实已被无害化处理，没有流入市场。10月22日，农业部再度请专家出面辟谣："该害虫不是寄生虫，对人畜无害。"10月27日，农业部首次宣布："广元柑橘"事件引发全国部分消费者恐慌心理。为消除广元柑橘大实蝇事件的影响，缓解部分柑橘主产区和主销区销售受阻情况，农业部采取了一系列果断措施：进一步加大宣传力度，普及大实蝇等植物害虫对人畜无害的科学知识，消除消费者的恐惧心理；立即向各省区市下发"关于应对柑橘事件"的明传电报，提高认识，成立应急工作组，及时掌握柑橘主产区采收、销售进度以及价格变化情况；做好滞销柑橘储藏和销售工作，组织各级农业部门指导农户做好产品储藏保鲜，抓好产销衔接，积极联系客商、提供信息，帮助农民解决产品滞销问题；及时控制、扑灭疫情，组织各地植物检疫机构对所辖区疫情进行深入排查，加强果实、苗木运输过程中的检疫；对已发现大实蝇的果园，采取摘除受害果、拾捡落果，并进行无害化处理。

11月2日，四川省28个柑橘主产县同时启动"万人免费品尝柑橘"活动，农业部副部长陈晓华、副省长张作哈在成都街头带头吃橘子，为四川柑橘促销。11月18日下午，"中国·南丰蜜橘推介新闻发布会"在京召开。率队进京宣传推介的江西省南丰县委书记傅清介绍，南丰蜜橘种植面积达50万亩，总产达6亿公斤。"蛆橘事件"发生后，南丰县委县政府高度重视，迅速采取了一系列措施：全县成立了16支小分队，由副县级以上领导干部带队，分赴全国各地大中城市宣传推介；邀请主流媒体到南丰县进行现场采访，了解南丰蜜橘的生长、采摘、销售情况；在地区网站、政府网站上进行南丰蜜橘的宣传，提高广大消费者的信心。从市场调查和反馈情况看，南丰蜜橘正逐步走出阴影，销售量和销售价格平稳上升。

一个区域性柑橘病虫害事件却引发了一场全国性市场震荡，不得不引起人们深思。一条普通的手机短信何以会制造这么大的舆论风暴？在这场食品危机中，虽然各方专家已多次表示大实蝇不会对人体构成危害，那么又是什么令消费者对柑橘依旧望而生畏呢？究竟该如何做，才能让此类事件不再重复上演？

从"蛆橘事件"看市场经济中的公共关系

"一只南美洲亚马逊河流域热带雨林中的蝴蝶，偶尔扇动几下翅膀，可以在两周以后引起美国得克萨斯州的一场龙卷风。"美国气象学家爱德华·诺顿·洛伦兹（Edward N. Lorentz）1963年提出的蝴蝶效应，在社会学界用来说明：一个坏的微小的机制，如果不加以及时地引导、调节，会给社会带来非常大的危害，戏称为"龙卷风"或"风暴"；一个好的微小的机制，只要正确指引，经过一段时间的努力，将会产生轰动效应，或称为"革命"。

在"一条手机短信引发的全国市场震荡"案例中，一个区域性的柑橘病虫害事件、一条普通的手机短信制造的舆论风暴，引发了一场全国性市场震荡，这不得不引起我们深思。手机短信这只"蝴蝶"，偶尔扇动了几下翅膀，为什么能制造出引发全国市场震荡的舆论风暴呢？以公共关系的视角观之，是因为公共关系主体——政府（各级政府、农业部及各级农业部门）缺乏公共关系管理所致。具体而言，是政府信息传播管理的缺位、公共关系意识的淡薄、传播资源管理的缺失和食品安全形象的不利等各种问题综合作用的结果。

第一是信息传播管理的缺位。"蛆橘事件"从四川广元波及全国数省，公众染上食橘恐惧症，橘市大幅度萎缩，柑橘产业像乳制品行业一样，陷入空前的公共危机。围绕"蛆橘事件"，有的定性为"传言说"，说是因为社会上有人普发短信而引起社会关注，以至演变到如此地步；有的定性为"谣言说"，说是有人出于某种目的，无中生有，谣言惑众。无论它是"传言说"还是"谣言说"，政府的声音呢？"蛆橘事件"如此快速蔓延、伤市、伤农的责任主要在于政府信息传播管理缺位，既没有官方信息的发布，也没有信息传播的必要监测，更没有舆论发展趋势的预判，任凭非权威性社会信息占领了信息市场，导致广元旺苍疫情，特别是"柑橘生蛆"等相关信息通过网络、手机短信等广泛传播开来。在网络及手机传播中，对广元的疫情规模、对大实蝇的危害等基本信息要素均没有提及，这样的信息在对食品安全高度敏感的公众中引起一定恐慌情绪也就在所难免了。早在2008年10月4日《华西都市报》发表《好可惜！万吨柑橘长蛆被深埋》，凤凰网转载成《广元暴发大实蝇疫情万吨柑橘长蛆被深埋》，《北京青年报》转载为《广元橘园暴发柑蛆政府出资300万收购》时，这样的报道和转载，就非常容易引起理解上的歧义和讹传，但人们没有听到官方的声音；10月20日，网帖《柑蛆（大实蝇）疫区看来只是四川广元》在网易论坛引来火爆点击："有新闻写了这件事情，虽然不知道真假，但大家还是注意一下吧。"这时候人们还是没有听到官方的声音；很多人的手机收到这样的短信："请告诉家人和朋友，今年暂时别吃橘子，四川广元的橘子在剥皮后的白须上发现小蛆状病虫。四川埋了一大批，还洒了石灰，看后请转发给你的朋友。"人们仍然没有听到来自官方的声音。直到"柑橘生蛆"

的短信传遍全国后，10月21日，四川农业厅才对此事件首次召开了新闻通气会。政府信息严重滞后于民间传言，更加重了消费者的恐慌心理。因此，"蛆橘事件"快速蔓延、伤市、伤农的责任主要在政府信息传播管理缺位。现代公共关系之父艾维·李在开创现代公关职业时，就提出了公众必须被告知的公关思想和说真话的公关原则。在现代信息社会里，组织却还在犯公共关系常识性错误，实乃遗憾至极。

第二是公共关系意识的淡薄。应该说旺苍县对疫情的处置是迅速且得当的。9月21日尚武镇村民在自家柑橘园内发现疑似柑橘大实蝇的害虫，第二天县农业局核实确认为柑橘大实蝇，23日上报到广元市农业局，开始普查疫情，3天后普查结果出炉。为了及时控制、扑灭疫情，旺苍县人民政府在疫区各公路沿线张贴《防治大实蝇疫情的公告》，按照每公斤3毛钱的标准统一收购疫区柑橘，然后深埋在石灰坑里进行无害化处理。10月10日前，已完成全部蛆果处理，共1 252吨。同时加强集贸市场检查，并在疫情发生区的主要交通要道设立了检查检疫站，坚持24小时值班检查，严禁蛆果上市和向外调运。旺苍县的一系列行动，体现了他们对社会责任的担当。但这些能够塑造政府良好形象的信息，新闻媒介、消费者等公众都没有在第一时间获知。这充分说明，政府组织只熟悉行政管理，而不知公共关系，因而公共关系意识非常淡薄，不知需要管理自己的关系资源。四川农业厅在首次召开的新闻通气会上称媒体报道"内容严重失实""记者违规发布疫情"，同样是公共关系意识淡薄的表现。政府的职能是服务人民和社会治理，媒体的职责是传播信息和舆论监督，何来违规发布之说？媒体报道"内容严重失实"，媒体固然有责任，但政府是否告知媒体真实信息了呢？当政府如此指责媒体时，影响的不仅仅是新闻媒介关系。

第三是传播资源管理的缺失。政府拥有丰富的传播资源，官网、官微、新闻媒体、电信企业等，政府也有整合所有传播资源的能力。在事件发展之初，由于政府没有把公共关系这样一门管理的科学和艺术纳入行政管理的范畴，既没有关注信息传播管理，也没有重视公众关系管理，当然也就谈不上对传播媒介资源进行管理和整合。直到10月27日农业部宣布"广元柑橘"事件引发全国部分消费者恐慌心理后，政府才真正意识到这一问题。11月2日四川省28个柑橘主产县同时启动"万人免费品尝柑橘"活动。江西省南丰县成立16支小分队，由副县级以上领导干部带队，分赴全国各地大中城市宣传推介；邀请主流媒体到南丰县进行现场采访，在地区网站、政府网站上进行南丰蜜橘的宣传，到北京召开"中国·南丰蜜橘推介新闻发布会"。正是这些政府公关活动的开展，公众才得以知晓真实情况，柑橘市场才开始渐渐回暖。

第四是食品安全形象的不利。三鹿奶粉事件等食品安全事件使公众对食品安全忧心忡忡。在这样对食品安全具有普遍性惊恐心理的社会环境中，当遇到可能会影响到生命安全的食品时，在本能的驱动下，人们会选择将威胁自己生命安全的食品剔除或者远离它。"三聚氰胺"的余惊犹在，"柑橘生蛆"的传播成倍地加剧了食品安全信任危机，受众对生存的渴望压制了对橘子的喜爱，宁可信其有害。在这种情境中，权威专家称大实蝇对人体无害的疫情解释，非但不能减少恐慌，反倒会滋长抵触情绪。"蛆橘事件"的启迪是，传播技术已成为一个不容忽视的问题。同样，"蛆橘事件"也告诫公关人员，产品形象、组织形象、个人形象是市场经济中无比宝贵的资源。

在"蛆橘事件"中，为什么政府是公共关系主体？如果理性地看待，在市场经济中，政府无须事必躬亲，只要创造良好的环境即可。但当"蛆橘事件"引发的市场震荡波及全国的果农，他们是那样的孤立无援，单个的农民或农户难以应对多元化的信息源。在汹涌的信息潮面前，他们没有话语权，无法表达自己的言论。他们既没有应对这种局面的意识，也没有预警机制，难以左右市场这只"无形的手"，难以预测即将面临的复杂局面。那么，对于这样的公共事件，就应该有一个组织或团体来承担起这份责任，如果他们的公仆——政府不承担，还有谁能承担呢？

现代信息社会的市场经济，市场环境风起云涌、变幻莫测。公共关系无时不有、无处不在。只有运用好公共关系这门管理科学和艺术，管理好信息资源、关系资源、传播资源和形象资源，"蛆橘事件"才能不再重复上演，社会也会多一些和谐，少一点灾难！

恩格斯说过，"没有哪一次巨大的历史灾难，不是以历史的进步为补偿的"。在现代信息社会的市场经济环境里，随着人们公共关系素养的普遍提高，随着公共关系的普及和广泛应用，公共关系将给社会治理、企业管理和个人生存带来一场"革命"。

技能训练

世界上最好的工作

澳大利亚昆士兰州的大堡礁是世界上最大、最长的珊瑚礁群，是世界七大自然景观之一，也是澳大利亚人最引以为自豪的天然景观。这里每年都会吸引众多游客前往参观。

汉密尔顿岛素有澳大利亚"大堡礁之星"的美誉，岛上终年气候舒适宜人，活动多姿多彩，但由于全球性金融风暴的冲击，游客量大减。这片看似世外桃源的地方也难以幸免，空荡的海面、寂寥的沙滩，豪华酒店的员工每日整装以待，却又整天无所事事。

2009年1月10日，全世界各大媒体几乎在同一时间报道了一条消息：澳大利亚昆士兰旅游局将在全球范围内招募一名大堡礁管理员，工作时间自2009年7月1日开始，为期半年，薪水15万澳元（约合人民币70万元），并入住位于汉密尔顿岛上带泳池的三房别墅。他（她）的职责包括探访大堡礁附近的诸多岛屿，并把自己的亲身经历以文字和视频的方式记录下来，并上传至博客。活动的参与方式非常简单，没有学历要求，没有工作限制，所有18岁以上的人，只要提供一段60秒内的英文求职视频即可。"这简直就是付高薪让你去度假！"人们纷纷惊呼。消息发出的第一个周末，"世界上最好的工作"的官方网站即人满为患，来自全世界的应聘者以每小时25 000人次的速度来访。活动举行期间，一共收到了来自202个国家和地区的近3.5万份工作申请，招聘网站的点击量超过800万次，平均停留时间是8.25分钟。据媒体报道，本次活动一共为大堡礁带来了相当于2亿美元的宣传效果。

他们采取全球投票选举的方式选出最受关注的前50位选手，然后进行两轮筛选选出参加决选的选手。究竟是哪些选手具有实力和运气能够入围晋级？这一悬念又引来了全世界人们的关注。在吊足了人们的胃口后，一份16强的名单终于在4月22日被"挂"在了官方网站上。5月4日，来自世界各地的11位参赛者来到汉密尔顿岛参加最后的决选，来自英国的34岁的本·索撒尔（Ben Southall）过关斩将，最终从昆士兰州州长手中接过"蓝色珍珠"别墅的钥匙，为活动画上了圆满的句号。

思考题：

1. "招募大堡礁管理员"案例的公共关系主体是（　　）。
   A．全世界的游客　　　　　　B．澳大利亚大堡礁
   C．英国的索撒尔　　　　　　D．昆士兰旅游局

2. 这项活动针对的公众主要有（　　）。
   A．新闻媒介、应聘者、潜在的游客
   B．新闻媒介、旅游公司、景区员工
   C．应聘者、景区员工、旅游公司
   D．昆士兰旅游局、潜在的游客、应聘者

3. 该活动运用的信息传播沟通方式主要是（　　）。
   A．自我传播、大众传播　　　B．大众传播、组织传播
   C．人际传播、自我传播　　　D．组织传播、人际传播

4. 该活动运用的信息传播沟通媒介主要是（　　）。
   A．大众传播媒介、人体媒介
   B．实物媒介、人体媒介
   C．人际传播媒介、实物媒介
   D．大众传播媒介、人际传播媒介

5. 结合"招募大堡礁管理员"案例谈谈你对公共关系工作的认识。

第二章 公关人员素质

☞ 学习目标

1. 熟悉公关人员应具备的公共关系观念、公共关系心理和公共关系能力。
2. 能够帮助组织选择或培训公关人员。

引导案例

坏事未必传千里

一天,某化妆品公司的公关部,突然来了一位访客,只见她满脸愠色,见到公关部主任,就从手提袋里取出一盒化妆品,怒气冲冲地质问道:"这个倒霉的东西是不是你们公司的产品?"

公关部主任取过一看,正是本公司的一种新产品。她面带微笑仿佛没有理会到姑娘的怒气,说:"正是本公司的产品,请问您用过之后,有什么不妥吗?"

姑娘说:"广告上说能去雀斑的,可是买回来用过之后,不光没有去掉雀斑,还弄坏了我的皮肤。"说到这里,姑娘眼圈都红了。

公关部主任注意到,姑娘的脸上有许多受药物刺激造成的红斑。这时,她拉起姑娘的手就说:"别的我们以后再说,您的皮肤过敏要紧,我马上带您到医院检查一下。医疗费由我们厂包了。"说着就带这位投诉的姑娘到医院检查去了。

检查结果出来后,医生告诉这位姑娘,她的皮肤过敏,是由于不适用这一类型的化妆品造成的。幸亏这种化妆品副作用不大,不会引起什么严重后果。听了医生的这番话,姑娘的脸色才多云转晴。

返程途中,公关部主任才不慌不忙地从化妆品盒中取出原来就附在里面的说明书,打开来对姑娘说:"其实,这说明书早有说明什么皮肤不宜使用这种化妆品。您的皮肤不宜用这一类化妆品,我们厂还生产其他类的去雀斑药物化妆品,根据医生刚才的检查,我觉得挺适合您。您不妨试试看。"

听了公关部主任的话后,姑娘的脸上绽开了笑容。

看了这个案例,你有何感想呢?我们不得不佩服这位公关部主任的公关技巧,她顺利地使一位愤怒的顾客笑逐颜开。试想,如果不是按照这位公关部主任的做法,而是一开始就直接与这位投诉的顾客讨论她是否适宜使用这种化妆品,或者她是否看过说明书之后才选用这种化妆品,其结果将是什么?由此可见,在公共关系工作中公关技巧的重要性。

高超的公关技巧来源于公共关系人员的高素质。要提高公共关系活动的实际效果,要提高我国公共关系水平,要使公共关系职业化,就必须要有高素质的公共关系人员。那么,一个优秀的公共关系人员究竟应该具备怎样的素质?如何培养公共关系人员的素质?这正是本章着重解决的问题。

公共关系人员指从事组织机构信息传播、关系协调与形象管理事务的调研、策划、实施和评估以及咨询服务的从业人员。公共关系人员的素质专指公共关系人员的一种以公共关系观念为核心,以自信、热情、开放的职业心理为基础,配之以公共关系的知识结构和能力结构的整体职业素质。随着时代的变迁以及公共关系专业化水平的提高,对公共关系人员的职业观念、心理素质、知识结构和基础技能都提出了新的要求。公共关系人员只有具备并满足这些要求的条件,并善于在实践中不断提高自己的从业水平,才能适应新时代公共关系工作的需要。

第一节 公共关系观念

公共关系观念是公共关系人员应该具备的基本素质的核心，是做好公共关系工作的指导思想。公共关系观念的形成是一个由感性认识上升到理性认识的过程，它不是先天获得的，而是需要通过实践和学习逐步培养的。现代公共关系观念主要由以下六个方面的内容构成。

一、塑造形象的观念

在公共关系思想中，最重要的是珍惜信誉、重视形象的思想。现代社会组织都十分重视自己的形象，良好的组织形象，是一个组织的无形资产和无价之宝。国内外公共关系学者给公共关系下的定义大多数都强调公共关系工作的一个重要目的——塑造组织的良好形象。公共关系人员在工作中应时时注意塑造并维护良好的自身形象和自身所代表机构的组织形象。

塑造形象的观念表现为在决策和行动中，高度重视自身的声誉和形象，自觉地进行形象投资、形象管理、形象塑造，将树立和维护良好的组织形象作为重要的战略目标。

塑造形象的观念是公共关系观念的核心。公关人员应该清晰地认识到形象对组织生存和发展的价值，应该围绕形象目标开展各种公共关系工作，应该时时刻刻像保护自己的眼睛一样维护自己和组织的形象。

小案例 2-1 哥伦比亚咖啡的公关故事

2005年，一个美国研究团队进行了一次全国规模的公众调查，旨在调查在美国公众心目中最具知名度的重要人物有哪些。调查结果显示，80%~90%的美国人能够认出哥伦比亚咖啡广告中的咖啡农胡安·瓦尔迪兹（Juan Valdez）。更重要的是，有超过50%的受访者能够立刻将胡安·瓦尔迪兹和他的骡子肯奇塔（Conchita）与哥伦比亚咖啡联系起来。然而事实上，世界知名的胡安·瓦尔迪兹从未在这个世界上存活过一天，他只是哥伦比亚国家咖啡种植者联合会（National Federation of Coffee Growers of Columbia，简称联合会）为了公关营销而"塑造"出来的一个人物形象。

为了把哥伦比亚咖啡宣传为"世界上最有品位的咖啡"，1959年，联合会选择多伊尔·戴恩·伯恩巴克广告公司（Doyle Dane Bernbach，简称DDB）代理公关营销策划。广告公司提议联合会推出一个品牌代言人，以充分表现哥伦比亚咖啡的所有优点及联合会的价值观，于是设计了一个咖啡农的形象，并且给他起了一个好读好记的名字，叫作胡安·瓦尔迪兹。哥伦比亚种植咖啡多在高山地带，运输起来缺不了最能吃苦耐劳的骡子，于是胡安·瓦尔迪兹就有了自己忠诚的骡子肯奇塔。如此一来，一个集合了咖啡农理想化个性特征的虚构角色就出现了。人们很容易就能够将胡安·瓦尔迪兹看作是遥远的安第斯山区辛勤劳作的成千上万的咖啡民中的一员。

为了更加形象化，DDB广告公司还找来了一名居住在纽约的哥伦比亚裔演员何塞·F. 杜瓦尔扮演胡安·瓦尔迪兹，并代言哥伦比亚咖啡长达 10 年之久。联合会不仅趁机大卖咖啡，后来还借助哥伦比亚咖啡的特点和名气，创建了多家哥伦比亚咖啡旗舰店，胡安·瓦尔迪兹也就自然牵着骡子走向了世界。到了 1969 年，联合会请来了一位真正的咖啡种植农卡洛斯·桑切斯扮演胡安·瓦尔迪兹，他也不负重托，尽职尽责，竟然一下子代言了 36 年。到了 21 世纪，胡安·瓦尔迪兹变得更加年轻了，因为在 2005 年，年轻的卡洛斯·卡斯塔尼达取代了卡洛斯·桑切斯。此后，联合会将宣传广告的焦点放在了胡安·瓦尔迪兹重返青春的状态上，并且继续周游世界。2010 年，"胡安·瓦尔迪兹"还到中国参加了上海世博会，频频与中国观众合影留念。

二、服务公众的观念

形象是为组织的特定对象所塑造的，这些特定对象就是公共关系工作的对象——公众。离开了公众，孤立的组织形象是毫无意义的，忽视了公众，组织的生存就会受到威胁，自然也就谈不上组织的进一步发展了。

服务公众的观念表现为重视公众的利益，将公众的意愿作为决策和行动的根据，将满足公众的要求作为重要的经营方针和管理政策。

公共关系人员应随时把公众的需求放在第一位，确立服务公众的意识。具有服务公众意识的人，能时时处处为公众利益着想，利用条件、创造条件来服务公众，并努力满足公众方方面面的要求。这样的人实际上才是明确了解公共关系工作的人。

组织应本着服务公众的观念开展公共关系工作，当组织利益和公众利益发生冲突时，组织应该把公众利益放在第一位。这样才可以使组织处于不败之地。公众意识强，视公众为组织生存和发展的生命线，才会有自觉的公共关系行为。公关人员可以通过以下四个方面的努力来增强公众意识：①形成与公众广结善缘的强烈愿望；②建立与公众求同存异的心理准备；③研究公众的需要、心理和行为；④通过持续不断的努力，满足公众的合理需求。

小案例 2-2 艾士隆的丑陋玩具

美国艾士隆公司董事长布希耐在郊外散步的时候，偶然看到几个孩子在玩一只肮脏并且非常丑陋的昆虫。布希耐突发奇想：市面上几乎买不到丑陋的玩具，如果生产一些丑陋玩具，市场前景会怎样呢？于是，他让自己公司的科研人员研制了一套"丑陋玩具"，并迅速推向市场，结果一炮打响，给公司带来了巨大收益。在玩具市场上，丑陋玩具的售价竟然超过正常玩具，且一直畅销不衰，掀起了一场"丑陋玩具"的热潮。

三、互惠互利的观念

任何组织要想塑造自己良好的形象，都必须将组织利益和公众利益有机统一起来。因为公众利益是组织利益的基础和前提，组织利益是公众利益的发展和延续。

互惠互利的观念表现为在交往与合作中，将平等互利作为处理各种关系的行为准则，将自身的发展与对方的发展联系起来，通过协助对方来争取双方的共同利益。

一个处在当今竞争社会中的组织，需要一定的竞争态势，但这种竞争不应是欺骗他人，坑害公众，而应是彼此尊重、平等合作、互惠互利、共同发展、共同前进。

互惠互利必须以真诚为基础。互惠互利是社会组织对待公众是否真诚的试金石，社会组织也只有真诚地对待公众，才能真正做到互惠互利。

> **小案例2-3　客户口碑带来的订单**
>
> 　　江苏张家港大新镇2001年出口小剪刀等五金产品4 000万件，其中朱玉宝的宏宝集团占了一半以上。朱玉宝抱定"自己吃肉决不能让别人啃骨头"的观念，在盘算自家利益的同时，也盘算一下对方有没有利润空间，做到互惠互利，因此他在国际五金行业内口碑很好。2001年，美国一位代理商史密斯从朱玉宝公司进了一批羊毛剪，由于他看错了行情，把剪刀的型号搞错了，在市场上根本无法销售，将损失数十万美元。朱玉宝得知这个消息，深感不安，主动与史密斯联系，把那批货退了回来并重新发货，空运的费用由朱玉宝承担。新型号的剪刀投放市场后，销售很旺。在这笔生意中朱玉宝只赚了一点点，却挽救了一家大客户。史密斯非常感动，他向欧洲的朋友介绍了朱玉宝的经商美德，为朱玉宝带来了1 700万美元的订单。

四、协调沟通的观念

协调沟通的观念发端于现代社会的民主观念。公共关系活动是一种具有民主性的管理活动。组织为了塑造良好的形象，更好地为公众服务，以实现其目标，就必须构建一个公开民主的信息交流网络来掌握环境的变化，保护组织的生存，促进组织的发展。

协调沟通的观念表现为懂得兼顾、统筹、缓冲、调和、折中的意义与价值，努力在矛盾中求平衡、求和谐，调节、平衡和统一各种不同的关系、不同的利益、不同的要素，自觉地利用一切传播机会去影响公众、引导公众和争取公众，并善于运用双向沟通的方法去赢得公众的理解、信任和好感。

公共关系人员应该走出"象牙塔"，营造"玻璃屋"，增强组织行为的透明度，以便组织坦诚地、全面地融入社会、面向公众，与公众、社会达成全面的双向交流。

组织开展协调沟通工作，其方法是多种多样的。如：

1) 反馈协调法。反馈协调法，即组织通过收集公众的信息，来确定组织行为是否存在问题，从而进一步协调。

2) 自律法。自律法，即从组织自身做起，进行自我检查、自我监督。在危机事件中，组织尤其应该如此。

3) 感情疏通法。一句问候、一条微信、一张明信片、一封电子邮件、一条手机短信，浓浓的情意往往就体现在这些微不足道的小细节上。美国著名的汽车销售员乔·吉拉德就是如此。他说："当顾客把车开回来要求给予修理或提供服务时，我尽一切努力为他们争取到最好的东西，这时，你必须像一位医生，顾客的车出了毛病，你应该替他感到心疼。"

4) 信息分享法。信息分享法，即把信息公开化、透明化。在组织内部做到上情下达、下情上传、横向联络、分享信息。

5) 协商法。协商法，就是通过协商的方式来避免或减轻组织与公众之间的矛盾和冲突，以及由此造成的损失。

> **小案例 2-4　子产不毁乡校**
>
> 　　春秋时期，郑国人喜欢聚集在乡间的学校里，七嘴八舌地议论国家主政的官员。大夫然明便对丞相子产说："下道命令，不让他们聚集议论，以免是非，可不可以呢？"子产说道："为什么要这样做？那些人早晚聚集在一起休息、谈笑，当然要议论国家施政措施的好坏。他们肯定的，我就努力去做；他们讨厌的，我就马上改正；他们是我们的老师啊。为什么要打击他们呢？我只听说忠诚为善可以减少怨恨，没有听说以势作威就能防止怨恨。如果作威防怨而不能止住怨恨，就会像大河决口，我就无法救治了。所以，不如开个小决口，让人们的怨恨有发泄渠道，我就能从容地听从并改正了。"然明被子产的话折服了。弱小的郑国也在子产的开明治理下，出现了政通景明的气象。

五、立足长远的观念

　　公共关系工作"宜未雨而绸缪，毋临渴而掘井"，决不能"平时不烧香，急来抱佛脚"。树立一个美好的组织形象，绝非一朝一夕之功，公共关系工作的效果也不可能总是立竿见影。

　　立足长远的观念表现为将公共关系工作作为一种战略行为，追求长远目标。公共关系工作是一项持续的系统工程，它不应拘泥于局部的得失，而应从组织的根本利益出发，追求长期的、稳定的发展战略，通过有计划的、持续的努力来建立良好的组织形象。

　　急功近利的态度是现代公关的大忌，难以取得真正的效果。任何只关注短期效益的做法都是与公共关系的思想不相符的。成功的组织在开展公关活动时，总是着眼于未来，以长远的目光来确立目标，制订战略和政策。

　　这就要求公共关系人员做到：①开展公共关系工作要从长远着眼，追求社会效益；②要注重公共关系工作效果的积累；③要注重公共关系工作的系统性和连续性。

> **小案例 2-5　芝加哥大学的公关宣传**
>
> 　　芝加哥大学创建于1858年，1886年倒闭，于1891年复校。复校后的首任校长威廉·瑞尼·哈珀是著名学者、教育家，他立意甚高，准备将芝加哥大学办成一个有研究生教育的大学。他运用公关宣传创新了教育管理，优化了办学资源，获得了更好的生源和更多的资金，从而全面提升了高等教育的质量和影响力。其做法主要有三：一是组织定期出版《大学纪事》，为管理者、教职工、学生，包括校外朋友，提供学校重要事件的准确信息，增强大家对芝加哥大学的关注，让芝加哥人乃至更大范围的人们常常意识到芝加哥大学的存在；二是注重与外界、媒体保持良好的关系以获得更多的支持，1905年，哈珀任命深受媒体和学校信赖的奥斯卡·斯凯尔顿为芝加哥大学的新闻监督，斯凯尔顿用了4年时间，使有关芝加哥大学的报刊文章刊发量位居全美各大学前茅；三是开创了一个独特的公关方式——校庆，他力排众议，多年开展学校周年庆典活动，通过花费不菲的校庆活动，为芝加哥大学赢得了非同一般的影响力。

六、创新审美的观念

塑造组织形象是一个创新审美的过程。唯有创新,才能塑造具有个性的组织形象,才能使组织的良好形象在竞争的社会中,永远立于不败之地;唯有美的形象,才会让人们欣赏并接受,才能吸引公众参与和投入。

创新审美的观念表现为将公共关系工作看成是一种艺术创造,追求活动形式的新颖性和活动内容的美学价值;同时也意味着力求使公众认同公关主体的价值观和对事物的看法。

创新公共关系工作可以从以下几个方面考虑:①大胆设计,敢于开创前人没有发现的新形式;②移植与再造相结合;③角度转换,逆向思维,寻求突破;④排列组合,以旧翻新。

小案例2-6 世界首创丝绸报

杭州某丝绸股份公司于1993年成立。在成立初期,如何迅速提高知名度,塑造企业形象成为公司管理者关注的首要问题。杭州某公关公司为其策划:以丝绸为材料印制浙江省内独家旅游服务报《江南游报》,并向中国丝绸博物馆、中国革命历史博物馆(即现在的中国国家博物馆)赠送世界首创的丝绸报纸。《江南游报》丝绸版共印刷100份。1993年6月15日,公关公司在北京为该丝绸公司举行了向中国革命历史博物馆赠送丝绸报纸仪式。行家评价:阅读和观赏效果极佳,反映了当代先进的真丝印花科技水平。

这一活动以有限的公关宣传费,巧妙借助丝绸报纸这一独特载体,赢得媒介和公众热切关注。世界首创丝绸报被国内20余家报社、电视台集中报道达30余次,海内外受众人数达2 500万人次。此次丝绸报的宣传活动,既证实了中国高超的印丝术,又大大提高了公司的知名度和企业形象。

第二节 公共关系心理

公共关系人员是否能在纷繁复杂的社会关系网络中应对自如,创造性地开展公共关系工作,在很大程度上取决于公共关系人员的心理素质。公关人员的心理素质是公关人员基本素质的基础。根据公关工作的实际需要,公关人员必须具备以下三种心理素质。

一、自信的心理

自信是公共关系人员心理的最基本要求,是取得事业成功的基础。信心的力量在成功者的足迹中起着决定性的作用,要想事业有成,就必须拥有无坚不摧的信心。成功学家拿破仑·希尔曾说:"有方向感的信心,可令我们每一个意念都充满力量。当你有强大的自信心去推动你的成功车轮,你就可平步青云,无止境地攀上成功之岭。"眼不能看、耳不能听的"奇迹人"海伦·凯勒,她的成功无疑是这段话的最好印证。公共关系是充满主动性、创造性的工作,其成败很大程度上取决于从事公共关系工作的人。只有充满自信的公共关系人员,才会产生自信力,才能形成一种自我激励的精神力量,敢于拼搏,追求卓越,凭借他的知识、能力、胆识、智慧与经验圆满地完成各项任务。

在公共关系工作中，公共关系人员的工作对象很复杂，有些公关人员，或因地位低、或因资历浅，或因经验欠缺，或因公司规模小等，面对地位高的、资历深的、经验丰富的、大公司的等工作对象，就会产生自卑心理，在对方面前总觉得自己渺小，大有"配不上"的心态，因此就显得拘谨、胆怯、手足无措，言谈小心翼翼、吞吞吐吐、词不达意，这样会直接影响公共关系工作效果。公共关系人员首先要树立起自信心，克服自卑心理。卢梭曾经说过："自信对于事业简直是奇迹。有了它，你的才智才可以取之不尽，用之不竭。一个没有自信心的人，无论他有多么大的才能，也不会有成功的机会。"这一至理名言，对公共关系人员具有重要的指导意义。有了自信，才有胆量，有了胆量，才能不卑不亢、落落大方、从容自如地开展公共关系工作。

自信如此重要，公关人员如何建立自信心？

首先，行为端正才有自信。要建立自信心，就要行为端正，因为行为正当能使你的良知获得满足，从而产生有信心的行动，有信心的行动才会使你产生有信心的想法。

其次，相信自己是独一无二的"这一个"。一棵树上没有完全相同的两片树叶，接纳自己是建立信心的关键。我们虽然并不完美，但我们是有价值的、随时都在改变的、成长中的个人。我们可以根据自己的精神标准，去感觉自己是很优秀的，坚定"天生我才必有用"的信念。成功学家拿破仑·希尔认为，每个人都有自己的自我激励方式，能认识自己的人就会把握强大的力量，活出随心所欲的人生。他在《心静的力量》中写道："每当人找到自我，发现自我并拥有自信时，全世界都会看得出这件事。这会反映在他的声调、面部表情、积极的身体动作、清晰的思维、明确的目标和正面的心态上，使别人会相信他，并愿意与他合作共事。"

最后，要善于利用积极心理暗示建立自信。由于某种原因遭遇失败而心灰意懒，这是人之常情。但如果我们能用"天无绝人之路"的积极心理暗示自己，就可以变得心安理得，从而内心就有商谈的可能性，而心情也会开朗起来。这样，我们就有可能到达"山重水复疑无路，柳暗花明又一村"的境界。

小案例2-7 拿破仑·希尔治好了一名老业务员的怪病

一个在纽约寿险公司服务了30多年的业务员，一直保有很高的销售纪录。突然间，他的业绩跌至几近于零。这名业务员自己搞不懂问题出在哪里，公司主管也看不出来。于是他们找成功学家拿破仑·希尔为其把脉。

拿破仑·希尔与这名业务员一起外出，观察他的行为，终于找到病因：他担心自己在保险行业待了30年后，已不适合跑业务。他总是把年纪挂在嘴上，觉得自己再也"不行了"，于是预期就会遭到回绝。他让自我彻底一蹶不振，以至于根本还没被拒绝，就预期会听到客户说"不"，而这正是确保别人会说"不"的最好方法。

找到病因后，拿破仑·希尔给他开出了一个"药方"：带上助听器会见客户。他抗议说："可是我没有听力问题。""说得对，"拿破仑·希尔说，"你的听力太好了，你在别人说出口之前就听到'不'。现在我要你装聋。只要有人说话，你就把助听器戴在耳朵上，假装听不见。当他说'不'的时候，你就直接搬出你的推销方式。"

这个业务员按照拿破仑·希尔开出的"药方"跑业务，第一周从9位潜在客户的手中收到了6份保单，隔周他12次访谈带回了8份保单，这几乎是前所未有的业绩。他恢复了选"是"的习惯，于是他拿掉了助听器，此后也一帆风顺。

二、热情的心理

热情不是一个空洞的词汇，它是一种重要的力量，你可以用它来补充你身体的精力，并发展出一种坚强的个性；没有了它，你就像一节没有了电的电池。一个热情的人，会认为自己的工作是一项神圣的天职，并怀着深切的兴趣。一个对自己的工作抱有热情的人，就不会觉得工作辛苦或单调，不论有多少困难，不论需要多少努力，他都会始终用不急不躁的态度去进行。不仅如此，热情还具有感染性，所有与它有过接触的人都将受到影响，或被鼓舞，或被激励。

公共关系是一个既动脑又动手、既有学又有术的职业，公共关系工作是一项需要人们付出大量的体力和脑力劳动的艰辛工作。一个公共关系人员能否胜任这个职业，是否受欢迎，关键在于他是否具备易于投入、热情工作的心理素质。因此，公共关系人员应该具有一种热情的心理。

公共关系人员的热情心理，主要体现在以下三个方面：

1) 热爱公共关系事业。公共关系工作既繁重又烦琐，一名公共关系人员每天都要处理各种公共关系事务，如果没有极大的热情和全身心的投入，是做不好公共关系工作的。只有深刻认识到公共关系工作的价值所在，热爱公共关系事业的人，才能在每天烦琐的公共关系事务中发现真、善、美，才能在每项繁重的活动中创造真、善、美，才能以极大的热情全身心地投入工作。

2) 热心服务公众。公共关系行业由于其职业特性，往往不能自由选择公众对象，正如同医生不能选择病人一样。只有具有热心服务公众的心理，才能与各种各样的公众建立良好的关系。热情是内心里的光辉，是出自内心的兴奋。具有热情心理的公共关系人员，必然会热心服务公众。

3) 热情对待公众。公共关系是一种与人打交道的工作，公共关系人员只有凭借热情的心理主动结交各界朋友，热情对待各种公众，才能拓展工作渠道和活动范围，打开工作局面，扩大组织的影响。具有热情心理的公共关系人员，他对待公众的热情必然是发自内心的、真诚的，这种发自内心的、真诚的热情，也必然会感染公众。

小案例2-8　休斯·查姆斯的百万美元擦鞋

美国国家收银机公司的财政发生了困难。这件事被在外的销售人员知道了，并因此失去了工作热情。公司销售量开始下跌，后来，情况极为严重，销售部门不得不召集全体销售员开了一次大会。

销售经理休斯·查姆斯主持了这次会议。首先，他请几位业绩不错的销售员说明销售量下跌的原因。这些销售员一一站起来，每个人都向大家倾诉了一段令人震惊的悲惨故事：商业不景气、资金缺乏、人们都希望等到总统大选揭晓之后再购买东西等，当第五个销售员开始列举使他无法达到平常销售配额的种种困难情况时,查姆斯突然跳到一张桌子上,高举双手,要求大家肃静,然后他说道:"休会10分钟,让我把我的皮鞋擦亮。"

然后,他命令坐在附近的一名小工友替他把鞋子擦亮,而他就站在桌上不动。

在场的销售员十分惊讶,有些人以为查姆斯突然发疯了。他们开始窃窃私语。与此同时,那位小工友先擦亮一只鞋子,然后又擦另一只鞋子,他不慌不忙地擦着,表现出一流的擦鞋技巧。

皮鞋擦完后,查姆斯给了那位小工友一毛钱,然后开始发表他的演讲。

"我希望你们每个人,"他说,"好好看看这个小工友,他拥有在我们整个工厂及办公室擦鞋的特权。他的前任年纪比他大得多。尽管公司每周补贴5元的薪水,而且工厂里有数千名员工,但之前那位擦鞋的工友仍然无法从这家公司赚取足以维持生活的费用。"

"这位小工友不需要公司补贴薪水,却可以赚到相当不错的收入,除生活开支外,每周还能存下一点钱来,而他和他前任的工作环境完全相同,在同一家公司内,工作的内容也完全相同。"

"我现在问你们一个问题,那个之前那位擦鞋的工友拉不到更多的生意,是谁的错?是他的错还是顾客的错?"

"当然是那个擦鞋工友的错。"那些推销员不约而同地大声回答道。

"正是如此。"查姆斯说,"现在我要告诉你们,你们现在推销收银机所面临的情况和一年前完全相同:同样的地区、同样的对象、同样的商业条件。但是你们的销售业绩却比不上一年前。这是谁的错?是你们的错?还是顾客的错?"

"当然是我们的错。"推销员再次异口同声地回答道。

"我很高兴,你们能坦率承认你们的错。"查姆斯继续说,"我现在要告诉你们,你们的错误在于,你们听到了有关本公司财务发生困难的谣言,这影响了你们的工作热情,因此,你们就不像以前那般努力了。只要你们回到自己的销售地区,并保证在以后30天内,每人卖出5台收银机,那么,本公司就不会发生财务危机了,以后再卖出的都是净赚的。你们愿意这样做吗?"

大家都说愿意,后来果然办到了。该公司不仅摆脱了困境,并且净赚了100万美元。

三、开放的心理

在人类发展的过程中,经历了从封闭到开放的转变。尤其在21世纪,人与人、国与国之间,都更加频繁地交往、联系和互动。只有具备开放的心态,才能更好地做好自己的工作,感受世界和人的多样性,充分尊重别人的利益和需求,以学会更好地与人相处。是否具备开放的心理,并不是说你的思想有多么新潮,或者接纳新生事物有多么迅速,而是衡量你是否具有一种随时接纳、理解和包容的心态。

具有开放心态的人,才能保持不断接受新事物的浓厚兴趣,而不会陷入故步自封、满足于现状的误区。从公关工作的要求看,公关人员的性格最好是开放型、稳重型,并具有涵养、宽容精神和积极乐观的性格。豁达开朗,克服狭隘嫉妒心理,开朗乐观,豁达大度,是公关人员必备的性格特征。在公关活动中,并不都是一帆风顺的,随时都可能遇到各种各样的阻力和困难,甚至公关活动失败。在当前日益复杂的环境中,竞争是非常激烈的,公关工作遇到挫折是很自然的。作为公关人员，在挫折面前，不要气馁，不要灰心丧气，要保持开朗乐观的态度，泰然处之。只有保持良好的心理状态，坚持不懈地努力，才能在激烈的竞争中立于不败之地。公关人员在复杂的公关活动中，可能还会遇到因同事之间误解、领导主观偏见使自己感到委屈，或因他人的成功、自己的失败而使自己感到难堪的情况，这就更加要求公关人员要有宽阔的胸襟和容忍谦让的气量，克服狭隘的嫉妒心理。这样才可以"化敌为友"，化不利因素为有利因素，才能在这一行干得出色。

> **小案例2-9　芝加哥的"刘宗仁日"**
>
> 　　1980年，刘宗仁被选派到美国攻读新闻硕士。到美国后，为了对美国社会进行调查，他决定放弃攻读新闻硕士，而以访问学者的身份到位于芝加哥的伊利诺伊大学就读。他原本不善辞令，不善交际，但为了搞社会调查，他一改原先的习惯，广泛地与各种人交往，主动去认识和结交各种各样的美国人，了解与研究美国社会这座大熔炉。他每天用英文写日记，记下自己的感受和见闻，特别是一些"文化震惊"现象。比如他第一次到一个美国教授家，教授夫人热情地拥抱他，他不知如何是好。
> 　　1984年9月，刘宗仁的《大熔炉两年》一书在美国出版发行，受到美国读者的青睐。20多家报刊发表评论，还有几家电台全文广播此书。1985年，芝加哥市市长签署嘉奖令，表彰刘宗仁为促进中美两国人民之间的了解和友谊所做出的贡献，并将1985年4月14日定为芝加哥的"刘宗仁日"。

第三节　公共关系能力

公共关系人员是否具备良好的公共关系能力，直接关系到他们心理素质的发挥和整体职业素质的提高。因此，公共关系能力是公共关系人员基本素质的重要组成部分。

一、人际交往能力

人际交往能力是衡量一个现代人能否适应开放社会的标准之一，缺乏人际交往能力的人，往往会与自己周围的人之间形成一道无形的屏障，以致不能完成自己所担负的工作。公共关系工作在某种意义上可以说是一种交往艺术，所有的工作都要从交往开始。公共关系人员要懂得各种社交礼仪和语言艺术，综合运用自身所具备的知识和修养，与社会各阶层公众广泛接触，建立起亲密的人际关系。交往能力是衡量一个公共关系人员是否适应现代开放社会和是否适合从事公共关系工作的一个重要标准。那种画地为牢，拒人于千里之外，与社会环境格格不入的人，是不能从事公共关系工作的。因此，公关人员要从小事做起，不断培养和提高自己的人际交往能力，树立起自身的良好形象，这样才能体现和代言本组织的良好形象，才能肩负起协调公共关系的重任。

人际交往能力是一个多方面能力组合的综合表现，如表达能力、应变能力、逻辑思维能力及知识素养等。人际交往能力涉及的范围很广，包括自我介绍的能力，介绍他人的能力，与人相处的能力，倾听、赞美他人的能力，吸引、改变、支配他人行为的能力等。公共关系人员的人际交往能力还应该体现为通晓各种社交场合的礼仪规范，如日常礼仪、涉外礼仪、各种宴会礼仪及公共场合礼仪等。公关人员还必须明白，懂得、通晓和遵守社交礼仪是对自己和他人的尊重，也是有良好修养的一种体现。

> **小案例 2-10　闫先生的尴尬**
>
> 　　某公司总裁闫先生，有一次在接待外宾的活动中，出了不小的洋相。当时，闫先生乘坐专车去机场迎接来自德国的一位企业家施罗德先生。宾主相见，寒暄握手完毕，闫先生便毕恭毕敬地将施罗德先生让到轿车前排的副驾驶座上，而自己则坐在轿车的后排。闫先生没有想到的是，自此以后，原本笑容可掬的施罗德先生竟然立即面沉似水，极其不高兴。此事过了许久，闫先生才知道自己由于不懂乘车座次礼仪而造成了失误。

二、文书写作能力

著名公共关系专家卡特里普等人在他们的著作《公共关系教程》中提出："在所有的要求中，一种条件常常处于第一位，那就是文字表达能力。"在公共关系工作中，常常要撰写通讯、新闻稿件，拟订工作计划与活动方案，编撰企业简报和年鉴，撰写公文、贺词、请柬、通知等公关文书。随着公共关系活动的频繁开展，公共关系逐步走向系统化、规范化，这就要求公关人员必须要具备良好的文字功底和写作技巧。公共关系人员要熟练掌握一些常用文书的写作格式和撰写技巧。这类文书往往要求行文简洁、合乎规范、内容充实，具有较强的说服力，同时还要力求在全面、客观、真实的基础上突出重点，加强趣味性和可读性，使文章给人以清新、生动、流畅、亲切之感，吸引各类社会公众，达到传播的目的。

> **小案例 2-11　拿破仑·希尔的两封书信**
>
> 　　拿破仑·希尔完成《如何销售服务》后，希望得到社会知名人士的推荐，他向 10 位在世界上颇有成就且非常忙碌的人寄出了下面的这封信。
>
> ××先生钧鉴：
> 　　我刚完成一本新书的手稿，书名是《如何销售服务》。我预料本书会有数十万册的销量，而且我相信，买书的人会欣然有机会读到阁下针对营销个人服务锦囊所给的金玉良言。
> 　　因此，能否请阁下不吝抽出几分钟时间，为我的手稿写下只字词组于拙著中发表，这对我个人而言将是莫大恩惠，而且我知道本书的读者也会很感谢您。
> 　　对于阁下费心惠赐的任何关照，在此先聊表谢意。
> 　　　　　　　　　　　　　　　　　　　　　　　　　　　　　谨致问候
>
> 　　这封信发出后，没有得到任何回音。反思第一封信的不足之后，他认真地重写了一封信，同样是寄给 10 位在世界上颇有成就且非常忙碌的人，却得到了所有收件人的回音。其中有些回信还称得上是杰作，大大超出了他的预期，为其新书的出版增色不少。

××先生钧鉴：

阁下是否愿意写一段鼓励的话或一句提点，给数十万个尚无法像阁下这样卓然有成的朋友？

我即将完成的手稿，书名是《如何销售服务》，书中提出的主要论点在于，我们提供的服务是因，薪酬则是果。而且，后者会与前者的效能成正比。要是少了像阁下这样白手起家并令人景仰的人士给予建议，本书就无法臻至完整。因此，假如阁下愿意提醒从事个人服务销售业的人应牢记的最基本要点，分享看法，我将会在拙著中把阁下的话传递出去。这将确保您的叮咛适得其所，为一群正拼命在滚滚红尘中安身立命的勤奋人士带来极大的助益。

我知道阁下十分忙碌，××先生，但请您记得，只要请秘书记下您口述的看法写成一封短信，阁下就可以将这个重要信息传递给五十万人之众。以金钱上来看，阁下不会在意在信封上的两分钱邮票，但假如以可能为其他不如阁下幸运的人带来益处的角度来估算，让很多愿受教之人有缘看到阁下的观点、相信它并受它引导，这个价值可能就在于成功与失败的差别。

敬祝泰安

（资料来源：拿破仑·希尔. 心静的力量[M]. 戴至中，译. 北京：北京联合出版社，2016）

三、自制自控能力

自制自控能力是指一个人自我控制的能力。公关人员要经常和社会公众打交道，如果有公众无理指责你和你的组织，你应该怎么办呢？假设缺乏自制自控能力，不能豁达大度、心平气和地认真听取社会公众的指责和意见，那么就无法取得公众的谅解，更谈不上妥善处理各种纠纷以获取公众的认可。公关人员在遇到这种情况时必须要有很强的自制自控能力，才能处理好与公众的关系，才能使公众对组织产生好感。公关人员应以自己的冷静使对方平静，以自己的微笑服务消除对方的怒气，而这些首先要求公共关系人员能很好地调控自己的情感。公关人员应该意识到，自己的言行举止关系着组织的声誉，自己的职责就是用真诚服务来树立组织的良好形象。公共关系人员应该学会"忍"，这种忍不是虚假的，而是真诚的。许多企业都以"顾客是上帝"作为自己的行动指南，其实这也是公关活动的行动口号，它对培养公共关系人员的自制自控能力将起到很好的促进作用。

小案例2-12　顾客与提多玛因吵成友

美国提多玛毛织品公司初创时期，一位从芝加哥专程飞到纽约的顾客，冲进董事长提多玛的办公室，火气十足地说："贵公司职员专函催款，说我欠了15万美元，根本没有这回事。"并声明要与公司断交。待他气话说完，提多玛和颜悦色地说："您特意从芝加哥赶来，我真不知道应该如何感谢您，能听到您的意见，我很高兴。对于属下打扰您，我非常抱歉。实际上，应该我去访问您才对，而且错误也许就发生在我们这边，这15万美元就算了。"之后，两人共进午餐。午餐后，这位顾客竟主动提出再向该公司订货的要求。回到芝加哥后，顾客仔细检查账目，发现了错处，补寄了15万美元的支票和道歉信。该顾客后来竟和公司成了亲密的朋友。

四、组织协调能力

公共关系工作是一项有计划、有步骤的活动,因此公共关系人员必须具有较强的组织协调能力。公关活动是一种目标指向型的活动,公关人员不仅要善于周密地设计和策划活动的目标和计划,还要制订实现目标和计划的具体方法和步骤,而且还要善于从事实际的组织协调工作。

公共关系人员经常要组织各种专题活动、重大的接待工作等。如企业开业,公关人员必须就此活动进行组织、策划。其具体工作有:拟定出席典礼的宾客名单和接待事项,安排典礼程序,确定剪彩的人选,准备好致贺词的宾客名单和答词;仪式结束后还要组织来宾参观,准备一些小礼品等。公关人员其实就是这些活动的组织者、协调者和领导者,所以,他们除了要进行周密的计划外,还要使整个活动有条不紊地进行,使这些活动的参加者心情愉快,留下深刻的印象,这对提高组织的形象极为重要。

小案例2-13 新苑宾馆特殊的接待任务

1988年3月24日下午2时19分,新中国成立以来铁路史上最大的涉外交通事故在上海发生。事故导致日本一青少年旅行团死亡28人,重伤9人,轻伤28人。

事故发生数小时后,新苑宾馆接到旅游局电话,让他们负责接待这次事故中幸免于难的120多名日本学生。接到任务后,宾馆负责人责成公关部组织全面的接待工作,要用优质服务抚慰、照顾这些"特殊"的客人。

24日晚8时45分,120多名日本学生来到新苑宾馆。宾馆根据多年接待日本客人的经验,为他们准备了喜爱的晚餐,服务员们从8点开始就列队等在餐厅门口,并一直耐心地等候着他们吃完。第二天一早,彻夜未眠的服务员将早餐送到学生们的床前。

"微笑服务"本是新苑的准则,但从24日晚上起,微笑从每一个工作人员的脸上消失,代之以真诚、同情和温暖。由于日语中的"四"与"死"读音相同,于是"四"便从学生和家长的餐桌上消失,送去的水果由惯例的4只改为6只。酒吧里不再有激烈、轻快的音乐,音量也被控制在最小的程度。公关部指示,为避免不吉利,在此期间不准打碎一只茶杯或一只碗。客房领班规定:打扫卫生的动作要轻,客人不高兴,甚至发火,也不能顶撞,要尽一切可能,最大限度地满足客人提出的要求。

25日上午,从事故现场清理出来的血迹斑驳的行李,经过宾馆工作人员仔细擦洗后,干干净净地送还给学生。

所有这些,都深深地打动了日本学生和家长的心。日本驻上海领事馆总领事若山乔一说:"我们对新苑的服务很满意,对新苑的协作非常感谢。"

五、调查研究能力

调查研究是组织开展公共关系活动的先导,是整个公共关系活动的"轴心",不论人们如何表达公共关系活动的流程,调查研究都是举足轻重的。如果把公共关系活动流程视为一个"车轮",调查研究便是这个"车轮"的"轮轴"。倘若缺少了调查研究这个"轴",

组织的公共关系活动这个"轮"就无法轻松自如地运转起来。因此,在公共关系工作中,要充分认识到开展公共关系调查研究的重要性,不仅要把调查研究作为一种经常性的工作来抓,还要注意在处理任何一种公共关系问题以及纠纷时,都应把调查研究视为正确、妥善地解决问题和纠纷的基本前提。

> **小案例 2-14　亨氏集团的母亲座谈会**
>
> 美国亨氏集团与我国企业合资在广州建立婴幼儿食品厂。但是,生产什么样的食品来开拓广阔的中国市场呢?筹建食品厂的初期,亨氏集团做了大量调查工作,多次召开"母亲座谈会",充分吸取公众的意见,广泛了解消费者的需求,征求母亲对婴儿产品的建议,摸清各类食品在婴儿哺养中的利弊。经过综合比较,分析研究,亨氏根据母亲们提出的意见,试制了些样品,免费提供给一些托幼单位试用;收集社会各界对产品的意见、要求,相应地调整原料配比;他们还针对中国儿童食物缺少微量元素,造成儿童营养不均衡及影响身体发育的现状,在食品中加进一定量的微量元素,如钙、铁、锌等,食品配方更趋合理,使产品具有极大的吸引力,普遍受到中国母亲的青睐。于是,亨氏婴儿营养米粉等系列产品迅速走进了千千万万中国家庭。

六、开拓创新能力

党的二十大报告提出"加快实施创新驱动发展战略",在充满竞争的现代社会中,公关活动也应讲究在借势、造势、溶势的基础上,不断创新。只有这样,才能技高一筹、领先一步,才能达到扩大影响、树立形象、吸引公众的目的。这就要求公关人员具备开拓创新能力,要敢于想别人不敢想的事,做别人没有做过的事;要不断地突破常规、勤于思考、大胆设想、开拓创新。

> **小案例 2-15　一张名不见经传的新报却令人刮目相看**
>
> 《今日美国》创刊于 1982 年,是一张名不见经传的新报。然而,在短短的时间里却取得了令人刮目相看的巨大成功。该报成功的原因在于它的编排、印刷独树一帜,最先在头版采用彩色图片和彩色印刷。例如,它在处理一幅美国地图时,以不同的暖寒颜色表明温度,让人一目了然,使昔日色彩单调但却相当为人重视的气象版面焕然一新。类似设计,使《今日美国》一跃成为当时全美发行量第二大的报纸。

本章小结

1. 公共关系观念是公共关系人员应该具备的基本素质的核心。公共关系人员要具有塑造形象的观念、服务公众的观念、互惠互利的观念、协调沟通的观念、立足长远的观念和创新审美的观念。

2. 公共关系心理是公共关系人员基本素质的基础。公共关系人员必须具备自信的心理、热情的心理和开放的心理。

3. 公共关系能力直接关系到公共关系人员心理素质的发挥和整体职业素质的提高，是公共关系人员基本素质的重要组成部分。公共关系人员应具有人际交往能力、文书写作能力、自制自控能力、组织协调能力、调查研究能力和开拓创新能力。

案例评析

万科"捐款门"事件

万科企业股份有限公司是一家专业住宅开发企业，2007年销售额523.6亿元，结算收入351.8亿元，净利润48.4亿元。该公司致力于通过规范、透明的企业文化和稳健、专注的发展模式，成为受客户和投资者欢迎、受社会尊重的企业。董事长王石在中国地产界享有很高声誉，公司也连续多年被评为"中国最佳企业公民"。然而，因为"捐款门"事件，王石和万科站在了舆论的风口浪尖上，屡遭质疑，让多年积累的品牌声望受损，实在可惜。

2008年5月12日，四川汶川发生了特大地震。当天，万科宣布捐款200万元。该年度万科股东大会授权董事会用于慈善公益的预算是1 000万元，年初雪灾已经用掉800万元，这次捐出的200万元是万科本年度慈善额度的最后部分。

万科捐助的200万元善款与2007年超过48亿元的净利润相比，不足万分之四，因此被网友批为"捐款数额与收入不符"。面对网友发出的质疑，5月15日，万科董事长王石在其博客中撰文回复，称万科捐出的200万元是合适的，"中国是个灾害频发的国家，赈灾慈善活动是个常态，企业的捐赠活动应该可持续，而不应成为负担。"他同时透露，万科内部慈善募捐活动都要求普通员工的捐款不得超过10元。此回应立刻遭到网民的一致批评与指责，在新浪、网易、腾讯等网站，对于王石言论的讨论区中，反对比例超过八成。不少人甚至自发组织"抵制购买万科住宅、抵制持有万科股票"的活动。

对于王石的表态，万科的员工也认为"情感上很难接受"，并认为其言论已衍生出社会对整个万科公司乃至万科团队的质疑。19日晚，王石公开道歉。21日，万科发出"补捐"公告，宣布以纯公益性质参与四川地震灾区的临时安置、灾后恢复与重建，并以绵竹市遵道镇为重点。具体方案为：批准公司在净支出额度人民币1亿元以内参与上述工作；上述费用将在未来3至5年内，根据实际需要逐年支出，公司将在每年年报中披露具体支出情况。但公众舆论并不领情，多数人认为他只不过是迫于压力而做出的妥协，甚至有人说追捐的1亿元只是"一种公关技巧"，也有传闻猜测万科有意在四川地震灾后重建中寻找业务机会，准备在遵道镇投资商品住宅、旅游开发等业务。针对这种传言，万科在24日发表声明称，公司参与四川地震灾区的临时安置、灾后恢复与重建是完全无偿的、不收取任何直接与间接经济回报的、不回收任何成本的纯公益性质工作，万科在本次地震灾后重建的全过程中，不承揽任何有回报的重建业务。此外，万科不考虑在遵道镇乃至整个绵竹市开展商品住宅、旅游开发或其他任何内容的商业投资活动。

事实上，在地震救灾中，王石和万科一刻都没有停。5月12日至5月16日，万科除捐款200万外，还派出了部分志愿者向灾区运送物资以及开展社会募捐活动；5月18日，万科派出45名员工护送赈灾物资到达遵道镇，同时约有110名工人一同前往灾区搭建救灾帐篷；截至19日，仅深圳公司员工已捐款19万元，相当于每人捐出近千元；5月20日，万科在遵道镇4个安置点的197个帐篷搭建完毕，而且已为指挥中心搭建简易棚。但问题的关键在于,这些在当时都不是公开信息,大多数的网友和媒体只看到了"沉默的万科"。

捐款本是一件赢得社会尊重的善举,然而,对万科来说,这次捐款所产生的社会反响却恰恰走向了舆论的另一端。

忽视形象惹的祸

——从万科"捐款门"事件看企业形象观念的缺失

良好的企业形象,是一个企业的无形资产和无价之宝。因此,现代企业在决策和行动中,都十分重视自身的声誉和形象,自觉地进行形象投资、形象管理、形象塑造,将树立和维护良好的企业形象作为重要的战略目标。万科企业股份有限公司因为"捐款门"事件屡遭质疑,让多年积累的品牌声望受损,其失当之处很重要的一个方面就是忽视了企业形象。

汶川特大地震发生的当天,万科立即宣布捐款200万元,这是万科本年度慈善额度的最后部分。万科对抗震救灾的响应迅速及时,表现出了一个大企业对社会责任的担当,也体现了其"中国最佳企业公民"的形象。但是,当网友质疑其"捐款数额与收入不符"后,董事长王石在其博客中撰文回复所传递的信息不仅情绪化且与客观事实不符,这是形象意识淡薄的明显表现。网友质疑的本质在于希望企业能够恰如其分地担当社会责任,并不在于捐款数额的大小。如果王石认清了这一问题的实质,客观地、冷静地、实事求是地做出解释,对正在开展的抗震救灾工作和后续工作设想进行传播,不仅可以赢得网友的理解和支持,而且可以借此机会宣传万科"规范、透明的企业文化",为其企业形象增添光彩的一笔。但是,由于王石形象观念的缺失和信息传播的失误,使万科的抗震救灾行为屡遭质疑,让多年积累的品牌声望受损,不得不让人为之扼腕叹息!

形象观念的缺失,不仅影响了万科在抗震救灾行动中对企业形象的塑造和传播,同时也影响了对企业形象的维护。面对网友的口诛笔伐,倘若在事态刚刚起步时就道歉,并客观地传播公司的救灾行动,是可以重新赢回公众信任的。然而,王石和万科整整一周后才道歉回应,显然已经错过了修复形象的最佳时间。在这段时间里,舆论对王石和万科的不满已经全面扩大,此时道歉只能让公众认为万科是迫于压力的补救行为。

设想一下:

假如万科在捐出200万元时就有明确的公关目标,对公众系统地传播相关信息,情况会如何?

假如公众质疑万科"捐款数额与收入不符"时,对公众全面地、客观地传播相关信息,情况又会如何?

假如王石信息传播失误后,万科及时道歉并系统地传播相关信息,情况又会如何?

……

前车之覆,后车之鉴。现代企业在经营管理中,不得不高度关注自身形象。分析本案例,可以得到如下启示:

(1)塑造企业形象,最根本的是企业要有良好的表现与鲜明的特征,有被公众认可的传播资源。

(2)塑造企业形象,要高度重视信息传播,要传播公众感兴趣的、认可的而又能体现企业形象的信息。

(3)塑造企业形象,要高度重视公众的感受,要认真研究公众、分析公众,满足公众的需要。

（4）企业形象的塑造，是一项艰巨的系统工程。它贯穿于企业经营管理的全过程之中，它涉及企业经营管理的各方面活动，它关乎企业方方面面的人员。企业形象塑造，必须纳入企业管理战略的高度，做到时时、处处、人人关注。

技能训练

阿里巴巴挂牌上市的八个敲钟人

2014年9月19日，阿里巴巴在纽约证券交易所挂牌上市。8张陌生而年轻的面孔受邀站在敲钟台上，他们都是普通人，有2名网店店主、1名快递员、1名用户代表、1名电商服务商、1名淘女郎和1名云客服，还有1名是来自美国的农场主（他把美国的车厘子出售给了中国的买家），他们代表了小微商业和消费群体的鲜活因子。

细数历次登上纽交所或纳斯达克的敲钟人，即使请来声势浩大的亲友团，也都从来没有过公司创始人或高管不露面的情景。作为一家公司在上市过程中最重要的环节，阿里巴巴选择用"全球最独特"的敲钟方式，让媒体的闪光灯对准阿里的"生态圈"。

新华社的评论认为，不管从哪个角度看，让小微代表敲钟，都极具象征意义：他们所敲响的，既是阿里股票交易开市之钟，也是小微企业借力互联网经济生机勃发的晨钟，更是新经济、新业态倒逼产业转型、治理升级的警钟。

思考题：

1. 阿里巴巴挂牌上市这一公共关系活动中的主体是（　　　　）。
   A. 八个敲钟人　　　　　　B. 纽约证券交易所
   C. 阿里巴巴　　　　　　　D. 小微企业
2. 这项公共关系活动针对的公众主要是（　　　　）。
   A. 阿里巴巴　　　　　　　B. 股东（投资人）
   C. 应转型发展的企业　　　D. 纽约证券交易所
3. 该活动运用的信息传播沟通方式主要是（　　　　）。
   A. 组织传播、大众传播　　B. 人际传播、自我传播
   C. 人际传播、大众传播　　D. 组织传播、自我传播
4. 该活动运用的信息传播沟通媒介主要是（　　　　）。
   A. 实物媒介、人际传播媒介　　B. 人体媒介、人际传播媒介
   C. 实物媒介、大众传播媒介　　D. 人体媒介、大众传播媒介
5. 结合案例"阿里巴巴挂牌上市的八个敲钟人"，谈谈你对公共关系观念的认识。

第三章 公众关系协调

☞ 学习目标

1. 掌握公众的含义、特点及其分类方法,能够分析影响公众行为的心理因素和社会因素,熟悉协调公众关系的基本方法。

2. 能够协调员工关系,通过公关工作帮助组织培养员工的认同感、归属感、自豪感和愉快感。

3. 能够处理顾客的咨询与投诉、与顾客进行信息沟通、协调顾客关系,通过公关工作帮助组织在顾客公众心目中塑造"第一流服务"的形象。

4. 能够承担与媒介公众的联络工作,安排记者采访,做好新闻发布会的会务工作,为媒介公众提供新闻资料,追踪监测新闻报道结果,通过公关工作帮助组织在媒介公众心目中塑造"具有传播价值"的形象。

5. 能够协调社区关系,通过公关工作帮助组织在社区公众心目中塑造"热心居民"的形象。

6. 能够回答政府公众的咨询,安排组织领导与政府公众沟通,通过公关工作帮助组织在政府公众心目中塑造"政府赞赏的法人"形象。

引导案例

森永制果公司摆脱困境

森永制果公司是日本一家颇具规模的食品生产企业。1984年9月，公司连续收到几封内容相同的恐吓信。信中宣称，凡森永公司的制品，都有可能被换成有毒食品。同时，一些大众传播媒介也收到了内容相同的信件。当这些信件在大众媒介上公布后，立刻在社会上引起了极大的震惊和恐慌。消费者不敢问津森永产品，经销商、批发商和零售商纷纷要求解除合同，银行也决定终止贷款，公司股票的市面价格一落千丈。

面对突如其来的打击，森永公司很快制订了三项应急措施：

1）设置了以公司总裁为首的对策本部，明确制订了4项处理原则：把消费者的安全放在首位；要求公司全体同仁与公司共存亡；积极协助警方开展侦破工作；不排除避开警方与恐吓者达成私下交易。

2）由公司副总裁担任对外新闻发言人，利用各种新闻媒介，公开披露事件真相，并以记者招待会的形式，发布与事件有关的各类信息，以求得到舆论界的支持与合作。

3）公司对策本部每天以"本部通令"的形式，将公司的决策与指示以及各种情况信息，通过传真机迅速发送至各地分公司和销售点，让公司全体员工及时了解事件情况及其发展趋势，以统一公司内部行动，加强公司内部团结。

这三项应急对策，使公司内部在处理事件方面有了明确的分工，强化了公司员工与公司共渡危机的意识。

10月，有毒的森永食品终于在东京超市露面，恐吓事件进入白热化阶段。针对这一情况，公司对策本部决定将超市的所有森永产品一律下架，动员员工及其家属开展街头销售活动。同时，公司广报部协同对策本部一起工作，进一步加强宣传攻势，努力向社会各界陈述这样一个事实：倘若森永公司就此倒闭的话，那今后此类犯罪活动就会频繁发生。这将危及其他企业的安全和社会的安定。

森永公司的宣传获得了极大的效果：社会舆论普遍地对森永公司持同情、理解和支持态度；政府及社会各界公开表示全力支持森永公司同恐吓者的斗争；一些社会团体和组织纷纷行动起来，开展了声势浩大的声援活动。在强大的舆论压力和森永公司全体员工团结一致精神的震慑下，恐吓者不得不表示屈服，宣布森永恐吓事件终结。

森永公司处理突发事件时考虑到了哪些公众关系？森永公司是用什么策略来处理这些公众关系的？协调公众关系的一般方法是什么？在本章中，编者将通过探讨公众关系协调的目标、意义和方法，帮助你掌握公众关系协调的基本技能。

所谓公众关系协调是指组织为争取公众的支持与合作而进行的一系列努力和开展的各种协调公众关系的工作。协调是公共关系的重要职能之一。组织内部的公共关系机构是组织管理机构中担负协调的职能部门，它需要协调的关系方方面面，如组织与员工、组织与顾客、组织与媒介、组织与社区、组织与政府、组织与投资者、组织与意见领袖的关系等。这里主要介绍企业公共关系协调工作中几种常见的目标公众关系协调。

第一节　员工关系协调

员工关系是组织公共关系中最基本、最重要的一类公众关系。任何一个组织要建立自身的良好形象，首先得从员工公共关系做起。良好的员工关系是组织有效开展全方位公共关系工作的基础和起点。

一、员工关系的含义

员工关系是在组织内部管理过程中所形成的人事关系，指组织或组织的领导者与内部员工的关系，其具体对象包括全体职员和管理干部。员工是组织的内部公众，是组织公共关系工作的首要对象。

一位日本的经理说过这样一句话："……一群人在一起工作，其效果并不像数学公式一加一等于二那样简单。两人协力的结果，可能是三倍，甚至五倍于一个人的力量；相反，如果不互相协力，效果可能是零。""家和万事兴"，只有先处理好员工关系，组织才能同心协力树立良好的组织形象。

从内部公共关系的角度看，员工既是组织形象的感受者又是组织身份的创造者和组织形象的塑造者，因而他们是组织内求团结的首要对象；从外部公共关系的角度看，员工是组织对外交往中非常重要的公共关系行为主体，每一名员工都是组织与外部公众接触的触角，都处在对外公共关系的第一线，组织形象必须通过他们在工作岗位和人际交往中的实际行动具体体现出来，他们是组织形象的有力传播者。因此，员工在组织的公共关系工作中处于一种特殊的地位，他们既是公共关系的客体，又是公共关系的主体。

二、建立良好员工关系的意义

建立良好的员工关系，目的是培养组织成员的认同感和归属感，形成向心力和凝聚力。其意义主要表现在以下两个方面。

1. 建立良好的员工关系，可以增强组织的内聚力

一个组织的存在价值和整体形象在取得社会的认可之前，首先需要得到自己成员的认可；组织的目标和任务在赢得社会支持之前，首先需要赢得自己成员的配合与支持。否则，组织的价值和目标将会落空，组织将无法作为一个整体面对外部社会公众。组织的每一个成员都是组织的细胞，他们对组织有机体的认同和依附，是这个有机体得以存在的基础，因此，良好的员工关系是公共关系的起点。

组织内部的公关工作要先增强内聚力，将全体成员组合成为一个有机的整体。国内外许多著名的企业为此煞费苦心，并且颇具特色。德国一家公司的新任总经理上任后的第一件事，就是把员工食堂的所有圆形小桌全部改成长条形桌子，他就此解释说："圆形小桌每次就餐最多只能坐四个人，通常都是相互熟悉的四个人；而长桌子则每次可以坐很多人，这样就能使公司内部互不熟悉的员工增加接触机会，加强人际间的沟通。"

要达到增强组织内聚力这一目的，就需要将本组织的成员视作传播沟通的首要对象，尊重组织成员分享信息的权力，争取他们的了解与理解，形成信任与和谐的内部气氛。如果内部信息传播有障碍，沟通不灵，成员对本组织的信息没有了解的优先权，甚至于外部社会早已纷纷扬扬，自己的成员还蒙在鼓里，就会在组织内部产生麻木不仁、忧虑不安、焦急烦恼、猜疑传言等消极情绪和现象，从而形成隔阂冷漠、离心离德的状况。要避免这种情况的发生，就需要健全组织内部信息的传播渠道，完善组织内部的沟通机制，使全体成员在信息分享和感情沟通中与组织融为一体。

良好的员工关系，可以培养员工对组织的信任感、认同感和归属感，从而有效地将全体员工凝聚在一起，形成员工的向心力和组织的凝聚力。如此，员工作为组织形象的感受者，就能够认可组织存在的价值和组织的社会形象；他们作为组织身份的创造者和组织形象的塑造者，就会自觉地贯彻执行组织的各项方针政策和行动计划，以实际行动支持组织工作任务的完成和社会目标的实现。

> **小案例 3-1　制造松下产品前，先制造松下人**
>
> "制造松下产品前，先制造松下人"，是日本松下电器公司创始人松下幸之助一贯的经营思想。他十分重视培养员工的企业信念和对企业的归属感，并以社训的形式加以总结归纳，使员工经常温习以形成共同的价值观念。松下电器公司的社训是："彻底认清从事生产的使命，谋求社会的改善与进步，进而贡献于世界文化。唯有全体员工和睦相处，共同协力，才有进步和发展的可能。全体员工应团结一致，为社会尽力。"每天早晨 8 点钟，松下电器公司数万名员工一起背诵公司的"价值规范"，高唱公司歌曲，此时此刻，共同的信念把全体员工融为一体。

2. 建立良好的员工关系，可以增强组织的外张力

一个组织的对外影响力有赖于全体成员的努力与配合，因为组织的每一个成员都是组织与外部公众接触的触角，都处在对外公共关系的第一线；组织的整体形象必须通过员工在各自工作岗位上的良好行为具体体现出来。电话总机的接线员，服务台、问询处、接待室的工作人员，行政部门的办事员，业务部门的业务员，乃至生产线上的员工等，都是有形或无形的公关人员，他们的一言一行都代表着组织的形象。

在对外交往中，组织的每一位成员都是非常重要的公共关系行为主体。这种主体性的发挥则有赖于他们对组织的认同感、归属感和向心力。组织的外张力是与组织的内聚力成正比的。一个组织如果希望其成员能够时时处处自觉地维护组织的形象，就应该时时处处善待和尊重自己的成员，将他们作为重要的公共关系对象，努力培养他们对组织的认同感、归属感。

良好的员工关系，可以培养和增强员工的自豪感和主人翁责任感，能促使组织的内聚力转化为外张力。因为，具有自豪感和主人翁责任感的员工，在对外交往中，他们作为组织形象的传播者，会自觉地充当公共关系的第一线人员，努力配合组织的公共关系工作，以自己的实际行动支持组织形象的塑造。

小案例 3-2　美国医院经营公司奇特的财务开支

美国医院经营公司（HCA）有一项奇特的财务开支：向员工发放"健康补贴"。条件是必须做完公司规定的"健康定额"。例如，游泳 1 英里（1 英里=1.609 344 千米）补贴 0.96 美元，跑步 1 英里补贴 0.24 美元，跳舞 1 小时补贴 0.96 美元，打网球……按公司员工平均计算，每人每年可得补贴 500 美元用来"维护身体健康"。公司公共关系人员反复向员工宣布的是这句话："每个人都必须进行健康管理，健康就是财富，有健康的身体才能经营 HCA。"员工们在感受到健康带来的益处之后，更加欣慰于能在这样有人情味的公司工作。健康补贴还增强了员工的归属感和自豪感，无论是公司首脑，还是一般员工，都引以为自豪，独一无二的健康补贴成为大家向外界夸耀的资本。

三、协调员工关系的基本方法

要协调好组织与员工之间的关系，先要了解员工的期望与要求。按照西方社会学家亚伯拉罕·马斯洛 20 世纪 50 年代提出的需要层次理论，人的需要有五个层次：第一层次是生理需要，包括衣、食、住、行；第二层次是安全需要，包括工作安全、医疗、保险、退休、福利；第三层次是社会需要，包括友谊、归属、接受；第四层次是尊重需要，包括荣誉、升迁、奖励；第五层次是自我实现需要，包括成就、发挥自己潜能、自我实现。这些需要是从低级走向高级的。虽然马斯洛的需要层次理论并非十全十美，但它所表达的人们的期望与需要，是组织在协调员工关系时值得借鉴的。每个组织都有自己特定的员工公众，怎样才能协调好员工关系呢？员工在与组织双向互动的信息传播过程中，必定产生一定的认知、动机、态度和相应的行为，这就是协调员工关系的全部环节和基本内容。任何组织筹划开展内部公共关系工作，就是采取一定的传播手段和沟通方法，有意识地引导和有计划地调节员工的认知、动机、态度和行为。

1. 满足员工物质利益的需要

组织要在工资、奖金、福利、工作条件等与员工息息相关的物质利益方面给予满足，使他们感到在付出辛苦的劳动之后能够获得应有的利益保证，并将员工的利益融入组织的政策之中予以贯彻落实，这样组织才能赢得和谐融洽的员工关系。新加坡航空公司在此方面的做法非常值得借鉴。

小案例 3-3　新加坡航空公司的优厚福利

拥有 1.7 万名员工，在世界各大航空公司中享有盛誉的新加坡航空公司，以严格的纪律和考核著称，同时也以优厚的福利深深地吸引着员工，使员工自豪。凡每月工资低于 2 000 新元，并与本公司签订了 5 年工作合同的员工，业余读高中可补助 500 新元，读专科可补助 1 000 新元。公司在新加坡著名旅游点建有房屋，供员工旅游时居住，住一夜只需花 3 新元，一次可住一个星期。在公司工作一年以上的员工，每年可免费到国外旅行一次，配偶和子女同享这种待遇。公司还帮助员工持有本公司股票，由于公司经济效益好，股票红利丰厚，使员工受益匪浅。

2. 满足员工精神方面的需求

从公共关系的角度说，协调内部员工的重要任务就是重视内部沟通，将员工视为公共关系沟通的首要对象，树立"内部公众第一"的思想，充分尊重员工意见，体现主人公精神，努力培养员工对组织的认同感；要与员工进行情感交流，积极开展一些文体活动，增进友谊、陶冶情趣、培养员工健康的人格和向上的精神。美国的约翰·小洛克菲勒谈他对员工管理的经验时说："我力图把美元、股票和红利变得带有人情味。"

此外，还要积极创造员工接受培训和再教育的机会。"人往高处走，水往低处流"，上进之心，人皆有之。通过对员工进行必要的培训，他们才能始终跟上时代步伐，工作起来才能得心应手，发挥出应有的作用。美国惠普电子仪器公司在智力投资方面表现出了高瞻远瞩的气魄，公司规定，员工每周必须学习业务知识，每年有25%的员工可到各种培训班进行深造。为此，公司支付的培训费占销售总额的十分之一，花费的人力占公司人力的十分之一。惠普公司的这项政策深得员工的拥护，企业也在高素质、具有现代化知识员工的全力工作中，获得了突飞猛进的发展。

> **小案例 3-4** IBM公司的金环庆典
>
> 美国IBM公司每年都要举行一次规模隆重的庆功会，对在一年中做出过突出贡献的销售人员进行表彰。这种表彰活动被称作"金环庆典"。这种活动常常是在风光旖旎的地方，如百慕大或马霍卡岛等地进行。在庆典中，IBM公司的高层管理人员始终在场，并主持盛大、庄重的颁奖酒宴，然后放映由公司自己制作的表现那些做出了突出贡献的销售人员工作情况、家庭生活，乃至业余爱好的影片。在被邀请参加庆典的人员中，不仅有股东代表、员工代表、社会名流，还有那些做出突出贡献的销售人员的家属和亲友。在庆典活动中，公司主管会同那些常年忙碌、难得一见的销售人员聚集在一起，彼此毫无拘束地谈天说地。在这种交流中，无形地加深了彼此心灵的沟通，增强了销售人员对企业的亲密感和责任感。

3. 满足员工个人价值的实现

从管理哲学的角度看，公共关系工作要处理好团体价值与个体价值之间的矛盾。公共关系工作的目标是追求较高的团体价值，即塑造本组织良好的整体形象，提高本组织的社会地位，争取较好的组织知名度和美誉度。从公共关系工作的实际来说，它是专门做人的工作的，必须从确立个人的价值入手，使团体中的每个成员（以及与这个团体有关的所有个人）都能在团体的环境中追求和实现个人的价值。如果能够创造这样一种团体环境，在这个环境中，个体能充分展示自己的个性和追求自己的价值，那么这个团体就具备了足够的凝聚力，并且使团体价值通过许许多多个体的创造性活动得以充实和体现。也就是说，追求团体价值的公共关系工作，应该先从尊重个体价值做起，必须将个体价值与团体价值辨证、有机地结合为一体。如果个人价值得不到尊重，个人就可能会产生强烈的不满，产生不负责任的行为。因此，应把个人价值和团体价值结合起来，相信和依靠员工，大胆放手让他们工作，及时肯定和赞赏他们的成绩和贡献，尊重他们的人格和自主权。松下公司的创始人松下幸之助经过常年观察研究后发现：按时计酬的员工仅能发挥工作效能的20%~30%；而如果受到充分激励，则可发挥至80%~90%。松下幸之助探索出用"拍肩膀"来激励员工，即当一个员工兢兢业业、一丝不苟地在车间里、机器旁工作时，常常会被前来巡视的经理、领班们发现，他们先是拿起零件仔细瞧瞧，然后会对着这个员工的肩膀轻轻拍几下，并说上几句"不错""很好"之类的赏识话，以资鼓励。

小案例3-5 羊城药厂为员工"树碑立传"

广州羊城药厂1991年建立起一座碑廊。碑廊内耸立着5块2米多高的大理石碑。那上面篆刻的，不是什么英雄人物的业绩或高级领导人的题词，而是本厂195位普通员工的名字。原来，他们都是立功受奖的人员。在企业发展过程中，他们发挥了主人翁精神，为企业的兴旺做出了突出的贡献，于是企业就为这195位普通员工树起了记功碑，将他们的名字载入企业史册，永志不忘。这些记功碑树立起来后，在羊城药厂引起很大反响。碑上有名者感到自豪，受到鼓舞，他们决心为厂子的发展做出更大的贡献。而碑上无名者也感到学有榜样、干有方向，纷纷表示自己也要干出成绩来，争取自己的名字也被刻上记功碑。

4．创造员工满意的工作环境

工作环境包括工作场所中的物质环境和人际关系。人际关系是一种情感氛围，它能使组织以感情为纽带团结每一位员工。良好的人际关系使员工感到安全、舒适、轻松、愉快，只有在这样的环境中，员工才能紧张而愉快地工作，才能畅所欲言，才会对组织产生深厚的感情。公共关系专家们预言，今后的组织管理，将是高科技与浓厚情感的结合。创造温暖人心的情感氛围，将是现代组织管理的一种文化追求，因为这种温暖的情感氛围，将极大地增强员工的归属感和向心力，组织也将产生强烈的凝聚力和外张力。

小案例3-6 藤田的经营之道

为员工过生日、送蛋糕在组织经营管理中已经不是什么稀罕事了，但日本麦当劳的老板藤田做起这类事情来则更加细致周到，更不一般。员工过生日，公司会给他放假一天，赠送5 000日元的贺礼，而且员工的妻子过生日也会收到藤田让花店送去的鲜花。鲜花并不贵，但让他们非常感动。就连员工的孩子过儿童节时，也会得到藤田赠送的5 000日元的礼物。这样，在孩子小小的心灵中也打上了父亲工作的公司是关心人的公司的烙印。更绝妙的是，公司每年发3次奖金，都把奖金发给员工们的太太，同时附上一封短函："公司能有这样好的业绩，都是各位太太的协助。虽然，直接参与的是先生们，但是，如果没有你们这些贤内助们的帮助，先生们的工作成绩将大打折扣，所以，这笔奖金是你们应该得到的。"员工们自然十分高兴，因为他们的太太没有参与店里的工作却能拿到奖金，他们感到太太们也是店里的一员了，所以他们干起活来积极性格外高，员工家里也极少闹矛盾，妻子们对丈夫的工作也给予了更多支持和帮助。

第二节　顾客关系协调

协调顾客关系，是工商企业面临的头等重要的实践课题。谁的顾客多谁就成为赢家，谁的顾客少谁就是输家，谁失去顾客谁就会倾家荡产。现代社会，一个真诚关心顾客利益、把顾客利益奉为至尊的观念已经形成。顾客关系协调，对于工商企业组织竞争和发展有着不可估量的价值。

一、顾客关系的含义

顾客关系又称消费者关系，是组织与其产品（物质产品和精神产品）的购买者和消费者之间的关系。顾客是与组织具有直接利益关系的外部公众，是工商企业组织市场传播沟通的重要目标对象。

顾客是工商企业必须重点联络的公众之一，顾客关系是工商企业的公共关系生命线。在市场经济中，顾客是最应受到尊重的公众，"顾客就是上帝"的口号，便反映了这样一种现实。

> **小案例 3-7　弗里波特·L.L.比恩公司的布告**
>
> 在美国缅因州弗里波特·L.L.比恩公司里，曾经贴着这样一张醒目的布告：
> 顾客是这个办公室里最重要的人……不管他是亲自光临还是来函接洽。
> 不是顾客依赖我们……而是我们依赖顾客。
> 顾客光临不是中止我们的工作……他是我们工作的目的所在。我们为他服务不是对他的照顾，而是他给予我们一个服务的机会照顾了我们。顾客不是我们与之争论或斗智的对象，谁也不能在与顾客的争执中取胜。
> 顾客带着他的需要来找我们，是为了我们。我们的工作就是通过满足他的需要使他和我们自己共同受益。

这张广而告之的布告，已经充分说明了顾客对于一个企业的意义：顾客是企业生存与发展的生命之所在。任何企业，无论是其生存还是发展的基本条件，都是它所提供的产品或服务能够得到顾客的认可、购买、消费、使用。一个失去了顾客的企业是不会有生存的立足之地的。

企业协调顾客关系的目的，就是希望同顾客建立起商品-货币交换关系之外的另一种关系，以沟通感情、交流意见的方式，取得顾客的信任与支持，使得顾客不仅对企业的产品或服务有足够的认识和了解，而且对企业本身有足够的认识和了解。这样，企业才能在激烈的市场竞争中树立起企业及品牌形象，在顾客的支持下促进企业发展。

二、建立良好顾客关系的意义

建立良好的顾客关系，可以促使顾客形成对组织及其产品的良好印象和评价，提高组织及其产品的知名度和美誉度，增加对市场的影响力和吸引力，实现组织和顾客公众的共同利益。对顾客公众做好公共关系协调的意义在于：

1. 良好的顾客关系能够为企业带来直接的经济效益

组织的存在价值，很大程度上在于其产品或服务能够得到顾客的接受和欢迎。组织的经济效益需要在市场上实现，而顾客就是市场，有了顾客才有市场。虽然与顾客的沟通并不等同于市场经营中的销售关系、直接的买卖关系，但良好的顾客关系的确有利于企业组织的市场销售关系，能够给企业带来直接的经济效益。因此，顾客公众是企业市场经营的生命线。正如美国企业公共关系专家加瑞特所说："无论大小企业都必须永远按照下述信念来计划自己的方向，这个信念就是：企业要为消费者所有，为消费者所治，为消费者所享。"

小案例 3-8 波音公司急顾客所急

1978 年 2 月，意大利航空公司的一架客机在地中海坠毁，该公司急需一架飞机代替，于是意大利航空公司总裁立即打电话给美国波音公司董事长，提出了一个特别的要求：能否迅速送来一架波音 727 客机。当时订购这种型号客机的顾客至少得等上两年。于是，波音公司立即召开了一个动员会，要求把这架飞机作为一次紧急任务来完成，争取在最短的时间里造出来。两个月以后，意大利航空公司收到了一架崭新的波音 727 客机，他们对波音公司的最佳服务精神感动不已。为了回报波音公司，6 个月以后，意大利航空公司向波音公司订购 9 架 747 大型客机，价值高达 5.75 亿美元。

2. 良好的顾客关系可以体现企业正确的经营观念和行为

顾客公共关系工作要求企业组织将顾客的利益和需求摆在首位，通过满足顾客的需求，使顾客利益最大化，来换取组织的利益。企业组织的性质决定了它必然要通过经济活动去赢取利润；而公共关系的经营思想认为，利润不应该是企业贪婪的追求，而应该是顾客接受、赞赏和欢迎企业的产品和服务所投的信任票。只有赢得顾客的心、获得顾客的信任与好感的企业，才可能较好地获得自己的利润。因此，企业的一切政策和行为都必须以顾客的利益和需求为导向，在经营观念和行为上自觉地为消费者所有，为消费者所治，为消费者所享。这种经营观念和行为必然表现为企业具有良好的顾客关系，即企业在市场公众心目中具有良好的声誉和形象。

小案例 3-9 IBM 公司的最佳服务

占有世界计算机设备市场 40%份额的国际商用机器公司（IBM），为了树立"为顾客提供最佳服务"的市场形象，专门挑选一批优秀的业务人员担任为期 3 年的主管助理。在 3 年之中，他们唯一的任务就是：对任何顾客的抱怨和疑难必须在 24 小时内给予解决。有一次，一位在菲尼斯工作的服务人员，驾车前往某地为顾客送一个小零件。然而，却因瓢泼大雨，交通阻塞，使 25 分钟的路程变成了 4 个小时的跋涉。这位工作人员担心这样会失去整整一个下午的时间，她想到车里还有一双旱冰鞋，便一路滑行，为顾客雪中送炭。"优良服务，在国际商用机器公司已经成为一种自动反射式的习惯。"公司总裁托马斯·约翰·沃森谈论其成功秘诀时如是说。

3. 良好的顾客关系有助于培育成熟的消费者群体和市场

没有成熟的消费者就没有成熟的市场，没有成熟的市场就没有成熟的企业。成熟的现代消费者，是指那些具有现代合理的消费需求、健康的消费心理、自觉的消费行为、把握一定的商品信息和知识，能够选购自己所需要而且质量好的商品，明确自己作为顾客所享有的权利，并且能够用合法手段有效维护自身权益的现代人。只有这样的消费者日渐增多，市场环境和企业竞争才可能变得更加有序。因此，做好顾客公共关系工作的意义之一在于：促进成熟的消费心理和消费意识，形成科学的消费行为，帮助顾客认识、熟悉产品的性能以及使用、维修、保养的基本知识，以提高工作和生活的质量，增加生活的情趣。对消费者进行教育、引导，目前已是国外许多企业公共关系活动的重要内容。如日立公司设立了多个"日立家庭中心"，专门指导日立的消费者如何利用闲暇时间设计生活、美化生活。消费者的成熟是一个逐渐的、不自觉的过程。随着社会主义市场经济体制的日益完善，我国消费者在理性消费和维护自身权益方面也日益成熟，但就整体而言，成熟的现代消费者的形成还需要社会各个方面包括企业的共同努力。因此，良好顾客关系的建立对培育成熟的消费者群体和市场的意义，更应为企业所重视。

小案例 3-10 塞萨尔·里茨的酒店经营艺术

塞萨尔·里茨（Cesar Ritz）是一个改变了世界酒店业发展的历史，使酒店经营成为一门艺术的人。他始终坚持顾客至上的经营方针，改造酒店的装饰，改进酒店的服务，同时也使自己闻名遐迩。

里茨生活在两个世纪交替的时代，当时女性开始从家庭走向社会，要求男女平等方兴未艾。里茨初到伦敦时，还没有一个大家闺秀敢于公开出入餐厅。于是，他在经营上尽力为用餐的女宾提供最好的条件，采用柔和的灯光，使她们看上去容光焕发，使她们的服饰显得光彩夺目。他把餐厅布置得使女性只要登上几级阶梯，就有一种"上场"的气派。他与著名的厨师合作，增添了几十种女性特别喜爱的佳肴。他为宴会安排了席间音乐，这也是饭店业中的首创。慢慢地，女性上高档饭店就餐，逐渐成为一种时髦的社会风气。他革新了酒店卧室的结构，首次在他经营的一家酒店卧室里安装了私用浴盆。这家酒店开张那天，人们像参观博物馆似的如潮水般穿过走廊，大多数人仅仅是为了一睹第一次出现在酒店卧室里的私人浴室。对于饭店常客的个人资料，如身高、爱好、生活习俗等，里茨心中都记着一本账，而且他还要求服务员也做到这一点。当服务员没能向顾客提供准确的一次到位的服务时，他认为这不是客人的苛求，而是服务员的素质问题。他对服务员的要求是：顾客永远是对的。这句话由他最早提出，进而成为通用于服务业乃至整个商业领域的普遍原则。

"人们喜欢有人服侍，但是要不露痕迹。"里茨经常这样说。他将服务方法归纳为四点：看在眼里而不形于色，听在心中而不流于言，服务周到而不卑躬屈膝，先意承志而不妄作主张。

三、协调顾客关系的基本方法

企业与顾客建立良好关系的目的,是为了在顾客中建立信誉和争取支持。理想的公共关系应该是理解、创造理解、帮助理解,通过满足顾客的需要来实现企业的目的。协调顾客关系的一切公共关系工作,都要以此为中心。具体来说,企业协调顾客关系的目的,大致有以下四个方面:改善服务质量、介绍产品和服务、树立企业信誉、同顾客联络感情。为此,协调顾客关系,必须做好如下工作,树立起一流服务的企业形象。

1. 为顾客提供满意的产品

顾客关系的形成是由于顾客对产品的消费欲望和消费行为而产生的,没有适应顾客需要的优质商品就不可能有稳固的顾客关系。因此,为顾客提供满意的产品,是建立良好的顾客关系的物质基础。这就要求企业在技术、产品上不断推陈出新,满足顾客不断变化的需要,以优质的产品来赢得顾客的信任与好感。企业没有顾客满意的产品,无论花多大代价去做广告、搞促销,最终都不会赢得顾客。凡是成功的企业组织,都十分重视其产品的优异品质。

小案例 3-11 海尔的质量管理

海尔集团从一个濒临倒闭的集体小厂发展壮大,成为享誉国内外的跨国企业,其质量之路经历了产品质量—体系质量—市场链质量—"保证期"质量的质量管理变迁。"海尔集团以'砸冰箱'为开端,长期重视质量管理与创新,形成了特色鲜明的海尔质量文化,探索建立了'人单合一双赢'管理模式,依靠质量管理实现企业的发展壮大。"2013年12月16日,国家质检总局在"首届中国质量奖"颁奖仪式上这样评价海尔集团。海尔集团在经营实践中,形成了它独特的管理方式——OEC。O代表overall(全方位),E代表everyone(每人)、everything(每事)、everyday(每天),C代表control(控制)、clear(清理)。OEC的汉语意思是每天的工作当天完成,做好清理,并且每天都要有提高,海尔人将其提炼为"日事日毕,日清日高"八个字,切实把"质量是企业的生命"这一价值观落实到每一个员工身上和每一个生产环节中。经过长期的努力和积累,海尔终于通过了美国UL、德国VDE、加拿大CSA、澳大利亚SAA等质量认证,并成为我国家电行业率先通过ISO9001国际质量认证的企业集团,荣获中国家电行业"第一品牌"的称号,其产品赢得国内外顾客的信赖和钟爱。

2. 为顾客提供优质的服务

所谓服务,是指不以实物形式而是以提供活劳动的形式满足顾客的某种需要,为顾客带来更多的便利。任何企业在生产和组织商品销售的过程中,向顾客提供各种优质服务,都是塑造良好形象的重要途径,也是企业与顾客建立良好关系的重要前提。不同的企业应根据所生产和经营的商品种类和特点,根据企业的规模、类型、地点、经营条件,为顾客提供多种多样的服务,如进货服务、安装服务、维修服务、加工服务、包装服务、信用服务、租赁服务、退换服务,推行服务承诺,努力实现服务的系列化、规范化、制度化,以优质服务增强企业对顾客的吸引力。

> **小案例 3-12　卡特彼勒公司的售后服务**
>
> 　　卡特彼勒公司（Caterpillar，CAT）是一个专门生产建筑机械的公司。该公司在经营中不仅坚持严格的产品质量管理，而且坚持"销售真正始于售后"的宗旨。CAT 在世界许多地区设立了维修站和零配件中心，因此，无论在世界的哪个角落，接到用户电话后 24 小时内，公司都会将零配件送到工地；如需要该公司的技术人员，技术人员也可同时赶到。公司规定，如果不能在 24 小时内抵达工地，将免收所有维修费用。为了保证做到这一点，该公司为在美国的 93 家经销商和国外的 137 家经销商专门设立了一个配件中心，并在 10 个国家设有 23 处配件仓库，每一个仓库负责一个特定区域的零配件供应，所有仓库的零配件供应正好覆盖全世界。在这些仓库里，经常保有 20 万种可供应两个月的零配件存货。虽然该公司的产品价格普遍比竞争者的同类产品价格高 10%～15%，但用户仍然愿意购买卡特彼勒公司的产品。公司征战全球的奥秘正是"优质的产品加完善的服务"。

3. 与顾客保持畅通的信息沟通

在企业与顾客的市场供求关系之中，存在着大量的信息交流关系和情感沟通关系。没有充分的信息传播，没有融洽的感情沟通，市场的商品交换关系就难以建立，更难以稳定和持久。在争取顾客的注意力、影响顾客的消费选择和消费行为的市场信息传播竞争中，公共关系日益成为企业青睐的市场传播手段。它运用多元化的传播沟通方法去疏通渠道，理顺关系，清除障碍，联络感情，吸引公众，争取人心，为产品的销售营造一个良好的气氛与和谐的环境。美国玛特尔玩具公司生产了一种玩具，在美国是畅销货，到了日本后则很少有人问津，玛特尔公司通过调查，了解到日本的社会习俗、文化心态以及日本人的生活爱好，把玩具娃娃的金发碧眼换成黑发黑眼。由于适应了日本妇女、儿童的口味，这种玩具从此打开了销路。

> **小案例 3-13　"海尔博客门"事件**
>
> 　　一名顾客购买的海尔冰箱出现质量问题，由于种种原因海尔三天后才予以调换，该顾客气愤之下在其博客上撰文宣泄其对海尔售后服务的不满。海尔售后部门在看到该博客后，立即派遣服务人员以两个大西瓜作为礼物登门道歉，并向这位客户认真地解释他们为什么三天后才把冰箱送到。在海尔做出迅速反馈之后，那位发表博客的用户再次做出回应："我很感动……因为我的一篇帖子，海尔派人上门沟通，让我有点自我感觉良好，感到作为用户受到了重视。"从网友对博客的评论可看出，公众对此事的看法有了很大的转变，从开始对海尔的负面质疑转变为客观中肯甚至是理解包容的态度。很多网友留言表示海尔售后服务的周到是闻名于耳的，呼吁人们支持民族品牌，对民族品牌应该多一些理解和包容心。这场沸沸扬扬的"海尔博客门"事件因为海尔的及时响应，得到了圆满的解决。

4. 迅速处理顾客的投诉

美国学者做过一项调查：每当有一个通过口头或书面直接向公司提出投诉的顾客，就有 26 个保持沉默的、感到不满意的顾客。这 26 个顾客每个人都会对另外 10 个亲朋好友造成消极影响；而这 10 个亲朋好友中，约 33% 的人会再次把这个坏消息传给另外 20 个人。也就是说，只要有一个顾客因不满意而投诉，就会产生"26×（10+10×33%×20）"的结果，即有 1 976 人不满意。据此，现代社会组织的领导人应清醒地认识到，让顾客满意是组织必须尽心倾力地完成的首要任务。

企业组织在生产经营过程中，由于各种原因造成失误或与顾客之间发生矛盾，引起顾客投诉在所难免，关键是怎样处理好这些投诉。顾客的投诉种类很多，有电话投诉、信件投诉、当面投诉，有的甚至借助媒介或法律。不管怎样，问题一出现，企业组织都应本着"顾客是正确的"原则，尊重和维护顾客的合法权益，淡化矛盾，妥善处理，使顾客满意，让因顾客投诉造成的公众对企业信任危机的负面影响降到最低；甚至因势利导，变坏事为好事。及时处理顾客的投诉，是对消费者合法权益的积极维护；只有切实地处理好顾客的投诉，才能使顾客消除心中不平，化干戈为玉帛。只有充分尊重并维护顾客的合法权益，才能真正地建立融洽的顾客关系，在竞争中立于不败之地。企业那种坑蒙拐骗、以假充真、以次充好、搪塞敷衍、无视顾客利益的做法，终究会被消费者淘汰，受到社会的惩罚。处理好顾客投诉应注意以下三方面的问题：

1）处理要及时。对消费者的投诉能及时着手解决，顾客就会觉得组织重视他们的意见，会比较快地恢复平静。如果等几天再答复，那么在这段时间内顾客就会觉得不痛快，免不了会向他们的同事或亲朋好友诉说一番。拖延的时间越长，他们的气就越大，向别人诉说的机会就越多，对企业不信任的人也会随之增多。因为人们往往相信自己的亲朋好友的诉说，而不会去轻信广告宣传，所以，即使一时不能解决的问题也要先有回复，告诉对方已经在研究处理。

2）态度要诚恳。遇到消费者投诉，不管对方是否有理，首要的是不要让事态扩大，因此，企业公关人员都应心平气和，婉转地加以引导，耐心地问明情况。企业公关人员要抱着诚恳的态度设身处地为顾客着想，理解顾客心情，与人为善，宽以待人，尽量减小影响范围；决不能顶撞、争吵，以致把问题闹大。对批评企业的来信都要答复，不可让对方感到企业缺乏诚意。

3）分析要全面。对消费者投诉的问题，应该做全面的分析。如果发现该问题具有普遍性，应该尽快通过大众媒介或公关宣传，在较大范围内予以说明；如果消费者提出的问题比较重要，就要认真研究解决处理的对策，以最好的服务予以补救，努力取得顾客的谅解。

小案例 3-14　顾客投诉处置不当引发的舆论危机

某顾客在购买当地一家颇有影响的食品企业所生产的食品后，发现产品存在严重的质量问题。于是，他与企业进行了交涉。企业接待人员与同事研究后给了他一个答复，但此后便没了下文。无奈，该顾客带上有质量问题的食品，将情况反映给当地一家颇有影响的报社。该报社遂派记者到企业进行现场采访。记者们在企业拍摄到了许多违反国家食品生产规定的现场画面。企业领导发现后强行索要记者所拍资料，索要未果后，将记者扣留。在当地公安人员的协调下,记者们在被困1个多小时后得以安全返回。事后,该报以系列报道的形式将消费者反映的有关该企业的问题,以及记者在企业中所拍摄的材料、经历公之于众,企业一时陷入舆论危机之中。

第三节 媒介关系协调

任何组织若要在社会上,在所有公众中获得良好的声誉和影响,必须借助新闻媒介这一广泛而深刻的传播力量。然而,要获取新闻媒介的积极支持,社会组织就不能顺其自然,而是必须密切关注新闻媒介,了解新闻媒介的运作方式,进而主动、真诚地与新闻媒介协调好关系。

一、媒介关系的含义

媒介关系是指组织与广播、电视、报纸、杂志等大众传播媒介机构,以及与编辑、记者、节目主持人等媒介人士之间的关系。

公共关系的基本方法是信息传播。传播信息会涉及大众传播媒介,且会形成与媒介公众的关系。媒介公众是公共关系工作对象中最敏感、最重要的部分。这种关系具有明显的两重性:一方面,媒介公众是组织与广大公众沟通的重要中介;另一方面,媒介机构及媒介人士又是组织需要特别争取的公众对象。媒介与对象的合一,决定了媒介关系是一种传播性最强、公共关系操作意义最大的关系,往往被置于最显著的位置,媒介公众甚至被称为对外传播的首要公众。

小案例3-15 Mobil石油公司副总裁的困惑

1974年11月,美国Mobil石油公司副总裁致函《纽约时报》,指出在过去两年中,《纽约时报》已发表了20篇纽约州司法部控告Mobil公司的报道,其中有10篇上了头版,事实上其中有两次控告被州法院否决,但《纽约时报》未做任何报道,此后Mobil公司曾反过来向法院控告纽约州司法部,结果《纽约时报》还是未做报道。"为什么Mobil公司被控是新闻,而Mobil公司控告他人就不是新闻了呢?"

二、建立良好媒介关系的意义

与媒介公众建立良好关系的目的是争取大众传播界对本组织的了解、理解和支持,以便形成对本组织有利的舆论气氛,并通过大众传播媒介实现与大众的广泛沟通,增强组织对社会的影响力。建立良好媒介关系的意义在于:

1. 良好的媒介关系有利于形成良好的公众舆论

传播机构及人士是社会信息流通过程中的"把关人"(gatekeeper,传播学中亦称为"守门人"),他们决定着各种社会信息的取舍、流量和流向,决定着公众舆论的中心议题,能够赋予被传播者特殊的、重要的社会地位,即具有"确定议程"和"授予地位"的功能。

某个组织、人物、产品或事件如果成为新闻界报道的热点，便会成为具有公众影响力的舆论话题，获得较高的社会知名度；而且，一则对企业组织有利的信息通过新闻界客观的报道，容易获得公众的信任，有利于美誉度的提高。公共关系的一项重要任务，就是为组织创造良好的公众舆论，争取舆论的理解和支持。因此，与"把关人"建立良好的关系，有助于争取媒介报道的机会，使组织的有关信息比较顺利地通过传播过程中的层层关口，形成良好的公众舆论环境。

2. 良好的媒介关系是运用大众传播手段的前提

组织要实现大范围、远距离的沟通，就必须借助于各种现代大众传播媒介。大众传播借助于网络、现代印刷、电子出版等传播技术，大量地、高速度地复制信息，跨越时间和空间的限制，实现大范围、远距离的传播。这是现代公共关系的主要手段之一。但是，大众传播媒介一般不是由组织内的公共关系人员直接掌握和控制的。有关的信息能否被大众媒介所报道，以及报道的时机、频率、角度等，要取决于专业的传播机构和人士。除花钱做广告之外，公共关系对大众媒介的使用必须通过新闻媒介人士才可能实现。因此，与媒介人士建立广泛、良好的关系，是运用大众媒介、争取媒介宣传机会的必要前提。

三、协调媒介关系的方法

在大众传播媒介这一特殊公众面前，组织只是一个"被动"的主体，因为除了付费的广告之外，组织对大众传播媒介是否传播某一信息没有权威的决定性，信息的主动选择者是媒介机构及媒介人士。那么，媒介机构及媒介人士选择信息的标准是什么呢？这就是信息本身的传播价值。因此，协调媒介关系的基本方法就是，塑造具有传播价值的组织形象。作为被传播者，任何组织不能要求记者写什么或编辑发什么，公关人员能够做到的，只是积极配合和创造条件，使组织有更多的被选择机会；通过卓有成效的努力，融洽媒介关系，赢得媒介公众好评。为此，公关人员必须做好以下四个方面的工作。

1. 充分尊重新闻媒介

在与新闻媒介进行交往时，要尊重新闻媒介的独立性、特殊性和重要性，组织应本着热情友好、一视同仁、以诚相待的原则；同时还必须注意各自不同的基点。公关人员同新闻记者的目的和职业特点不同，有时甚至是矛盾的，在这种情况下，就必须尊重新闻媒介职业特点。新闻媒介的职业特点是重视新闻报道的客观性、及时性和公正性，而不受其他势力所左右。尊重新闻媒介的职业特点，就必须尊重新闻记者地位的独立性，对记者的采访必须提供支持和帮助。不能把新闻媒介看成是可用金钱、权力去收买，通过施压或威逼就能为某组织歌功颂德或对其他组织谩骂侮辱的工具。组织应充分尊重新闻媒介，还需特别注意对于层次、级别不同的新闻媒介和记者一视同仁、平等相待。

小案例3-16　一家玻璃生产厂家的公关宣传活动

美国的歌露博·亚美拉达玻璃有限公司是专门生产各种建筑玻璃产品的企业。该公司经过两年的攻关，开发了一种四夹层的玻璃产品，命名为SECUR-LIFE4X，这种玻璃不仅非常薄，而且不易破碎，适用于银行、零售商店、精神病医院、公共交通设施和劳教所等。公司希望这种新产品能立即得到建筑师,特别是劳教所的建筑商的注意。于是,公司委托哈西·洛特曼与杜拉克公共关系代理公司安排产品推介活动。

该公共关系代理公司策划,这次推介活动通过举办展览会的形式进行,努力吸引大量的人员参观展览,并争取新闻媒介宣传报道。

1977年8月21~25日,美国劳教所联合委员会在威斯康星州的密尔沃基市举行会议,公共关系代理公司决定选择此次会议作为推介这种新产品的舞台。这一展览安排如下:

1)在这次贸易展览中,让参观者一进门就可以看见一块镶在框架中、右上角贴有SECUR-LIFE4X标签的薄玻璃。

2)在这块玻璃的背面贴上一张1 000美元的支票。

3)旁边放着几根球棒。

4)旁边贴上告示:"击破玻璃者有奖,把歌露博·亚美拉达玻璃公司生产的SECUR-LIFE4X型玻璃打破者,可以赢得1 000美元"。

在展览厅中,一位身穿印有4X字样棒球服、头戴印有4X字样棒球帽的女模特,正在给参观者发放推销卡,并邀请他们每人向玻璃展品击三棒。推销卡上这样写道:"如果参与者能击破玻璃拿到支票,则支票就是他的奖品;如果没有人能成功击破玻璃,那么这张面额1 000美元的支票将捐赠给密尔沃基市的孤儿院"。

另外,这家公共关系代理公司在展览会开幕的前两天写了一篇新闻稿,分送给当地的新闻机构和贸易类的媒体;派人亲自去邀请电视台的记者、新闻联合会和国际新闻协会的代表、当地报纸的记者等参观这一展览会,并通过电话再次落实邀请。同时,还邀请了摄影师拍摄推销产品的照片。

当新闻界的代表到达后,公关人员邀请他们尝试击破玻璃,并向他们分发这种玻璃的强度测试报告以及介绍公司其他产品的资料。到展览会结束时,新闻界的代表和其他参观者都没能成功击破玻璃样本拿到支票。公司履行诺言,将支票捐赠给了孤儿院。

这一展览活动,马上引起了新闻界的宣传报道,除美国广播公司、密尔沃基市的三家主要电台、国际新闻协会的报道和《美国玻璃》《玻璃集锦》等杂志刊登照片外,总计有横跨28个州的85家报纸登载了有关消息。这些报道都推举歌露博·亚美拉达玻璃公司是一家生产适合劳教所建筑物用的安全玻璃厂家。这一系列宣传工作使公司受益匪浅,到8月底,根据公司的销售数据,这一公共关系活动为该公司带来了50万美元的订单。

2. 主动联系新闻媒介

在现实工作中,社会组织与新闻媒介之间是相互需要、相互支持的关系。一方面,社会组织需要借助新闻媒介形成舆论,塑造形象;另一方面,新闻媒介需要取得社会各界的支持,以获得大量准确的新闻信息。社会组织特别是其公关人员应积极主动地与新闻媒介保持联系,及时向新闻媒介提供新闻素材,并能够为新闻媒介提供各类高质量的、具有新闻价值和可读性强的好稿件,丰富新闻报道的内容和品种;还可以通过会议、电话、信件、私人交往、展览会或组织的文体活动、社会公益活动等与新闻媒介公众进行交往。在经常积极主动与新闻媒介取得联系的过程中,要注意通过长期的投入,使双方建立相互尊重、相互了解、相互支持的稳定关系。

小案例 3-17　宝丽莱"百彩"香港上市宣传活动

1947年,宝丽莱公司创始人艾德温·兰德发明了世界上第一种即时成像系统,一年后推出了一次成像相机"百彩"系统(Spectre system)和专用胶卷,当时轰动了整个世界。"百彩"香港上市宣传活动主要有三个方面:一是召开"百彩"系统产品发布会。公司租用豪华的丽晶酒店大宴会厅举行产品推出发布会,招待新闻媒介、合作伙伴、客户及本地分销商和零售商,百彩系统即拍即有产品系列使来宾大开眼界。二是为名人拍摄私生活写真集,并与《城市周刊》《香港逸闻》两份杂志合作。将"百彩"系统送给本地知名人士,邀请他们参与这个有趣的活动,这些名人的照片在杂志上刊出后,无形中便衬托出产品的高级形象。三是瞬间创作。邀请本地10位摄影家利用"百彩"即拍即有系统进行"瞬间创作",然后在香港艺术中心举行全港首次大型即拍即有摄影展览会,为艺术中心筹募经费。除了上述活动外,公司还不断采用新闻稿的形式,在产品推出前、推出期间和推出后做辅助性宣传,得到的报道效果也是非常令人鼓舞的。该上市宣传活动特色鲜明,吸引了亚洲电视台的注意,连续在三档电视节目中做出介绍,包括《亚洲早晨》《黄金十点半》和《我爱香港》。其中《亚洲早晨》的介绍长达8分钟,为整个上市宣传活动增添了浓墨重彩的一笔。

3.真实传播组织信息

新闻媒介的大忌就是新闻失真,在组织与新闻媒介的交往中,要特别注意真实地反映信息,做到不隐恶、不溢美、实事求是;新闻媒介也要客观地报道组织的信息,这才是真正的合作与支持。有时组织也会出现一些对其形象或名誉不利的"家丑",如决策上的失误、经营管理上的缺陷、产品质量上的问题等,对此不能采取遮遮掩掩的态度,而应主动与新闻媒介沟通,充分利用新闻媒介对社会舆论的影响,如实地反映事实真相,并把自己的改正措施公之于众,争取社会公众的谅解与支持,从而把组织的声誉损失减少到最低限度。

小案例 3-18　波音客机事故之后的信息传播

1988年4月28日,美国一架波音737客机自檀香山机场起飞后不久,顶部便裂开一个大洞,一名空姐被猛烈的气浪抛出舱外,殉职蓝天。机长临危不惧,沉着操纵,飞机终于脱险,安然着陆。除一人外,其余乘客和机组人员平安返还。这次空难无疑对波音公司的信誉构成了威胁。但波音公司对此并未缄默不语、回避遮掩,而是在事故调查的基础上迅速做出反应,主动发布新闻,解释这次事故的原因是飞机太陈旧,金属疲劳所致;截至事故发生之日,这架飞机已飞行20年之久,起落达9万次,大大超过了保险系数,却仍能在严重事故之后安全着陆,这足以证明波音飞机性能的可靠;而且,新型波音飞机已经解决了金属疲劳的技术难题,因而购买波音公司的新产品就更安全了。波音公司变被动为主动,通过及时和诚实的信息传播,赢得了用户的信任。

4.正确对待批评报道

新闻媒介发表了对组织的批评报道,显然会损害组织形象。在这种情况下,组织要以恰当的方法处理，切不可意气用事，使自己的形象恶化。新闻媒介对组织的批评报道，一般而言，主要有两种情况：一是事出有因，确有其事；二是捕风捉影，部分失真。

对于新闻媒介的负面报道，如果不失实，组织应该立即承认错误，着手整改，并通过新闻媒介把自己的态度和行为传播出去，争取公众的理解；如果媒介报道失实，组织也绝不能暴跳如雷，或轻率地对簿公堂，而是应该采取理智的做法，心平气和地指出报道失实之处，请记者一起参加调查并委婉提出予以更正的要求。只要组织保持通情达理的态度，新闻媒介也会做出积极响应。为了确保新闻媒体在报道时不会因犯错而损及组织的利益，公关人员也应采取"事前预防、事后补救"的策略。

小案例 3-19 富豪酒店食品异味事件

富豪酒店一直以"住得好、吃得香"而著名。但是，突然有一天一家晚报上出现了顾客投诉该酒店食品有异味的报道。该酒店的公关人员首先到厨房进行调查，发现引起食品异味的原因并非如顾客所申诉的是用了变质食材烹调，而是由于过滤食油所用的铜漏斗使用时间过长，受到食油的腐蚀产生铜锈而引起的。于是，他们一边叫人换掉生锈的漏斗，一边开始公关工作，以消除顾客对酒店食品的担心，维持已有的客源，并促进进店的业务。

公关部长亲自打电话与报道这一消息的报纸编辑联系，向报社解释食品异味事件的真相，并恳请他们在第二天报纸的同一位置刊登澄清事件真相的文章。因为公关部长同时兼任该酒店的副总经理职务，平时与这家报纸的许多记者、编辑交往颇多，所以报社编辑很愉快地接受了他的请求。

公关部同时派两名当过记者的公关人员到厨房和餐厅去了解情况，找出可宣传的东西。他们发现了一种新式的菜饼很受欢迎，于是当场采访了几位食客，以《富豪酒店推出的菜饼是法国式的还是中国式的？》为题写了一篇趣味性很强的文章拿去报社发表，并策划举办菜饼品尝会，请品尝者分析菜饼的风味，还将菜饼装袋零售，于是，第二天的各种大小报纸上出现了议论菜饼的文章。

通过这些活动，富豪酒店的声誉不但没有下降，反而比以前提高了，顾客对该酒店的食品更加信任。

第四节　社区关系协调

社区作为组织的经营场所和办公所在地，是组织赖以生存的环境。处理好与社区的关系是组织公关工作的重要任务。

一、社区、社区关系与社区公众

社区是一个社会学的概念，是指生存的空间区域，它由共同生活于一定区域的人们因利益关系紧密而构成。社区的形成，有行政的、自然的、经济的和文化的原因。例如，某个村庄、某个集镇、某个楼盘、某个街区，甚至整座城市，都是规模大小不一的社区。社区是一个相对独立的地域性社会,每个社区都有其特定的人口和特定的地理区域,其居民之间有着某些共同的利益以及重要的社会交往。界定组织社区的一个基本原则,就是相互作用力所及的范围,但主要是组织本身的影响力。一个组织实力越强,其辐射面就越大,影响力也越广泛,其社区范围也就越大。

社区关系亦称为"区域关系""地方关系"。它是指某个组织与其所在地的地方政府、社会团体和其他组织以及当地居民之间的邻里关系。谚语云:"金乡邻,银亲眷""远亲不如近邻""邻里好,赛珍宝",这种观念用于组织,就是说要搞好社区关系,使组织和社区之间建立和保持一种亲情和相互理解的关系。

社区公众,就是与组织生存在一个能相互作用的区域内的所有其他组织、社会团体和个人。因此,一个组织的社区公众难以一一列举。凡是组织影响力所及的公众,在一定条件下,都可能是该组织的社区公众。

二、建立良好社区关系的意义

建立良好的社区关系,是为了争取社区公众对组织的了解、理解和支持,为组织创造一个稳固的生存环境;同时体现组织对社区的责任和义务,通过社区关系扩大组织的区域性影响。其意义表现为如下两点:

1. 社区关系直接影响着组织的生存环境

社区如同组织扎根的土壤,没有良好的社区关系,组织就会失去立足之地。社区公众是由特定的活动空间所确定的,区域性、空间性很强。地方性组织的活动直接受社区公众的制约,社区关系便直接影响着组织其他各方面的关系,如员工家属关系、本地顾客关系、地方的政府关系和媒介关系等。跨区域性的组织也不能脱离特定的社区,甚至要善于同各种不同背景的社区公众打交道,以争取社区提供各种地方性的服务和支持,使跨区域性组织能够在各种完全不同的社区环境下生存和发展。因此,组织需要将社区作为自身发展的一个组成部分,将社区公众视作"准自家人"。

> **小案例 3-20 一家陶器工厂遭遇火灾之后**
>
> 美国俄亥俄州有一家陶器工厂,在没有买保险的情况下,一夜之间被烧毁。由于这家工厂平时社区公众关系好,第二天,不论是厂里的员工,还是当地的家庭妇女、茶馆酒店的老板、教堂牧师、商人、小摊贩及其他组织的成员,都不约而同地聚集在废墟上清理瓦砾。此后,社区成员有钱出钱、有力出力,只用了两个月时间就重新建起了工厂并恢复生产。

2. 社区关系直接影响着组织的社会形象

社区公众涉及当地社会政治、经济、文化、教育等各个方面和阶层,类型繁多,涉及面广,对组织客观上存在着各种不同的感受、要求和评价;由于处在同一社区,社区公众对组织的某一种评价和看法又极容易相互传播,形成区域性的影响,从而形成组织的某一种社会形象。显然,组织的社区关系好坏,直接影响着组织的社会形象。一个组织如果连左邻右舍的关系都处理不好，就很难在社会获得良好的名声。组织要提高自身在社区中的地位，就要树立一个"热心居民"的形象，主动承担必要的社会责任和义务，像爱护自己的家业一样爱护社区，在社区的物质文明和精神文明建设方面发挥应有作用，为社区造福，为社区公众多做贡献。

> **小案例 3-21** 名古屋褚木电力公司的亲善运动
>
> 1972年6月的一天，成群的渔民冲破保安人员的阻拦，闯入褚木电力公司的大楼，他们高喊着、叫骂着，发泄他们对电力公司的仇恨。原来该公司下属的一座发电厂没有处理好废水问题，使许多海洋生物遭了殃，严重影响了渔民的生计。其实，为了减少环境污染，公司采用低硫燃料，但发电成本提高了，用户们怨声载道；另外，公司还积极筹建核电站，但每次选定地点，都遭到当地的反对，筹备工作相当困难。渔民的抗议，使公司意识到，这种与社区公众利益息息相关的事业，必须首先得到社区公众的理解。于是，在全力建设新电厂的同时，公司转变了工作重心——成立公共关系部，改善公司与社区公众的关系。
>
> 公共关系部成立以后，制订了一个相当庞大的长远计划，持续展开了几年的亲善运动。运动采取的方式有：开放参观、座谈、组织公开演讲、上门访问等。每半年为一个阶段，每个阶段有不同的主题，如"让我们关心生活与电力""说说未来的能源"等，其主要目的是，向公众提供各种必要的知识、背景，以使公众了解当前日本公用事业面临的困难，并说明公司正致力于采取积极的措施来解决困难。公司诚恳的态度终于感动了市民，他们的意见、建议源源不断地涌到公司里来。这些意见由营销部、公共关系部、人事部高级经理人员组成的委员会加以处理，做出答复。公司在社区公众心目中的形象，也随着亲善运动而变化了。人们普遍认为，褚木电力公司是一家具有社会责任感的公司，从而理解了公司的方针与困难，谅解了公司暂时的缺点与不足。

三、协调社区关系的基本方法

协调社区关系是指一个组织通过积极主动的、有计划的、持续不断的努力，与所在社区进行全面协作，保持并完善该社区的发展环境，维护社区安定，促进社区繁荣，塑造社区公众欢迎的热心居民形象。协调社区关系的方法有以下几种：

1. 树立友好睦邻的居民意识

从社区公众的角度来看，不论组织的性质、规模等方面如何，但有一点是共同的，那就是每个组织都是社区的一员，就像社区内最简单的居住者一样，每个组织都是社区的一位居民。这就需要组织树立友好睦邻的居民意识，培养尽居民义务的责任感和自觉性。因此，组织应自觉遵守社区的各种规定，遵守社区公约和行为规范，承担为社区应尽的各种义务。

> **小案例 3-22** 安塞尔公司的义务抢险队
>
> 美国安塞尔公司专门成立了一个由员工自愿组成的"抢救小组"，每天24小时值班。社区内一旦发生火灾、车祸、急诊、老人或儿童走失等情况，这个抢救小组随叫随到，

免费服务。"抢救小组"几十年如一日地工作,几乎每天都要赶赴某一个事故现场。安塞尔公司的这种做法,使它在社区内有口皆碑,并通过社区公众的口碑传播到整个社会。

2. 积极支持社区的发展建设

组织在社区除了尽量做一个好"居民"外,还需要能够给社区带来光荣和骄傲,为社区建设尽职尽责,充分利用自己的技术、资金、人才、设备等方面的优势,积极支持社区的全面发展和建设,多为社区提供无偿的服务,赢得社区公众的称赞。

小案例 3-23　陕西彩色显像管总厂解决征地矛盾

1987 年以来,彩电的需求量直线上升,为了满足市场需求,彩色显像管总厂开始扩建工程的准备工作。但在征地问题上,该厂与当地乡政府、农民发生了较严重的冲突。商谈几次未果,拖下去会影响工期。于是,厂领导把这个任务交给厂公关部去处理。

公关部做了许多调查工作后,及时拟订计划,展开工作。他们一方面向社会广泛宣传工厂对国家的贡献,反复说明扩建的重要性,争取舆论的支持;另一方面请农民进厂参观,同时请已进厂的本乡青年协助开展工作,说明工厂扩建并不损害农民的利益。公关部直接与乡政府对话商谈,在了解到乡政府的担忧后,公关部根据厂方的人员需求主动提出,在扩建中每户农民家中可以有一人进厂工作,并请乡政府协助把关。双方很快签订了协议并得到公证,乡政府表态大力支持工厂。

在工作中,公关部还十分关心农民的愿望和合理要求,并使其要求得到合情合理的解决。公关部了解到,这次扩建虽然每户有一人进厂工作,征地款也已到手,但农民群众对以后的生活来源还是有后顾之忧。经过调查研究,公关部提出合理化建议,由工厂拿一部分资金,农民自筹一部分资金,工厂派技术人员、管理人员进行指导,帮助农民利用工厂现有的废料办一个砖瓦厂,等砖瓦厂盈利后,经营权由农民掌握,限期返还工厂的那部分资金。这个建议双方都很满意,厂领导和农民很快就接受了。公关部又了解到,农民中还有一部分妇女、体弱者进砖瓦厂干活儿不太合适,便与厂服务公司协商,请其将没有市场竞争力的缝纫厂改为纸盒厂,并扩大招工,服务公司领导听后非常赞成,农民中部分妇女和体弱者的工作问题也迎刃而解了。

"桥梁"在理解、信任中架起来了。农民信任工厂,依靠工厂,热爱工厂,支持工厂。他们表示,要大力协助工厂的扩建工程,工厂以后遇到什么困难,他们都会齐心协力地帮助。从此,工厂的扩建工程进展顺利。

3. 自觉维护社区的生态环境

随着全球对环境危机的日益关注以及政府对环境的重视,生态环境问题已成为当前组织所面临的一项重大问题。组织应当树立公众利益优先的思想,在生产经营过程中树立环保的新形象。为此,组织应花大力气改革传统的工艺流程,减少各种污染,包括水污染、空气污染、恶臭、噪声等,并积极参加绿化工程,开发绿色(环保)产品,适应绿色消费,通过各种活动来保护生态环境。

> **小案例 3-24　化工公司主动关停生产线**
>
> 天鸿化工有限公司是无锡太湖区最大的化肥生产企业,曾为无锡市的农业发展做出过重大贡献。为响应国家"治理太湖,保护水源"的号召,该公司于 2007 年正式关停年产量 12 万吨的尿素生产线。公司董事长说:"企业的发展绝不能以牺牲环境为代价,作为资源环境的直接受益者和保护环境的主要责任者,面对科学发展的时代要求和日益严峻的环境形势,企业理应承担起环保责任,保护好我们赖以生存和发展的生态环境,这也是企业义不容辞的责任和义务。关停生产线对企业来讲,会造成不小的经济损失,但减排产生的生态效益将远远不止这些。"

第五节　政府关系协调

随着现代公共关系的发展,政府已成为一个重要的公共关系主体。政府公共关系研究的就是作为公共关系主体的政府如何开展公共关系工作。但在此,我们研究的是作为组织的公共关系客体的政府公众。

一、政府关系的含义

政府是国家权力的执行机关,承担着管理国家和社会事务的责任,是国家对社会进行统一管理的权力机构。任何组织都在政府的宏观管辖范围之内,都必须与政府的某些具体执行部门发生多种形式的联系。自然,政府也就成了组织公共关系工作中非常特殊的公众。

政府公众的特殊性,一言以蔽之,就是他是拥有国家权力的公众。

任何组织作为社会的一个成员,都必须服从政府的统一管理,也就必然存在政府关系。所谓政府关系,是指组织与其作为公众对象的政府及其职能部门之间,以及与公务员之间的关系。正确处理和协调政府关系,塑造政府赞赏的法人形象,争取政府对本组织的了解、信任,在人力、物力及政策方面予以倾斜和支持,对于组织的生存和发展是十分重要的。

二、建立良好政府关系的意义

与政府保持良好的关系,可以争取政府及各职能部门对本组织的了解、信任和支持,从而为组织的生存和发展争取良好的政策环境、法律保障、行政支持和社会政治条件。建立良好政府关系的意义有以下两点:

1. 政府的认可和支持是最具权威性和影响力的认可和支持

政府掌握着制定政策、执行法律、管理社会的权力职能,具有强大的宏观调控力量,代表公众的意志来协调各种社会关系。一个组织的政策、行为和产品如果能够得到政府官方的认可和支持,无疑将对社会各个方面产生重大影响,甚至可以使组织的各种渠道更加畅通。为此,应该把握一切有利时机,扩大本组织在政府部门中的信誉和影响,使政府了解本组织对社会、国家的贡献和成就。

2. 良好的政府关系能够为组织构筑有利的政策、法律、管理环境

政策、法律、管理环境是一个组织决策与活动的依据和基本规范，组织的一切行为都必须保持在政策法令许可的范围之内。通过良好的政府关系，组织能够及时了解有关政策的变动，能够较方便地争取到政策性的优惠或支持，能够在有关本组织的问题进入法律程序或管理程序之前参与意见，使之对组织的发展有利。为此，应该主动建立和加强组织与政府有关部门之间的双向沟通。一方面，组织的公关部门应该详尽地分析研究政府的方针、政策、法令，提供给本组织领导及各部门参考，使组织的一切活动都保持在政策法令许可的范围内，并随时按照政策法令的变动来修正本组织的政策和活动；另一方面，组织的公关部门应随时将本组织贯彻政策、法令的具体情况上传至政府有关部门，并根据本地区、本行业、本部门的特殊情况，主动地提出新的政策设想和方案，并通过适当的渠道进行说服性的工作，协助发现及纠正政策执行中出现的偏差或失误。

此外，处理政府关系，还需要熟悉政府机构的内部层次、工作范围和办事程序，并与各主管部门的具体工作人员保持良好关系，以免因办事未循正规的程序或超出固定的工作范围而走了弯路，减少人为造成的"公文旅行"或"踢皮球"的现象，提高行政沟通的效率。

三、协调政府关系的基本方法

1. 熟悉政府公众的职能职责

政府内部分工复杂，有许多业务工作互相渗透、交叉，若分不清职责范围，就容易违背管理权限，很难分清主次，这样往往会导致不必要的麻烦。公关人员要与主管部门的工作人员保持密切联系，减少差错，提高办事效率；还应与政府主管部门的领导经常联系，认真完成他们所下达的任务，对他们的工作给予真正的支持、真诚的赞扬和公正的评价，这样才有助于协调彼此关系。

> **小案例 3-25** 安利（中国）日用品有限公司的政府公关
>
> 1995 年，安利（中国）日用品有限公司正式成立，1996 年公司年销售额即达 9 亿元。1998 年中国政府的一纸直销禁令让安利的中国之路如遭迎头一击，那时随着大型外资直销公司接踵来到中国发展，一些打着直销旗号的诈骗公司和传销组织四处招摇撞骗。为根除传销欺诈，中国政府颁发禁令，在全国范围内禁止传销（包括直销）经营活动。安利高层迅速启动政府公关以挽救企业危机，借用美国贸易谈判代表约见中国国务委员的机会，提出有关三家美资的直销公司在中国的出路问题。同时，安利借美国总统即将访华的机会，再次就直销转型问题与中国相关部门进行磋商。在安利的努力下，中国相关政府部门迅速成立专项小组，协助安利等外资直销公司进行转型。不久，安利（中国）以"店铺销售加雇佣推销员"的方式完成转型经营，出色的政府公关使安利在中国化解了一场灭顶之灾，从此安利在中国之路上开始高速前进。2013 年，安利（中国）年销售额达到 293 亿元人民币，2018 年达到 605 亿元人民币。经过 20 多年的发展，安利（中国）经营区域已遍布全国 31 个省区，中国也成了安利全球最大的市场。

2. 自觉遵守政府的政策法令

遵纪守法是组织处理好与政府关系的基础。作为国家权力机关的政府，是通过各种法律、法令、条例、政策等来管理社会经济和生活，规范个人和组织的各种行为的。任何组织必须把这些法律、法令、条例、政策作为自己的行为准则。如果无视国家政策和法律，从事违法勾当，如偷税漏税、走私、制假贩假等，就会受到有关法律的惩处，在社会公众面前也就丧失了良好的形象。因此，只有遵守国家的有关法律和政策，才能获得政府的信任和支持。遵纪守法是组织赖以生存和发展的前提，也是组织在社会上塑造形象的基础。

> **小案例 3-26　武汉汉福超市有限公司涉嫌价格欺诈被罚**
>
> 2012年4月下旬至7月底，武汉市物价局在全市商业、金融、房地产、旅游行业开始进行"反不正当价格行为百日整治行动"，根据举报，武汉汉福超市建设店、钟家村店、洪山广场店、十升店、光谷店、二七店及汉阳某购物中心店共7家商业门店，存在虚假标价、虚构原价等价格违法行为。根据其情节严重程度，物价部门依法对每家店处以5万元到15万元不等的罚款。汉福超市光谷店于4月3日至4月16日，开展了"购爱仕达产品满额送礼"的促销活动。活动期间销售的爱仕达无油烟锅标价为239元，而在促销活动开始前，即4月2日，该商品的实际成交价为199元。这种行为构成了价格欺诈，被处以15万元罚款。汉福超市建设店、汉阳某购物中心店、洪山广场店、十升店，均是因标高爱仕达产品原价，再进行促销活动而被处罚。

3. 主动加强与政府沟通信息

组织要与政府处理好关系，要加强与政府之间的沟通。一方面，政府是社会和经济各方面资料和信息的重要来源，组织可以从政府各主管部门印发的资料、文件、报告、各种会议、出版物等获取对组织有价值的信息。组织在寻求横向经济联合对象、学习先进管理经验、掌握国内外市场动态、寻求外商投资等方面，都可以从政府获得信息和帮助。另一方面，组织也要按一定的程序向政府部门提供各种经济活动的各项数据，主动向审计、财政、税务等部门提供真实资料等。只有及时与政府沟通信息，才有可能使政府全面掌握组织的情况，有利于政府制定出更符合实际的各项方针政策。

> **小案例 3-27　汽车巨子艾柯卡的公关杰作**
>
> 艾柯卡受命于危难之际担任克莱斯勒汽车公司总裁时，该公司以产品质量低下、严重滞销、债台高筑、求贷无门、机构臃肿、人浮于事的形象出现在美国公众面前。当时甚至有报纸发表"让他们庄严地死去"的社论，希望克莱斯勒公司就此垮台。
>
> 面对这样的严峻局面，艾柯卡对内进行大刀阔斧的改革，对外则毅然决定向政府求援。为了赢得政府的理解和支持，他亲自奔走于全国各地，游说于国会内外，活动于政府各部门之间，到处演讲，阐述克莱斯勒倒闭的危害和救活克莱斯勒的好处。在国会上，艾柯卡大声疾呼：要是克莱斯勒倒闭了，一夜之间，美国失业率会增高0.5%；如果克莱斯勒垮台，美国在支付失业保险等方面的开支一年就要花掉27亿美元；如果克莱斯勒宣布破产，会使几千家依赖克莱斯勒的小企业无法生存下去，他们中有许多也只好宣布

破产。而救活克莱斯勒，除了能保护竞争外，还能保住 60 万人的饭碗。数据资源公司的一项研究表明，如果克莱斯勒真的破产，美国政府将在失业救济、社会福利等方面增加高达 160 亿美元的巨额开支。

艾柯卡通过长达数月的艰苦奋战，终于将政府有关决策人和大部分国会议员争取到了自己一边，使克莱斯勒公司获得了政府 15 亿美元的贷款担保。从此，克莱斯勒重新成为公众青睐的汽车厂家，又跻身于世界汽车工业强手之列。

4．积极响应政府的公益号召

组织作为社会有机体的一个重要组成部分，必须为政府分担一定的社会责任，无偿提供必要的社会公益服务。一般来说，由政府提倡的有利于社会的公益事业和活动，组织都应积极参与。这样做，一方面可以赢得政府对组织的信赖与赞许，另一方面可以提高组织的声誉和知名度。

小案例3-28 大红鹰"全民健身万里行、支持申奥大签名"活动

在北京申奥初期，宁波大红鹰生物工程股份有限公司斥资上千万开展了大红鹰"全民健身万里行、支持申奥大签名"的活动。活动旨在促进全民健身，支持北京申奥；展现中华风采，弘扬奥运精神。活动由国务院副总理担任名誉主任，国家体育总局局长、国家旅游局局长任主任，组成了阵容庞大的组委会。

在支持申奥签名已不再新鲜的情况下，大红鹰如此大手笔，能成功吗？当时不少人为他们捏把汗，事实证明他们成功了。这次跨越 21 个省市（寓意 21 世纪），行程近 2.5 万千米的大远征，亿万国人在五幅长 2 008 米（寓意 2008 年的奥运会）、宽 2.1 米、五种颜色（寓意五环）的巨幅长卷上签名，随后他们"转战"莫斯科，直至申奥成功的大旗飘扬在莫斯科中国大使馆，大红鹰真正实现了企业品牌与奥运共提升的宗旨。

这次活动，选取了我国 34 个省市、自治区比较有代表性的地区进行，如鼓浪屿、好八连驻地、罗湖口岸、驻港部队训练基地、世界之窗、湖南的韶山、海南三亚的天涯海角、云南的武警总队驻地、昆明的民族村、青海的佛教圣地塔尔寺、我国唯一的土族自治县、兵马俑发掘地、牡丹节发源地洛阳、泰山、平津战役纪念馆、大庆油田、大同煤矿、天安门广场、万里长城、中央民族大学、中科院、北京大学、清华大学等，这些地区都有很大的新闻价值，在全国近 60 个城市"红色长征"线路上播下了奥运的种子。大红鹰的精神，把这些著名新闻点集体打包，传播了国人支持奥运的心愿，并大范围地提升了大红鹰的知名度。

本章小结

1．协调公众关系是塑造良好组织形象的基础之一，公共关系人员必须具备协调公众关系的技能。

2．建立良好的员工关系是各类组织有效开展公共关系工作的基础和起点。良好的员工关系可以培养组织成员的认同感和归属感，形成向心力和凝聚力。满足员工物质利益的需

要，满足员工精神方面的需求，满足员工个人价值的实现，创造员工满意的工作环境，塑造员工喜爱的组织形象，是协调员工关系的基本方法。

3. 顾客是与组织具有直接利益关系的外部公众，是工商企业组织信息传播沟通的重要目标对象。建立良好的顾客关系能够为组织带来直接的经济利益，可以体现企业组织正确的经营观念和行为，可以为企业组织培育成熟的消费者群体和市场。为顾客提供满意的产品，为顾客提供优质的服务，与顾客保持畅通的信息沟通，迅速处理顾客的投诉，塑造第一流服务的企业形象是协调顾客关系的基本方法。

4. 媒介公众既是组织需要特别争取的公众对象，又是组织与广大公众沟通的重要中介。建立良好的媒介关系，是运用大众传播手段的前提，有利于形成良好的公众舆论。充分尊重新闻媒介，主动联系新闻媒介，真实传播组织信息，正确对待批评报道，塑造具有传播价值的组织形象，是协调媒介关系的基本方法。

5. 社区是组织赖以生存发展的环境。建立良好的社区关系，可以为组织营造一个良好的生存环境，能够提升组织在公众中的形象。树立友好睦邻的居民意识，积极支持社区的发展建设，自觉维护社区的生态环境，塑造社区公众欢迎的热心居民形象，是协调社区关系的基本方法。

6. 建立良好的政府关系可以使组织赢得政府的认可和支持，有助于形成对组织有利的政策、法律和管理环境。熟悉政府公众的职能职责，自觉遵守政府的政策法令，主动加强与政府沟通信息，积极响应政府的公益号召，塑造政府赞赏的法人形象，是协调政府关系的基本方法。

案例评析

稳得福烤鸭店的优惠风波

1991年教师节前，《新民晚报》刊出了一则稳得福烤鸭店的优惠短讯：9月5日至9月10日，凭教师证可享受12元/公斤的优惠价；凭30年教龄荣誉证书，每只10元（每只均在1公斤以上）。

由于对需求估计不足，烤鸭供应出现了严重不足，稳得福烤鸭店采取紧急补救措施：一是做出了从9月5日到9月10日员工一律不准调休的规定，尽最大的努力做好教师节的供应工作（依其加工能力，即使日夜不停地加工，也无法满足全市几万名教师的需求。令人感动的是，有6位员工，因连下大雨家中进水都顾不上请假而赶到店里坚持服务）；二是对在9月10日前来不及供应的团体登记者，延续到9月12日，并且保质保量；三是对有30年教龄的老教师，本月无法满足需要的，一律将荣誉证编号抄录下来，并保证在10月5日至10月14日予以供应；四是专门派一名副经理负责对后到预约登记的教师做好解释工作。

然而，9月10日《新民晚报》在《读者来访》栏目中，却以《出尔反尔演假戏，害得教师空欢喜，'稳得福'做事太差劲》为题发表了批评文章："近3天来，本报共接待了近百名教师的来电、来信、来访，反映稳得福烤鸭店借教师节为名，优惠教师是虚，做广告是实。"……"来本报反映的教师们希望有关部门制止这种以优惠教师为幌子乘机做广告的行为。"

9月11日,《新民晚报》在《今日论语》栏目又发表了言辞激烈的评论文章,文中说,"'稳得福'三字是个好口彩""怪不得有人要拿它当招牌!""但仅从字面上看,到底由谁'稳得福',却不是一眼就能看分明,还需择其言而观其行。比如,有个挂这样招牌的烤鸭店,优惠教师是虚,做广告是实,害得许多教师折腾半天,只见'客满'牌,未闻烤鸭香,以至弄得个乘兴而来,败兴而返,有的还受到店里人的讽刺,并被骂'吃饱饭没事做'。'优惠'教师买烤鸭的消息是该店放出来的,难道也是'吃饱饭没事做'吗?""这就暴露了一种蹩脚的商人意识,原来所谓'稳得福',目的只求自己'稳'得利;'优惠'教师,只是一种'噱头'。一旦'稳'不住,就只有扮无赖挖苦别人了。教师节中出现这样的小小闹剧、丑剧,虽不伤大雅,但也起了另一种'广告'作用,可以令人警惕。"文章最后还说,"抱歉的是这条'稳得福''优惠'卖烤鸭的短讯刊于本报,也受了此店之欺,是值得引以为训的。"

面对新闻媒介接二连三的尖锐批评,稳得福烤鸭店的领导首先想到的是做自我批评,而不是责怪媒介公众不全面的报道及过激的言辞。他们为自己事前对全市有如此多30年教龄的教师估计不足而自疚,为出现矛盾后个别员工的粗鲁态度而自责,更因替教师办实事、办好事结果反而使一部分教师对"稳得福"产生不满情绪而不安。于是,9月12日,他们主动与新闻单位沟通,对他们的批评表示深切的感谢与欢迎,并通过他们向广大教师"表示歉意",也实事求是地向新闻媒介公众说明他们为办好这次活动所做的许多工作。

当部分员工因新闻媒介的批评报道产生了一些消极情绪时,该店及时召开了全店员工紧急大会,统一思想。店领导明确表示:"我们应该欢迎社会各界人士的批评。有人批评我们,这是件好事,正说明有人关心我们,我们应该检查自己的问题,并迅速纠正,今后引以为戒,而不要计较批评的态度,以后我们应该把服务工作做得更好、更有特色。"

9月15日,收视率很高的上海电视台也做了"稳得福"烤鸭店使教师受骗等类似的报道。

9月16日,《新民晚报》又以《'稳得福'教师节优惠活动有下文确有教师受惠只是估计不足》为题,做了更正报道。

稳得福烤鸭店从9月5日到9月10日共生产烤鸭6 559只(比上月同期增加3 759只),其中教师节的供应量又占了销售总量的80%。他们售出的优惠鸭,每只平均要减少收入6~7元,其中还不包括60名员工的人工费和5.3%的营业税在内。虽然"稳得福"烤鸭店的领导和全体员工经过努力终于将突然发生的一场风波平息了,但引起这场风波的原因及风波中各种公众关系的处理,却是值得我们深思的。

稳得福烤鸭店公众关系协调得失谈

公众是与特定的公共关系主体相互联系、相互作用的个人、群体和组织,是公共关系工作的对象。正确认识和分析公众,积极地影响公众,争取不同公众对组织的理解与支持,是公共关系工作的重要任务。

在本案例中,稳得福烤鸭店面对的目标公众主要有员工、顾客和媒介三种。在处理上述三种公众关系时,"稳得福"既有成功的做法,也有一些不足之处。

1. 员工关系的协调

当部分员工产生消极情绪时,"稳得福"及时召开了全店员工紧急大会,统一思想,为平息风波奠定了内部公关基础。

但作为一项公关专题活动,开展活动之前就应做好员工思想工作,以确保员工全力配合公关活动的开展;特别是出现供不应求之时,更应及时做好内部公关工作,以杜绝隐患,避免员工言行失当。

2. 顾客关系的协调

当优惠活动出现严重的供不应求时,店方采取四项紧急措施,对维护自身形象和兑现对特殊顾客(教师)的承诺都具有十分积极的意义。

但与此同时,没有开展广泛的、富有成效的信息传播活动,加之个别店员对特殊顾客(教师)的讽刺挖苦,引发了顾客的投诉,致使顾客关系紧张。

3. 媒介关系的协调

面对新闻媒介接二连三的尖锐批评,店方真诚地自我批评、主动地沟通和实事求是地解释说明,其态度和策略都是正确的。

但当出现供不应求之时,未与媒介沟通,这一失误让店方丧失了获得美誉和减轻压力的时机;当第一篇批评报道见报后,未及时沟通,这一失误导致了后续更为尖锐的负面报道;与新闻媒介沟通之时,沟通面过窄,导致了电视台负面报道的出炉。

技能训练

海底捞"老鼠门"事件

海底捞品牌创建于1994年,是一家以经营川味火锅为主、融汇各地火锅特色为一体的业务涉及全球的大型连锁餐饮企业,全称是海底捞国际控股有限公司。截止到2019年12月31日,海底捞在中国的北京、上海、香港、武汉等城市和新加坡、美国、韩国、英国等国家开有768家门店。海底捞始终奉行"服务至上,顾客至上"的理念,以贴心、周到、优质的服务,赢得了纷至沓来的顾客和社会的广泛赞誉。打开海底捞官网首页,点开"食品安全"栏目,你会看到这样一句话,"海底捞可能有两种死法:一种是管理出问题,如果发生,死亡过程可能持续数月乃至上年;第二种是食品安全出问题,一旦发生,海底捞可能明天就会关门,生死攸关。"

2017年8月25日上午,《法制晚报》发布了一篇记者暗访报道,曝光了海底捞北京劲松店、北京太阳宫店有老鼠在后厨地上乱窜、打扫卫生的簸箕和餐具同池混洗、用顾客使用的火锅漏勺清理下水道等问题。事件引起了坊间和网络的极大关注,短短几个钟头内,《法制晚报》发布的这篇报道在微博上获得了2万多评论和点赞,以及1万以上的转发量。

海底捞迅速进行回应,承认上述事实并向顾客道歉。25日下午三点多,海底捞就此事发表官方声明,认为媒体报道的问题属实,愿意承担相应的责任,并在所有门店安排整改。

致歉信发布之后两小时,海底捞在官方微博又公布了关于这起事件的处理通报,宣布北京劲松店、太阳宫店停业整改。通报中称,涉事两家店的干部和员工无须恐慌,该类事件的发生,更多的是公司深层次的管理问题,主要责任由公司董事会承担。

思考题:

1. 海底捞在处理"老鼠门"事件时,主要考虑了协调哪些公众关系?(多选)
   A. 社区关系　　　　　　B. 顾客关系
   C. 媒介关系　　　　　　D. 政府关系
   E. 股东关系　　　　　　F. 员工关系
2. 结合海底捞处理"老鼠门"事件,分析协调媒介关系的方法,撰写一篇400字以上的案例分析文章。
3. 结合海底捞处理"老鼠门"事件,谈谈企业形象与公共关系工作的关系。

第四章 公共关系传播

☞ 学习目标

1. 能够运用传播理论和传播方法有效地开展信息传播活动,成功地影响公众,塑造良好的组织形象。

2. 能利用演讲缩短自己或所代表的组织与公众的距离并赢得好感。

3. 能编辑内部刊物进行有效的内部信息沟通,能制作对外宣传材料以影响特定公众。

4. 能撰写受新闻媒介欢迎的新闻通讯与公众进行沟通,使组织获得免费且有效的宣传机会;能筹备记者招待会并跟踪监测新闻报道,保证组织信息沟通的目的性和有效性;能策划媒介事件吸引新闻媒介报道,有效地影响目标公众。

5. 能够运用网络媒介及时有效地传播组织的特定信息,引导网络舆论。

引导案例

荷兰宫别开生面的品尝会

一些重要的食品评论家和编辑公开发表文章,指出如果以饮用的佳酿代替烹调专用酒,做出来的菜味道会更佳,甚至有的评论家还认为,用烹调专用酒做菜会令食品变味!荷兰宫是美国最大的一家生产烹调专用酒的公司。该公司的高层经理们对此情况非常悲观。他们分别用烹调专用酒和上宴席的好酒烹调各式各样的菜,并进行了上千次味道对照实验,发现新闻界的指责和意见是错误的,客观的实验结果表明,烹调专用酒比上宴席的好酒烹调出来的菜味道更鲜美,而且烹调专用酒还有其他两个优点:比上宴席的好酒保鲜时间更长并且价格更低。

尽管如此,问题仍然存在。于是,荷兰宫委托肯能·科宾·舒帕克与阿劳龙公共关系公司处理这一问题。这家公共关系代理公司接手后,马上向荷兰宫的领导建议,扭转舆论的最好方法是请著名的烹调专家和品尝师出来说话,证明烹调专用酒烹制出来的菜肴味道比用上宴席的好酒烹制的要好。尽管以前曾进行过多次味道对照实验,但是为了让这些专家们相信这一观点,仍需要再进行一次味道实验。这次实验应该搬到某些著名大学的酒店管理系或家政管理专业里进行。他们以大学信誉和地理分布做考虑,希望使一个地方性的宣传运动能扩大到全国范围内。于是他们选择了康奈尔大学、佛罗里达州立大学、普渡大学和纽约市立大学作为参加实验的大学。更为重要的是,要求每所大学都递交一份报告,内容包括实验的详细过程、实验中采用的菜谱和调味酒以及实验的结果。

正如荷兰宫所预期的一样,实验结果对荷兰宫的烹调专用酒非常有利。因此,荷兰宫的领导人决定在纽约著名的劳伦特大饭店里举行一次特别的记者招待会,向美食专栏编辑宣布这一实验结果。在这一记者招待会上,他们专门为记者准备了一顿用烹调专用酒烹调的丰盛美餐,席间还请一位参加过实验的大学代表当场解释和说明这次实验的过程和结果。

这一实验结果是这样的:参加品尝实验的人数是977名。他们分别品尝同一菜谱的两份菜肴,其中一份用荷兰宫生产的烹调专用酒烹制,而另一份则用昂贵的饮用酒来烹制,结果有440人(占总人数的45%)认为烹调专用酒的菜肴味道要鲜美一些,而只有418人(占总人数的42.8%)喜欢上宴席的好酒烹制的菜肴,剩下的119人(占总人数的12.2%)认为两者的味道差不多。多家新闻媒介都报道了这一全国性的发现,并登出各大学实验报告的复印本。

这一记者招待会使得全美出现了一场对荷兰宫烹调专用酒非常有利的广泛宣传,《好家政》杂志在烹调学院重复了这一实验,结果对荷兰宫也非常有利,于是《好家政》杂志决定在其刊登的各种菜谱上开始使用"烹调酒"这一名词。一份面向美食家俱乐部成员的杂志《签名》还根据实验结果编造了一个颇有特色的故事。纽约《星期天新闻报》也开始在其登载的菜谱上使用"烹调酒"一词。

荷兰宫的公共关系工作并没有到此结束。这家公司收集了有关烹调专用酒的新闻稿、实验中采用的几种菜谱和烹制好的菜肴照片,邮寄给美国的1 000名报纸美食专栏编辑，结果，有几家大报纸都登载了这些有关烹调专用酒的资料。另外，荷兰宫还安排了每一个参加实验的教授与当地新闻传播机构的有关人员见面，讨论学校的实验研究结果，这样做是希望得到新闻界更多媒体的支持，巩固已有的新闻宣传效果。

这场公共关系活动结束后，美国掀起了一阵宣传烹调专用酒的热潮。诸如题为《烹调专用酒是调味专家》《用烹调酒烹制菜肴，味道更鲜美》和《教授们用实验证明烹调酒做菜肴更好》的报道相继在美国各大报刊上出现，荷兰宫以此迅速扭转了局面。

于是，新闻媒介的态度来了一个180°大转弯。烹调专用酒也随之在消费市场上站稳了脚。

传播沟通是一种社会现象、社会活动，并且是人类离不开的一种社会活动，只要有人群存在，传播沟通就必然存在。在现代社会中，传播沟通在组织社会行动以及维护现存的社会政治、经济制度、宣传社会目标等各个方面都发挥着重要的作用。

公共关系活动的过程，就是社会组织同公众之间进行信息传播和沟通的过程。因此，公共关系工作从本质上来说就是一种信息传播沟通活动。传播沟通作为公共关系的一个基本构成要素，对公共关系工作的开展具有十分重要的意义。本章主要从公共关系的角度来探讨信息传播沟通活动，力图让你掌握传播沟通的一般规律和技巧，正确地运用传播媒介进行公共关系沟通，从而大大提高公共关系工作的效果。

第一节　实施有效传播

公共关系传播是社会组织与相关公众信息交流的过程，也是社会组织开展公共关系的重要手段。信息传播技巧的高低影响着社会组织与公众之间的沟通效果，也在很大程度上决定了公共关系工作的效果。在很多时候，社会组织与公众之间的误解也往往是由于信息传播沟通不畅或信息传播沟通效果不佳造成的。因此，如何实施有效的公共关系传播，应是公共关系管理的一个重要的研究课题。

一、选择最佳信息传播者

信息传播者是公共关系传播行为的起点，选择最佳信息传播者是实现有效传播的首要条件。在制订传播策略的时候，可信、权威、客观的信息是摆在第一位的。要保证公共关系传播的信息在公众心目中具有可信性、权威性和客观性，被公众认同而产生良好的传播效果，公关人员在开展公共关系传播时就必须选择最佳的信息传播者。

研究表明，信息传播者如具有下列条件之一，将有利于实施有效传播。一是权威，公众乐于相信权威们讲的话，对于所传播的信息，由享有盛誉的专家来发表意见，比由一般人发表意见更能引起受传者的信任；二是客观，如果信息传播者在公众心目中被认为是态度超然的，不借传播谋利，那就比较容易取得传播的效果；三是"自己人"，传播学中的"认同策略"表明，如果受传者认为传播者与自己不相上下，把他看作"自己人"，就比较容易接受传播者的意见。综上所述，最佳信息传播者应具有良好的形象声誉，具有与所传信息相应的专业权威，具有较强的信息传播沟通能力和亲和力。信息传播者的形象声誉越好，其所传播的信息在公众心目中的可信度就越高；信息传播者的专业权威性与信息的权威性成正比；信息传播者的传播沟通能力越强、亲和力越大，则其与公众的心理距离越近，所传信息的客观性越强。

因此，为了提高公共关系信息传播者的有效传播条件，做好公共关系传播工作，公关人员应注意以下几点：第一，要选择具有良好声誉、美好形象的专业传播机构开展公共关系传播；第二，要有选择地利用社会知名人士的影响和声誉开展公共关系传播，实现最佳公关效果；第三，社会组织的人员作为传播者也要树立良好形象，增强沟通能力，改善传播条件，要尽可能使自己成为相关公众的"自己人"，增强亲和力，缩短与公众的心理距离。

二、编制最好的信息符号

编制信息符号是指信息传播者把所要传递的信息编制成信息接受者所能接受和理解的符号的过程。符号是信息的表现形式，对同一符号，不同的人会有不同的理解和解读。因此，公共关系传播在编制信息符号的过程中，就应尽可能地理解公众的心理，适应传播对象的要求，避免外界因素的不利影响，使组织的信息传递达到"高保真"的状态。

如何编制最好的信息符号以达到信息的"高保真"状态呢？首先，要使符号形式与信息内容相统一，要按照信息内容选择合适的符号表现形式。不同的符号表现形式具有不同的特点，适合表现不同的信息内容，公共关系传播在编制信息符号时就必须选择最适宜的符号形式来表现特定的信息内容；其次，要尽可能扩大与公众的共同经验范围，使组织的公共关系信息按公众的兴趣、心理、接收方式、理解方式来传达，产生最大限度的共同语言；再次，要高度重视信息内容，针对传播者的特点，注意将信息内容与公众的实际利益结合起来，以满足特定公众的兴趣需求，激发其主动参与信息沟通的积极性。

公共关系传播在编制信息符号时，要注意以下三个方面：第一，要突出信息的相关性以吸引公众注意。要使所有信息符号所传播的信息内容具有相关性，即这些信息符号所传播的信息内容应有利于表现某一公关主题，有利于实现某一具体公关目标，使公众通过接收信息了解组织，进而形成或改变对组织的态度。第二，要突出信息的显著性以加深公众印象。要使所有信息符号所传播的信息内容具有显著性，以突出某些事实，便于公众从众多信息中选择、注意和接收这些信息内容，更好地加深对这些信息的记忆。第三，要突出信息的一致性以引导公众理解。要使所有信息符号所传播的信息内容具有一致的利益诱导性，使公众能够通过接收信息内容找到某些与组织相关的利益需要，并感受到组织的公共关系信息传播能够满足他们的特定需求，以此提高组织公共关系信息传播的效益。

三、研究目标沟通对象

目标沟通对象即公共关系传播所针对的特定公众，他们是信息内容的接受者，具体包括观众、听众、读者、活动参与者等。沟通对象是信息传播的终点或目的地，也是产生传播效果的主体。沟通对象在传播过程中并非仅仅是简单地接受信息，作为独立于组织之外的个人、群体或组织，他们在传播过程中具有主动性和能动性。对沟通对象的研究大致有以下三种理论：一是社会分类理论，认为人的年龄、种族、性别、收入、教育、职业、宗教、政治信仰和住地等差别，决定了每个群体选择信息的特征；二是选择性因素理论，这一理论提出了受传者心理上的三种选择因素，即选择性接受、选择性理解、选择性记忆；三是个人需求理论，例如消遣、打发时间、社交需要、心理需要、寻求情报或寻求解决问题的指南等。由此可以看出，沟通对象对公共关系传播的影响是多向性的。

公共关系传播要重视研究公众接受信息的规律，及时改变和调整自己的传播策略，根据公众的需求来确定自己的传播方法和传播内容。要想达到最好的传播效果，就需要注意以下三点：第一，分析沟通对象的关注点和兴趣点，结合公共关系目标，选择、取舍、组合信息内容；第二，分析沟通对象的认知规律，在此基础上设计出恰当的表达方式；第三，关注沟通对象的心理需求，注意拉近彼此之间的心理距离，克服沟通中的情感障碍。

四、营造良好的传播背景

传播背景是指公共关系传播活动的社会环境、具体场合和情景气氛。社会环境包括公共关系传播面临的社会政治、经济、文化、科技等宏观社会环境和沟通人员之间的社会关系、职务、地位以及相关的团体背景、社会规范、文化习俗等微观社会环境；具体场合是由公共关系传播的物质环境和时间环境构成的，它包括传播的具体空间和场景以及传播的具体时机；情景气氛是公共关系传播的具体场合中所显露出来的心理环境，如交往双方的心理状态、情绪和气氛等。

公共关系传播所存在的社会环境、具体场合和情景气氛对于信息传播沟通有着极其重要的作用，有时甚至起着决定性的作用。有效的公共关系传播，一定要高度重视这些社会环境、具体场合和情景气氛对信息传播沟通效果的影响。社会组织在开展公共关系传播时，一定要紧跟时代潮流，符合社会时尚，恪守礼仪规范，营造信息传播沟通的良好社会环境；一定要选择传播时机，利用物质环境，布置空间场景，营造信息传播沟通的良好具体场合；一定要协调公众关系，形成和谐气氛，培养积极情绪，营造信息传播沟通的良好心理环境。

五、选用恰当的传播媒介

荀子在《劝学》中说："登高而招，臂非加长也，而见者远；顺风而呼，声非加疾也，而闻者彰。假舆马者，非利足也，而致千里；假舟楫者，非能水也，而绝江河。君子生非异也，善假于物也。"这段话给公共关系传播一个重要启示：如何能使信息"见者远""闻者彰""致千里""绝江河"，克服种种障碍，增强影响的广度与力度？重要的途径在"善假于物也"，即善于选用恰当的传播媒介。社会组织在开展公共关系传播时，如何选择传播媒介呢？

首先，要充分了解各类传播媒介的特点。公共关系传播要在充分研究和了解人际传播媒介、组织传播媒介、大众传播媒介、网络传播媒介以及其他公共关系传播媒介特点的基础上，考察各类传播媒介的覆盖域（传播发挥影响的区域范围）、触及率（触及传播信息的人数比率)、时效性(传播信息的速度和有效性)、重复率(重复接受信息的次数)、连续性(信息连续传播后所产生的影响和效果)、权威性(媒介的影响力)、效益(传播带来的社会效益和经济效益)等项指标和因素,有针对性地选择传播媒介,使传播获得成效。

其次,要掌握选择传播媒介的基本原则。一是根据公关目标选择传播媒介,每一种传播媒介都有其特定的功能,能够为公共关系的某一目的服务,选择媒介一定要考虑公共关系目标与信息传播目的,选择有利于实现公共关系目标和信息传播目的的媒介;二是根据公众对象选择传播媒介,公共关系传播实质上是针对目标公众而进行的信息传播活动,公众由于他们的经济状况、受教育程度、职业习惯、生活方式以及通常接受信息的习惯等,接近不同的媒介,要想将信息有效地传递给目标公众,就要根据具体情况去选择适当的传播媒介,使组织传播的信息全部或大部分为目标公众所接收;三是根据传播内容选择传播媒介,将信息内容的特点和各种传播媒介的优缺点结合起来综合考虑;四是根据经济条件选择传播媒介,要根据组织具体的经济能力和经济条件选择适用的传播媒介,即在组织公关预算和传播投资能力允许的条件下,量力而行,争取以最小的投入取得最大的传播效果。

最后,要整合信息传播媒介,优化信息传播效果。按照公关目标、公众特点和信息特性等将媒介进行组合,整合传播媒介,设计传播过程,以达到整合传播的效果。

六、精通传播沟通方式

公共关系传播主要有人际传播、组织传播、大众传播和网络传播四种类型。了解和把握这四种传播方式及其与公共关系的联系,将有助于公共关系传播人员从理论上认识人类信息传递的不同形式,从而更有效地利用传播方式解决实际问题。

不同的传播方式具有不同的特性和效能,公共关系传播人员在信息传播活动中,必须了解各种传播方式的特点和效能,做到"用其所长,避其所短",发挥各种传播方式的最佳效果。为此,公共关系传播人员要注意以下几点:第一,要针对组织不同时期的特点开展公共关系信息传播工作,一个组织在不同的发展时期或阶段,其传播活动应当有不同的内容;第二,要把公共关系信息传播工作与各种传播方式的特点和效能结合起来考虑,选择最有效的传播沟通方式,确定最恰当的传播内容;第三,要学会综合地运用人际传播、组织传播、大众传播和网络传播;第四,要注重通过撰写新闻稿、发布新闻、策划媒介事件等多种方法,有效地利用大众传播媒介开展公共关系传播。此外,公共关系传播人员还应特别关注网络传播,网络传播是人类进入21世纪以来,发展最快、潜力最大、前景最为广阔的传播方式,正如施拉姆在其《传播学概论》中所言,"这是最好的时刻,也是最坏的时刻。"它是目前对公共关系影响最迅速、最复杂的一种传播方式,一定要高度关注并善加利用。

第二节 发表公关演讲

在公共关系活动中,公共关系人员往往运用公关演讲来为组织获得内部与外部的支持。演讲既是一个过程,又是一个系统,要使公关演讲实现预定的目的,达到最佳效果,公关人员对演讲系统中的几个要素应有一定的理解。一般说来，演讲是由主体（公关人员）、客体（公众）、内容（公关人员欲向公众传递的信息）等构成的。公关演讲与其他演讲形式并无原则区别，各种演讲活动都在一定程度上包含着公关的因素，公关演讲也必须遵循一般演讲规律。

演讲是面对公众就某个问题运用口语、表情、体姿等手段说明事理、发表见解的活动，是具有很强现实性、针对性和艺术性的实践活动。演讲需要"讲"与"演"的有机结合，和谐统一。演以讲为内容，讲以演为形式，使讲的内容活起来，演的形式具体化。演讲，作为一种实践活动，有着许许多多的共性，这是演讲学、演讲艺术得以存在的前提。演讲作为一种艺术形式，每一具体的演讲活动都必须有鲜明的个性，个性化是演讲的生命。公关演讲，是一切旨在扩大组织知名度、提高组织美誉度、塑造组织良好形象的演讲。它是组织在特定的时间和特定的场合，运用语言艺术，向公众发表声明、宣传主张、抒发情感，以赢得和争取公众理解、信任、支持、合作的一种公共关系活动。

一、演讲的准备

发表公关演讲，必须进行认真的准备。演讲前进行必要的、认真的准备，首先是维护组织形象的需要，有准备的演讲，不仅能将组织形象充分、准确地传播出去，而且，演讲者因有备而讲，也会让听众感到演讲者所在组织的成员素质好，作风严谨；其次是赢得听众尊重的需要，演讲传播与其他公关传播一样，必须以尊重公众为前提，即使是即兴演讲，也必须在上台前迅速思考，将自己已有的理论功底、背景知识、演讲技巧等充分搜索出来，在思维中进行整理排列，形成应急准备；最后是保证演讲效果的需要，演讲是艺术，任何艺术都需在展示给公众之前进行认真的准备。

公关演讲的准备要解决三个基本问题，即对谁讲、由谁讲、讲什么。回答这三个基本问题，公关人员必须认真分析公关演讲的听众、确定演讲者、研究演讲内容。

（一）分析听众

成功的公关演讲，必须以听众为中心，演讲前心中要想着听众，演讲时要注意听众的反馈。这就要求公关人员必须十分清楚公关演讲的目标对象、听众需求和演讲目标。

1. 确定演讲的听众

公关演讲的听众就是公共关系活动的目标公众。公关演讲是影响目标公众的一种具体传播沟通方式和手段，是赢得和争取目标公众理解、信任、支持、合作的一种公共关系活动。在特定的时间和特定的场合，某一具体公共关系活动的目标公众就是此时公关演讲的目标对象——听众。对此，公关人员不仅务必有清醒的认识，还必须帮助公关演讲者有足够清醒的认识。

2. 分析听众的需求

听众总是以自我为中心的，他们对公关演讲者所传播的信息也总是选择性注意、选择性接受、选择性理解和选择性记忆的。因此，公关演讲必须以听众为中心。这就要求公关人员认真地分析听众的需要，以确保公关演讲适应听众。公关人员可以采用听众统计分析、听众情境分析、收集听众信息等方法,了解听众的需求状况、文化程度、知识结构,以及他们关心的社会热点和急需解决的问题等。

3. 明确演讲的目标

知晓了演讲的听众及其需求之后,公关人员就可以明确演讲的目标了。常见的公关演讲主要有:关于实物、过程、事件、概念的告知型演讲;有关事实问题、价值问题、政策问题的说服型演讲;介绍演讲人、颁奖演讲、受奖演讲、纪念演讲、餐后演讲等礼仪型演讲。一般而言,告知型演讲的目的是清晰、准确、有趣地传递信息;说服型演讲的目的是希望改变或塑造听众的某种态度甚至引发他们开始行动;礼仪型演讲主要是抒发情感。

明确演讲的目标,首先要明确所要发表的公关演讲是告知型演讲,还是说服型演讲,抑或是礼仪型演讲。更重要的是,我们要确定演讲的具体目标:用一个简单的肯定句明确说明你希望以公关演讲完成一件什么样的事情(把关于……的情况告知听众/说服听众来……)。在此基础上,最好能够用一个简单的句子总结或表达演讲的主要内容(你希望听众最后能记住的信息),也就是公关演讲所要表达的中心思想。

总之,在此环节,公关人员着重考虑的是如下三个问题:听众能否产生兴趣和乐趣?信息传达是否准确?信息传达是否清晰?

(二)确定演讲者

公关演讲的演讲者可能是专门的公共关系人员,但不可能所有的公关演讲都由专门的公共关系人员来承担。因此,在公关演讲的准备环节,就有一项选择和确定演讲者的工作。

可信、权威、客观的演讲者,是保证公关演讲在听众心目中具有可信性、权威性和客观性,从而实现有效信息传播的基础,必须选择最佳的演讲者发表公关演讲。

公关人员应根据演讲的听众和演讲的目标,从演讲者的可信性、权威性和演讲技能等方面综合考虑,选择最适合的演讲者。

最适合的演讲者不一定精通演讲艺术,因此,在公关演讲的准备环节,公关人员就必须对确定的演讲者进行必要的演讲技能训练,帮助其树立演讲自信心,使之成为最佳演讲者。

(三)研究演讲内容

确定演讲者后,公关人员应根据演讲的听众、演讲的目标和演讲者的特点,与演讲者一起研究演讲内容,即讲什么、怎么讲。

1. 拟定演讲题目

一般来说,演讲的题目是由演讲时的场景、听众和演讲人的自身条件所决定的。演讲题目要简洁、新颖、醒目,能吸引听众的注意力,能概括演讲的主体内容。

公关演讲的题目需要根据时间、地点、场合等客观条件确定;需要根据组织在某一时期公关工作的主要目的和任务来确定。因此,每次演讲之前,公关人员都要在强烈的公关观念指导下来确定选题。由于演讲通常都被限制在一个很短的时间内进行,但需要向公众告知的组织形象要素又很多,所以,公关人员一定要善于根据主客观条件,抓住要害,大胆取舍，防止采用面面俱到的选题、与组织公关工作无太大关系的选题、听众不感兴趣的话题。

演讲的题目是演讲者自己掌握的，可以直接告诉听众，也可以将主题贯穿在演讲的内容中，让听众自己去把握。讲题可以在开讲前告知听众，也可以在演讲总结时或演讲的过程中告知听众。

2. 收集演讲素材

在确定演讲题目之后，要围绕话题认真选择演讲素材。选材时不要准备太多，应该给演讲者更大的弹性空间。一般来说，可以把素材分为以下三类：

1）核心素材——演讲时所必须提出的素材；

2）可任意处理的素材——如果因演讲时间不足而加以省略，也不会对整个演讲造成伤害的那些素材；

3）辅助素材——如果时间足够，就不妨把这类素材发表出来，这样做一定是有益无害，或者是在回答听众问题时也不妨运用这些素材。选材时还应考虑的主要因素是真实性、典型性、新颖性、充实性，满足听众需要，为听众释难解惑。

3. 研究演讲内容

真实、生动的内容是公关演讲的灵魂。公关演讲是塑造组织形象的活动，但又必须以组织已有的形象内容为基础，演讲者通过演讲所传播的一定要是组织的真实形象，对公众支持、理解合作的期望和要求也必须是合理适度的。认真分析组织形象，形成恰如其分的演讲内容，是公关人员必须重视的。

公关演讲的内容很多，但不同的内容往往包含着共同的属性。

1）真实性。演讲的内容要真实，要言之有理，要经得住公众的考察、检验，要对公众讲真话。即使是组织的瑕疵，如果演讲的内容已经涉及，也不应回避。

2）丰富性。能够形成公关演讲内容的素材很多，如产品形象、员工形象、标志形象、服务形象等。即使是就组织形象的某一方面进行专题演讲，也可以就该方面的历史、现实、未来进行展开，或者从内容到形式、现象到本质予以充实和说明。当然，丰富并不等于冗杂，不等于胡乱堆砌。

3）新奇性。新奇与真实表面看似乎是矛盾的，实际上，任何真实的事物一定包含着新奇的因素、新奇的方面。公关人员要学会从多方位、多角度观察、评价事物，发掘所在组织形象新奇的、有感染力的因素，并将其告知公众，使公众在听讲中获得生动的审美感受。

4）透彻性。每次演讲的时间是有限的，公关人员必须学会在有限的演讲时间内给公众以透彻、深刻的印象，给公众以很强的说服力。透彻并不等于繁杂，深刻也不等于深奥，透彻应当是在由此及彼、由表及里的过程中实现的，是用丰富的例证、浅显的道理化复杂为简单、化抽象为具体而实现的。

5）典型性。公关演讲内容的素材要丰富，但内容的中心必须突出，所选的材料、所举的事例都应是公众关注的典型。

6）服务性。服务性是公关演讲内容的最本质、最关键、最重要的属性，也是衡量演讲内容是否恰当的标准。所谓服务性，是指演讲的内容一定要是公众关心的问题，是为满足公众的需求服务的。简言之，公关演讲要讲公众所想、讲公众所爱。

> **小案例 4-1 周恩来的精彩演讲**
>
> 1945 年，国共谈判期间，周恩来应重庆"西南实业协会"的邀请，出席他们的一次星期五聚餐会，并准备发表《当前经济形势》的演讲。在此聚餐会之前，周恩来认真阅读了当时重庆的经济材料，并且请经济学家许涤新同志前去汇报重庆资本家存在的问题和思想动态，汇报资本家对于国民党的经济政策和官僚资本的态度等。
>
> 在星期五聚餐会上，周恩来做了《当前经济形势》的演讲。听报告的人极其踊跃，座无虚席，甚至窗外都站满了人，但会场秩序很好，只有周恩来气壮山河的洪亮声音在回荡着。他推心置腹的演讲令人们增强了信心，引起了强烈反响。

二、演讲的设计

演讲的设计是通过谋篇布局、巧置悬念、设计高潮、遣词造句等手段，使演讲更生动、更富美感、更具艺术效果。

公关人员根据拟定的演讲题目、具体目标和演讲主题，谋划演讲的篇章结构，安排好演讲的开头、主体与结尾。结构服从于主题，为表现主题服务。关于篇章结构，元代乔梦符说："作乐府亦有法，曰凤头、猪肚、豹尾六字是也。"他提出的作文"六字诀"，巧妙地运用比喻，说明文章开头要像凤头一样美丽动人，中间要像猪肚一样丰满充实，结尾要像豹尾一样警策有力。确实，作文开头平平淡淡，缺少吸引力，并不见佳；结尾拖沓、松散，无法给人强烈印象，也不可取。当然，究竟怎样开头和结尾，无不因文而异，全在于作者的精心安排。乔梦符此说用于指导现代公关人员撰写演讲稿，也是颇有裨益的。在谋划演讲的篇章结构时，要使其与逻辑结构交互联结、浑然一体，并力求做到：紧扣主题、层次清楚、上下连贯、详略得当、首尾呼应。在上述准备工作基础上，拟定演讲提纲，撰写演讲稿。

（一）设计好开头结尾

明代的谢榛在论述文章的开头、结尾时说："起句当如爆竹，骤响易彻；结尾当如撞钟，清音有余。"意思是文章开头要像燃放爆竹一样，清脆响亮，贯通全篇；结尾要像撞击铜钟一样，清音袅袅，悠然不尽。演讲同样如此，开头要不同凡响，震撼人心；结尾要余意未尽，耐人寻味。

1. 演讲开场白的设计

演讲的开场白就是演讲的开头，它是演讲的一个重要组成部分。好的开场白能起到吸引听众、控制场面、调动情绪、交代讲题、树立形象、引起兴趣、铺垫信息、激发情感的作用。如何在几分钟内有效地吸引听众、引出话题、建立信任、阐明主题、介绍要点呢？

这就必须认真地设计好演讲的开场白。无论演讲如何开场，只要能达到"迅速使听众理解演讲的主题，迅速使听众对演讲者产生好感"的目的，就是一个成功的开场白。

2. 演讲结尾的设计

拿破仑说过，"兵家成败取决于最后五分钟"，同样，演讲的成败在相当程度上取决于演讲的结尾。俗话说，"编筐编篓，重在收口；描龙画凤，难在点睛。"演讲的结尾，就是演讲的"收口""点睛"。如果演讲者设计和安排的演讲开头和高潮精彩，再有一个出人意料、耐人寻味的好结尾，就如同锦上添花，会给听众带来一种精神上的愉快和满足。相反，如果演讲者设计和安排的结尾没有新意并苍白无力，没有激起波澜并陈旧庸俗、索然无味，就会使听众深感遗憾，失望而去。演讲的结尾是走向成功的最后一步，它在整个演讲中起着不可忽视的重要作用。

演讲结尾的类型和方法，多种多样，不拘一格，演讲者可根据自己演讲的具体时间、地点、主题、听众及个性等因素，选择适合自己结束演讲的方法，达到"在理性上使人升华，在感情上使人激荡"之目的。

（二）组织好主体内容

组织好主体内容，主要是要做好提炼演讲要点、选择论证材料、注重内容衔接等工作。

1. 提炼演讲要点

1）要点数量以 3 个为宜，不要超过 6 个。

2）要点必须独立完整。演讲中的每一个要点都应该与其他要点彼此独立分开。不要把本应分开的要点混在一起。

3）要点的措辞必须前后一致。要点的措辞方式前后始终一致，这样更容易让人明白和记住。

4）各个要点之间保持平衡。演讲时在每个要点上所花的时间应大体上平衡。

2. 选择论证材料

要点只是一种声明，听众需要得到论证材料才能接受演讲者的观点。能否灵活地运用材料，常常决定了一次演讲的成功与否。

运用论证材料并不是将一些事实和数据随意地塞进自己的演讲中。演讲者必须根据听众、主题以及具体的目的来决定哪些想法是需要用材料来支持的；演讲者必须通过调查研究，找到有用的材料，使想法得以清晰和富有创造性地传达；演讲者还必须评估这些材料，确保它们能够支持观点。

选择论证材料时，需要确保材料是准确的、相关的，并且是可信的。

论证材料主要有三种基本形式：事例、数据、证言。运用事例的提示：用事例来阐明想法，用事例来强化想法，用事例使观点形象生动，用事例使演讲生动有趣。利用统计数据的提示：利用数据量化观点，简化复杂的统计数据，用图解方法说明统计数据的趋势。利用证言的提示：引用和转述务求准确，引用合格来源的证言，引用不带偏见的证言。

3. 注重内容衔接

演讲内容的衔接主要通过过渡、内在提示、内在小结和标识来完成。

1）过渡。演讲人刚刚讲完了一个观点后，转移到下一个观点时的用词或短语。

2）内在提示。内在提示经常与过渡结合起来使用。演讲人开始谈到一个要点时，告诉听众接下来要谈什么，比过渡要更详细些。

3）内在小结。演讲中提示听众演讲人刚才讲了什么。

4）标识。标识性词语是一些简单的提示，向听众说明目前演讲人讲到了哪里。

（三）撰写好演讲讲稿

演讲是否需要撰写讲稿，这需要根据演讲者的内在素质以及临场经验、对题目的熟悉程度以及演讲场合的庄重程度而定。一般说来，撰写演讲稿有以下好处：保证演讲内容的全面完整，防止临场遗漏；保证演讲者思路畅通，防止出现语塞现象；保证按演讲时间完成演讲，防止演讲过长或过短；保证演讲者用语规范准确，防止言过其实或跑题。

最好的做法是，在上述工作基础上，根据拟定的演讲提纲，推敲修改，加工成文。古人云，"善作不如善改""文章不厌百回改"。修改演讲稿可从思想内容和表现形式两方面入手，认真校正主题、增删材料、调整布局、交换方法、推敲语言。演讲稿可以做"热处理"，即在成稿后马上回头全面修改；也可以做"冷处理"，即让讲稿搁置一段时间后再修改。若条件允许，冷热处理结合改稿，效果会更好。

当然，演讲并不是都要事先拟定讲稿，更不是拿着稿子到台上照本宣科，或者机械地背诵。对于比较成熟的演讲者，一般不需要演讲稿，他们可以凭借自己的知识实力和与组织形象有关的内容为基础，根据现场公众的需要随时调整自己的演讲内容和形式，或急或缓，或放或收，娓娓道来，入耳入心。即使是十分庄重的演讲，他们也只需事先拟就一个提纲，或准备几张卡片，或打个腹稿就可以了。当然，这是一种境界，初涉公关演讲者，很难做到这点。

（四）熟悉讲稿，厘清思路

演讲者在上台前一定要把稿子的全部或大部分内容在理解的基础上熟记在心。除了一般的记忆方法外，以下记忆方法也可在记忆演讲稿时参考选用：①意义记忆法，即抓住内容，加深理解，记住意义。②结构记忆法，即紧扣线索，遵循逻辑，记住结构。③形象记忆法，即围绕事件，根据过程，记忆形象。④情感记忆法，即运用情感，认真投入，记住情理。记忆讲稿，切忌机械背诵。登台演讲时，应根据临场状况做适当调整，即做适当的补充或删减。从这种意义上讲，记忆讲稿只是为了厘清思路。

小案例 4-2 习近平在二十国集团领导人汉堡峰会上关于世界经济形势的讲话

坚持开放包容　推动联动增长
——在二十国集团领导人汉堡峰会上关于世界经济形势的讲话
（2017年7月7日，汉堡）
中华人民共和国主席　习近平

尊敬的默克尔总理，各位同事：

汉堡被誉为"世界桥城"。很高兴同大家在这里相聚，共商架设合作之桥、促进共同繁荣大计。首先，我谨对默克尔总理及德方的热情周到接待，表示衷心感谢。

当前，世界经济出现向好势头，有关国际组织预计，今年世界经济有望增长3.5%。这是近年来最好的经济形势。有这样的局面，同二十国集团的努力分不开。同时，世界经济中的深层次问题尚未解决，仍然面临诸多不稳定不确定因素。

面对挑战，杭州峰会提出了二十国集团方案：建设创新、活力、联动、包容的世界经济。汉堡峰会把"塑造联动世界"作为主题，同杭州峰会一脉相承。我们要共同努力，把这些理念化为行动。这里，我愿谈几点意见。

第一，我们要坚持建设开放型世界经济大方向。这是二十国集团应对国际金融危机的重要经验，也是推动世界经济增长的重要路径。国际组织当前调高世界经济增长预期，一个重要原因就是预计国际贸易增长2.4%、全球投资增加5%。我们要坚持走开放发展、互利共赢之路，共同做大世界经济的蛋糕。作为世界主要经济体，我们应该也能够发挥领导作用，支持多边贸易体制，按照共同制定的规则办事，通过协商为应对共同挑战找到共赢的解决方案。

第二，我们要共同为世界经济增长发掘新动力。这个动力首先来自创新。研究表明，全球95%的工商业同互联网密切相关，世界经济正在向数字化转型。我们要在数字经济和新工业革命领域加强合作，共同打造新技术、新产业、新模式、新产品。这个动力也来自更好解决发展问题，落实2030年可持续发展议程。这对发展中国家有利，也将为发达国家带来市场和投资机遇，大家都是赢家。杭州峰会就创新和发展达成重要共识，有关合作势头在德国年得以延续，下一步要不断走深、走实。

第三，我们要携手使世界经济增长更加包容。当前，世界经济发展仍不平衡，技术进步对就业的挑战日益突出。世界经济论坛预计，到2020年，人工智能将取代全球逾500万个工作岗位。二十国集团的一项重要使命，就是本着杭州峰会确定的包容增长理念，处理好公平和效率、资本和劳动、技术和就业的矛盾。要继续把经济政策和社会政策有机结合起来，解决产业升级、知识和技能错配带来的挑战，使收入分配更加公平合理。二十国集团应该更加重视在教育培训、就业创业、分配机制上交流合作。这些工作做好了，也有利于经济全球化健康发展。

第四，我们要继续完善全球经济治理。国际金融危机爆发以来，二十国集团在加强宏观政策协调、改革国际金融机构、完善国际金融监管、打击避税等方面取得积极成果，为稳定金融市场、促进经济复苏作出了重要贡献。下一步，我们要在上述领域继续努力，特别是要加强宏观政策沟通，防范金融市场风险，发展普惠金融、绿色金融，推动金融业更好服务实体经济发展。

不久前，中国成功举办"一带一路"国际合作高峰论坛。与会各方本着共商、共建、共享精神，在促进政策沟通、设施联通、贸易畅通、资金融通、民心相通上取得丰硕成果，努力打造治理新理念、合作新平台、发展新动力。这同二十国集团的宗旨高度契合。

德国谚语说，一个人的努力是加法，一个团队的努力是乘法。让我们携手合作，推动联动增长，促进共同繁荣，不断向着构建人类命运共同体的目标迈进！

谢谢大家。

三、演讲的传达

公关演讲是演讲者通过体态语言和有声语言来传播信息、沟通感情、塑造形象的。因此，研究演讲的传达，主要是研究演讲的体态语言艺术、演讲的有声语言艺术，以及如何通过有效的练习来提升演讲的表达效果。

（一）演讲的体态语言艺术

演讲的体态语言包括身体姿势、面部表情和目光手势等。

演讲时的姿势会带给听众某种印象，一方面，不可随随便便、松松垮垮；另一方面，不可一本正经，故作姿态。虽然个人的性格与平日的习惯对此影响很大，不过一般而言仍有方便演讲的姿势，即所谓"轻松的姿势"。登台时应自然大方、充满自信、精神饱满、举止文雅、仪态优美、情绪愉悦、步履自然、面带微笑。应力求给听众以彬彬有礼、文雅庄重的第一印象；站立时应张开双脚与肩同宽，挺直整个身躯，要让身体放松，不要过度紧张。因为，过度紧张不但会表现出笨拙僵硬的姿势，而且对于舌头的动作也会造成不良的影响。如感到情绪紧张，则要想办法扩散并减轻施加在身体上的紧张情绪。例如，将一只手稍微插入口袋中，或者手触桌边，或者手握麦克风等。

开始演讲前一定要留出时间稳定自己的情绪。同时，用目光、眼神引导听众注意并达到控场效果，待全场基本安静后再从容开讲。

（二）演讲的有声语言艺术

演讲的有声语言艺术主要是研究演讲的语音和语义。

演讲的语音包括声音、腔调、语速等。声音和腔调是与生俱来的，不可能在一朝一夕之间有所改变。不过音质与措辞对于整个演讲影响很大，这是事实。有报告指出，声音低沉的男性比声音高亢的男性，其信赖度较高。因为声音低沉会让人有种威严沉着的感觉。尽管如此，演讲者还是不可能马上就改变自己的声音。总之，重要的是让自己的声音清楚地传达给听众。即使是音质不好的人，如果能够坚持自己的主张与信念，依旧可以吸引听众的热切关注。说话的速度也是演讲的要素。为了营造沉着的气氛，说话稍微慢点是很重要的。标准大致为5分钟三张左右的A4原稿，不过，要注意的是，倘若从头至尾一直以相同的速度来进行，听众会睡着的。因此，演讲时的语音应尽量做到以下几点：

1）字正腔圆。字正腔圆即咬字准确、发音清晰、声音圆润、自然流利、清亮甜美。

2）抑扬顿挫。抑扬顿挫即在音调方面要讲究阴阳上去四声；语速应注重缓急，语调应讲求强弱、轻重。

3）服从内容需要。语音的处理必须根据演讲内容的需要而决定，受内容中所包含的思想感情的制约。

正如季世昌在《演讲学》中所说："一般说来，讲到思想重要处、情感振奋处，语调要高些、强些、短些、快些；讲到悲壮、痛苦、忧郁、疑难之时，语调要低些、弱些、长些、慢些；如表示愉快、责备的意见，语调要先强后弱；表示不平、热烈的意思，声音就要先弱后强；表示优雅、庄重、满足的意思时，语调就要头尾弱，中间强。"

演讲的语义应注意以下几个方面：

1）准确恰当。准确恰当即说人述物、表理达情应当尽量实事求是，不能有歧义。

2）明白易懂。明白易懂即演说时所用的语言要与听众的文化水平相一致，不可故作高深。

3）生动形象。生动形象即演讲的语言要活泼新鲜，让听众有身临其境的感觉。

4）幽默风趣。幽默风趣即演讲中把复杂的事物简单化，难懂的东西生活化，利用倒错法等手段使普通的事物和现象喜剧化，以活跃气氛、吸引听众。

5）充满感情。充满感情即演讲者应随演讲内容所含的感情而动，褒扬伟大，贬抑渺小；歌颂崇高，讽刺卑俗；兴奋之处可手舞足蹈，悲痛之处可捶胸顿足。

当然，演讲中出现差错是难免的，如果遇到这种情况，演讲者一定要沉着冷静。一般说来，层次较高的听众关注的主要是演讲的内容，形式上的细小错误一般都能谅解；即便出现了较大的差错，只要能及时纠正，或冷静地在后文中补救，也是可以的。一旦出现差错，演讲者不可慌乱，不可吐舌头、做鬼脸，不可抓耳挠腮、摇头晃脑等。当然，尤其不可在听众发现错误后，反唇相讥，坚持错误。

（三）反复练讲，找准感觉

登台演讲之前，无论是老将还是新兵，无论有无讲稿，都要反复进行练讲。有讲稿者可以照着稿子练讲，没有演讲稿者要在自己的头脑里练讲。

练讲，有记稿子的功能，但并不是单纯地反复背诵稿子，更主要的是练思路，练情绪，练感情，练表达，练抑扬顿挫，练轻重缓急，练自然流畅，练形象生动。

如果有可能，可以在周围找几个人听自己预讲。听预讲的人最好与正式演讲时的听众在水平、年龄、职业等方面基本一致，最好是自己的朋友、亲属或同事。要使预讲收到好的效果，首先是要"假戏真做"，像正式登台一样放开地演练。同时，要请听讲者注意挑毛病，并在练讲结束后及时地指出来，演讲者要认真根据他们的评论进行修改、提高。

无论自我练讲，还是在他人面前预讲，最重要的是心里要有听众，要对登台演讲时的情景进行预设，如礼堂有多大、出席者有多少、什么人出席、出席者会对演讲抱什么态度、怎样将演讲推入高潮等。练讲就像戏剧的彩排一样，是非常重要的环节，一定要认真对待，反复演练，练到自己满意为止。

小案例 4-3 林肯在葛底斯堡的演说

1863年11月19日，林肯在宾夕法尼亚州的葛底斯堡国家公墓（Gettysburg National Cemetery）揭幕式上发表演说，哀悼在长达5个半月的葛底斯堡战役中阵亡的将士，表达了政府存在的目的——民有、民治、民享，用时不到3分钟。这是林肯最著名的演说，其演说词是美国文学中最"漂亮"、最富有诗意的文章之一。这次演说被认为是英语演讲中的最高典范，其演说手稿被藏于美国国会图书馆，其演说词被铸成金文，长存于牛津大学。至今，人们还常在许多重要场合提起或朗诵它。在听众的好评背后，是林肯对演说孜孜不倦的追求。他在葛底斯堡公墓演说前夕，反复进行试讲，还在他的国务卿面前试讲了一次，安葬仪式开始时，他还在默默地背诵着演说词。

第三节 运用自控媒介

运用自控媒介开展组织传播，是公关人员搞好内部公众关系、提高组织的凝聚力、调动全体员工工作积极性的重要手段，也是扩大组织社会影响、提高知名度和美誉度的重要方法。运用自控媒介主要包括主办内部刊物，制作视听材料和宣传材料等。

在新媒体广泛运用的当今时代，随着智能手机的普及，微信已成为人们喜闻乐见的传播媒介，各类组织都应善于运用自控媒介技术，制作公众喜爱的宣传材料，通过官微有效地传播组织信息，协调公众关系，塑造组织形象。

一、主办内部刊物

内部刊物主要指组织自控的各种媒介工具，如内部报刊、宣传画册、墙报、电子出版物、BBS 等。内部刊物由组织自行编辑、制作、发行或发布，往往针对特定公众编写，内容针对性强，主题突出，读者稳定，宣传效益好。

（一）内部刊物的种类

内部刊物可以分成对内刊物、对外刊物和混合型刊物三种。

1. 对内刊物

对内刊物只对本组织员工和管理人员发行，其主要内容和目的是：介绍组织的经营状况和管理政策，促进内部沟通，防止和消除误会；介绍组织内部的先进人物，提倡良好风尚，激励员工学习；介绍组织发展的远景规划，鼓舞人心，增强组织的凝聚力。

2. 对外刊物

对外刊物主要对政府官员、舆论领袖、顾客、供应商、经销商等外部公众发行，其主要内容和目的是：通过宣传组织的经营宗旨、管理理念，争取外部公众的理解和支持，在社会上树立组织的良好形象。

3. 混合型刊物

混合型刊物的受众既包括组织的内部公众也包括外部公众。

出版内部刊物是一件技术性很强的工作，要求公关人员熟悉刊物的编辑、印刷、发行等一系列出版工作程序，并做好经费预算。

（二）运用内部刊物的技巧

采用内部刊物进行组织内部沟通时，需要掌握以下五种技巧：

1. 突出组织文化

内部刊物一定要传播组织文化，倡导卓越的组织精神。因此，内部刊物的办刊方针需要紧紧围绕组织文化建设的主线，利用丰富的内容、活泼的方式来潜移默化地影响每个员工，从而为组织文化建设贡献一份力量。

2. 构筑组织精神家园

内部刊物应该是组织员工的心灵家园。内部刊物要深切地关怀员工的精神需求，营造出浓浓的家庭氛围，让员工在这里尽情地释放自己的喜怒哀乐。

3. 掌握热点问题

内部刊物应掌握员工关注的热点问题。内部刊物要抓住热点问题，告诉员工是什么、为什么及如何应对。

4. 激发员工斗志

激发员工斗志是内部刊物的一个重要功能。内部刊物要及时通报组织的成果及远景，启发员工对组织现状的认识，激发员工必胜的斗志，鼓励员工为组织的目标奋斗。

5. 建设学习型组织

内部刊物应成为组织内部知识传播的一个重要途径。内部刊物应通过促进知识的传播与利用，为建设学习型组织做出贡献。

小案例4-4　不断为员工喝彩

美国的员额公司有一份深受员工欢迎的刊物《喝彩·喝彩》。《喝彩·喝彩》每月都要通过提名和刊登照片等形式对工作出色的员工进行表扬。这个公司每年的庆功会更是新颖别致，受表彰的员工在八月来到科罗拉多州的维尔，他们在热烈的气氛中坐着高空缆车来到山顶，颁奖仪式就在山顶举行。颁奖过程由摄影师全程拍摄下来，然后在全公司播放。那些受表彰的员工是这种欢乐、开心和热闹场面的中心人物，他们得到公司的重视，听到大家的喝彩，自然很有成就感。而这一切，也成为激励和鼓舞全体员工奋发向上的力量。

二、制作视听材料

在公关传播中，视听材料也是经常使用的自控媒介，具体形式包括：闭路电视、有线广播、电影、音频、视频、灯箱图像等。制作视听材料有一定的难度，有时需要聘请专业人士来制作。但公关人员应当具备一些基本的制作能力，将组织内部的周年纪念、奠基典礼、竣工仪式、展销会、公关活动等场面拍摄下来，向组织内外的公众播放，以达到促进沟通的效果。同时，这也是极为珍贵的历史资料，可以成为日后其他公关活动的素材。

公关工作中，制作视听材料主要有两部分内容：一是图像和声音材料的制作和处理，二是为图像材料写作解说词并录音。

1. 制作图像材料

视频、电影、光盘等图像材料的制作,首先是选择和摄取各种图像。此外,制作有效的图像宣传材料,还要具备精湛的摄像、摄影技术。

2. 制作图像文字解说

成功的图像宣传材料,除了图像的选择、摄取,还必须配有生动、简练的文字解说。文字解说不能作为图像的直白描述,而应是图像的必要补充。它主要是对相关图像背景材料的介绍和画外隐含内容的解释,以帮助公众更准确地解读信息,因此,图像的文字解说材料应该更为充实、丰富。

此外,完美的图像宣传材料,还要注意文字解说材料的朗诵和配音制作,应选取必要的音乐以烘托气氛,增强感染效果。

3. 制作录音材料

一般沟通理论认为,人际沟通中,语言(文字)符号所包含的信息有限,大部分信息要靠副语言,如声音、语调、表情、身体动作等来表达。因此,在公共关系信息传播过程中,除了制作图像材料外,利用录音材料进行公关宣传也应得到关注。

信息接受者接受声音信号比接受文字信号更方便,相对于文字材料,录音材料的受众范围更广,携带的信息更丰富。

制作有效录音材料,首先,文字稿件的写作是第一步。要根据具体宣传目标、主题、受众情况来选择体裁。如果是某项活动的现场录音,也要注意根据宣传主题对材料做取舍。其次,要做好文字材料的朗诵和录音工作。

小案例 4-5 **耶鲁大学的公关形象片**

2011年,耶鲁大学官方网站挂出了一个招生视频《That's Why I Chose Yale》(我为什么选择耶鲁)。该片全长16分钟,由耶鲁大学学生自编自导自演,所有的拍摄、编辑和录音都是由该校学生在校园内完成的。影片开场,一名黑人招生官面对一群学生和家长做了一番招生简介。在提问阶段,一名亚裔面孔的男生问了耶鲁大学的建校时间,接着是一名亚裔女生问学校的教授们是否都会亲自授课,招生官对上述两个问题都做出了言简意赅的回答。然后,一名白人女生问了招生官一个问题:你当初为什么选择耶鲁?随即,原本严肃的招生官化身成了美国歌舞青春片的男主角,在载歌载舞之间,校园文化、学术氛围、师生关系在观众面前徐徐展开。全片紧紧围绕"That's why I chose Yale"(这就是我选择耶鲁的原因)展开,以学生的视角,从住宿制度、社团文化和教育资源三大方面提炼出了耶鲁大学最吸引人的地方。视频接近尾声时,所有参与影片拍摄的学生在草地上一起唱歌跳舞,将快乐积极的气氛传递给观众。最后,当音乐声渐弱,招生官又回到了招生介绍会的现场,得到了在座家长和学生的掌声。结尾出现了一段字幕:这部影片由耶鲁大学本科毕业生和正在招生办工作的校友合作完成。该片在YouTube上一经上传,就收获了百万点击量。

三、制作宣传材料

在公关传播中,宣传材料是使用得最多的组织自控媒介工具之一。宣传材料可以是一本小册子,也可以是一张宣传彩页,还可以是一幅招贴画,方式多种多样,公关部门可以灵活运用。

(一)制作宣传材料的技巧

1. 明确用途

制作宣传材料首先要明确用途。宣传材料的主要用途有三个方面:说服公众、向公众提供信息、教育公众。不同用途的宣传材料有不同的表现形式,不同的宣传材料用于不同的场合。

2. 确定主题

宣传材料的主题必须清楚。不要企图在一个宣传材料里夹杂许多主题,这样受众就会困惑,因而不能达到宣传材料最初的目的。

3. 内容准确持久

宣传材料的内容要准确真实,能够持久地影响受众。这是因为宣传材料一般是针对较小的特定群体,他们对组织宣传材料的真实性要求较高。如果宣传材料的真实性有问题,他们就会对组织不信任,宣传材料就会起到相反的作用。

4. 表现形式美观大方

宣传材料一般要求美观大方,以吸引受众的阅读兴趣。制作宣传材料要选择合适的格式和纸张,巧妙地使用各种字体,明智地使用空白区域,创造性地运用色彩组合。

5. 正确选择传送渠道

宣传材料可以通过赠送、自取、邮寄等方式传送。不同的宣传材料,传送渠道也会不同。

(二)宣传材料的写作

当社会组织与公众交往时,如果有一份精心制作的宣传材料赠送给对方,既可以节省自我介绍的时间,也可以使对方比较完整、准确地掌握组织的基本信息。以一本比较正规的大型宣传画册为例,它一般应包括如下内容:

1. 组织领导人致辞

组织领导人致辞一般安排在整本宣传材料的首页,以便增加宣传材料的权威性。领导人形象是构成组织形象的一个重要组成部分,宣传材料上的致辞也是宣传组织领导人并树立其形象的一个重要机会,因此,公关人员要与组织领导反复斟酌,尽量写出领导人的风采。致辞文字不宜过长,以二三百字为宜,应力求平和真诚、亲切感人,同时配以照片,使领导人的形象立体化。

2. 组织的历史和概况

这是组织宣传材料的主体部分，以介绍组织自身的各种情况为主，重点是组织的宗旨、方针、政策、目标、愿景等，应当尽量做到内容简明扼要，信息量大。其作用是简要地回顾组织发展的历史，增加公众对组织的信赖感；客观地介绍组织所取得的成就，树立组织在公众心目中的形象。这部分内容应配上醒目的图表和照片以增强说服力，使历史叙述显得更加鲜活，使成果展示显得更加生动。

3. 特色产品和特色服务

组织的宣传材料对本组织在市场上具有竞争力的产品，或引以为自豪的特色服务，应重点加以说明，以便引起公众的注意和兴趣。

4. 图片的选登

组织的宣传材料必须设计得图文并茂、生动活泼。选登的图片要适应公众的心理需求和审美情趣，以达到良好的宣传效果。

5. 公众与组织的联络方法

在宣传材料的末尾，一定要附上组织的地址、邮编、电话号码、传真、网址、联络人员等，以方便公众与组织的联络。

小案例 4-6　武汉的 32 张感恩海报

2020 年 3 月 17 日，武汉市文化和旅游局官方微博发布了 32 张感恩海报，这组"谢谢你为武汉拼过命"的海报非常用心。这 32 张感恩海报分别感谢 32 个支援武汉的医疗队。设计人员努力找出武汉和每一支医疗队的"联系"，让感恩变得更加真实、具体、动人。每一张海报都是武汉的风景，文案也结合了每个省份的特点，感恩所有逆行而来的人们，用最美的景色向他们致敬！我们从海报上感受到的美，将成为美好生活的新开端，让我们记住那些美丽的山河、那些闪光的人。（其中四张分别见图 4-1 至图 4-4）

图 4-1　海报 1

图 4-2　海报 2

图 4-3 海报 3

图 4-4 海报 4

第四节　开展新闻宣传

新闻宣传主要有三种基本形式：撰写新闻稿、筹备记者招待会和策划媒介事件。任何组织开展新闻宣传，都必须善用这三种新闻宣传形式。

一、撰写新闻稿

对于社会组织而言，公关新闻是关于组织且有利于塑造良好组织形象、培育良好公众关系的新近事实的报道。它与公众有直接关系，对公众有显著的影响。新闻写作是新闻事实的文字表达手段，是准确、鲜明、及时地报道新闻的重要环节。

（一）新闻写作基本知识

1．基本要求

1）用词准确。词不达意、用错词语等，会使内容有所偏差。例如，"说"的表达方式如图 4-5 所示。

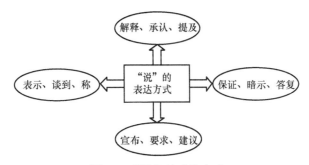

图 4-5　"说"的表达方式

2）语句清晰。保证语法结构正确，使用简单的句子，少用从句或复句，以免读者误解或难以理解。

3）庄重得体。尽量使用一些庄严和文雅的语言。

4）报道客观。切勿加入个人的主观意见和评论，并避免使用带有价值判断的语句，除非是确定事实，否则不宜写在新闻稿中。

2．新闻六要素

人物（who）、时间（when）、地点（where）、事件（what）、原因（why）、经过（how）是新闻写作的六要素。写新闻只有交代清楚人物、时间、地点、事件、原因、经过和结果等，才能使读者、听众和观众觉得新闻实实在在、可信度高。但应注意的是，每篇新闻向公众传达的信息不同，侧重点也不同，若平均处理这六个要素，会使新闻主题不够鲜明。因此，在撰写新闻稿时应该详略得当，主题突出。

（二）新闻稿的组成

1．新闻标题

新闻标题不一定要将新闻事件的主要要素全部概括出来，只要能够将主要的事实和意义概括出来就可以了，因为有的内容还要在主体部分中加以表达。

（1）新闻标题的结构

新闻标题由主标题、引标题和副标题组成。主标题是对新闻中最主要内容的高度概括。引标题和副标题则是用来说明主题或加强主题的气氛和力量，协助主题共同完成标题任务的。如果主题能够独立承担标题的任务，引题和副题也可以省去。

（2）新闻标题的要求

1）应使用简明扼要且能吸引读者的句子来概括新闻的重点和主体。

2）句中最好避免词汇的重复。

3）阅读断句不产生歧义，避免使用带有感情色彩、价值判断、夸张渲染的词汇。

4）熟悉的名字可用缩写代替以减少字数。

（3）新闻标题的拟写方法

1）拟写主标题时，有导语的新闻，就在导语中筛选相关的信息；没有导语的新闻，应在主体部分筛选相关的信息。将新闻中最新鲜、最重要、最有特点的信息进行整合、归纳、概括，组成表意完整的句子，就形成大致的主标题了。

2）拟写引标题时，要把目光锁定在新闻的背景中。因为背景是介绍主体事件发生的环境、原因和目的，引标题正是要告诉读者这些信息，所以，要注意"在……下"和"为了……"等表明事件背景或行为目的的词语，或者注意从新闻中筛选出体现这些信息的关键词语，连缀成大致的引标题。

3）拟写副标题时，应把目光锁定在结束语部分。这是因为结束语是交代新闻主体事件的意义、作用、影响和对未来发展方向的预测的，而副标题的作用就在于此，所以，结束语中的关键词句是构成副标题的重要来源。

2．新闻导语

新闻导语，即新闻稿首段，是新闻事件的浓缩版，应以扼要和简洁的语句，叙述新闻的要点和事件的轮廓，使读者迅速了解其性质和内容，并吸引他们进一步读完全文。在新闻导语的写作中应注意以下两点：

1）导语里的事实必须是最重要、最新鲜的。
2）导语必须简明扼要、短小精悍。

3．正文

正文是新闻的主干部分，紧接导语之后，将导语中提及的内容按照"时间顺序"或"逻辑顺序"做进一步的解释和叙述，使读者深入了解；有时也补充一些导语中未提及的资料，如事件的背景说明等。

4．其他补充

1）图片。图片可令读者留下深刻印象，对新闻稿件有补充及说明的意义。
2）图表。图表可帮助读者理解资料性的内容，也容易看到重要的、需突出的部分。
3）插图。插图多用于杂志文稿中，大部分为编辑自己制作的，能使文章更加便于理解。

（三）新闻稿的叙事结构

在撰写新闻稿时，一般都采取"倒金字塔式"，即按内容的重要性来安排段落的次序，如图4-6所示。

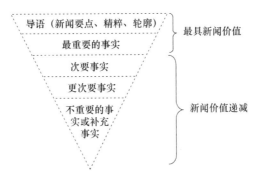

图4-6 "倒金字塔式"新闻稿的叙事结构

新闻稿正文叙事结构的常见类型有三种：

1．逻辑顺序

根据新闻事件的内在联系以及逻辑层次安排正文结构。逻辑顺序的种类较多，常见的有因果关系、递进关系、主次关系、点面关系等。

2．并列顺序

当几项新闻事实处于同等重要的地位时，新闻稿正文宜采用并列顺序。这种顺序条理分明，重点突出，在综合新闻中比较常见。

3．时间顺序

根据新闻事件发生的先后次序来安排材料，新闻稿正文的层次与事件发展的过程相一致。在报道各类突发事件时，常采用时间顺序。在应用这种结构时，要详略得当、突出重点，避免平铺直叙、面面俱到。

(四) 如何写好一篇新闻稿

1. 面向大众写作

面向大众的知识面和接受能力，使读者易于理解。文字使用应切合一般人的阅读水平，避免过于个人化和自我缩小读者群效应。

2. 力求简明扼要

选择关键、最能吸引注意力和最能说明主题的要点来写，简明扼要地将新闻事件表述清楚。

3. 创新观察视角

注意多运用与众不同的叙事角度和观点分析。

4. 善用数字资料

在新闻中运用数字可突出新闻价值及卖点，但在运用的同时，要写明背景及第三方出处。

小案例 4-7　武汉老字号"和利汽水"重出江湖

武汉人喝汽水有近百年的历史啦！2018年3月12日，"知音号"与汉口二厂联合召开发布会，让100年前武汉人的经典饮品"和利汽水"重出江湖。这款柠檬海盐味汽水，唤醒不少老武汉心中的童年记忆。

百年品牌"和利汽水"曾是时尚代名词

武汉人喝汽水的历史可以追溯到1921年的和利汽水厂，"和利汽水"成为当时街知巷闻的人气饮料和时尚代名词。

长江出版社副总编辑、文史专家肖德才介绍说，随着汉口开埠，武汉往来的外国船只很多。1891年，英国两位轮机工柯山和克鲁奇看到夏天时武汉人喜欢将冬季储存的河冰拿出来售卖，即使冰块售价较高也非常受欢迎。他们从中发现商机，利用从英国带来的设备开办了一家冰厂，名为和利冰厂。冰厂的生意不错，1921年，又创办了和利汽水厂，生产的"和利汽水"很快垄断了武汉三镇市场。

后来克鲁奇病逝，柯山年事已高，汉口商人刘耀堂于1938年以16.7万元买下和利汽水厂。刘氏父子一直妥善经营汽水厂，1945年抗日战争胜利后，"他们还扩大厂房，试制新产品，和利汽水畅销三镇和邻近省市、农村，开创了历史性的新局面。"1952年，和利汽水厂成为国营武汉饮料二厂，和利品牌变身为滨江品牌，由二厂生产的滨江牌汽水，也就是至今仍被众多武汉人津津乐道的"二厂汽水"。

"可以说和利汽水是20后至40后的童年回忆，而二厂汽水则是50后至80后武汉人的夏天味道。"肖德才说。

"知音号"携手汉口二厂 让老品牌重回江城

12日上线的这款"和利汽水"为275毫升一瓶，白色透明的瓶身还有暗花，设计精巧大方，"和利汽水"的字体颇有20世纪80年代汽水标识的感觉，以"知音号"游船为背景的商标怀旧感十足。

80后金亚雯是汉口二厂汽水主理人,也是一个地道的汉口伢。她说,老汉口二厂的汽水是自己童年消暑降温的必备品,清甜冲劲十足。"可惜长大后,这瓶汽水就消失了。我希望能通过复原江城老汽水,让武汉人重拾对武汉老品牌、老字号的记忆。"

金亚雯希望通过"知音号"这样一个怀旧文化载体,将二厂汽水的前身和利汽水、汉口二厂等紧密联系在一起,甚至让90后、00后也了解一瓶饮料背后的故事。"实际上,武汉市民对汽水的热情,也超出了我的预料,2017年8月8日,团队实施的'二厂汽水重生计划',创下了5万瓶汽水3天售罄的纪录。"

一瓶汽水带给年轻市民对"武汉味道"的多重理解

"作为地道的武汉人,我还不知道当年有'和利汽水'这款潮饮,百年前的武汉人消暑也这么时尚啊。"95后大学生陈乐瑶在发布会现场发出感慨。

这瓶小小汽水,带给年轻市民对"武汉味道"的多重理解。武汉青年画家贾恒说,她曾创作汉口老房子画作,至今的岳飞街还有"和利冰厂"旧址,"90后、00后新生代,对很多老品牌感到陌生,通过'知音号'的艺术表现形式和老汽水的味道,新生代们能对老品牌和城市历史文化形成视觉、味觉的多重理解,非常有意义。"

武汉朝宗文化旅游有限公司总经理康海钧表示,"和利汽水"不仅是一瓶怀旧的饮料,而且是一个具有文化IP的城市文化代言者,同时也是一款"互联网汽水"。未来,"知音号"还有意和汉口二厂深入合作,如开设二厂汽水主题博物馆等,"愿更多的城市记忆能让人们了解武汉深厚的城市文化。"

(资料来源:钟磬如,吴秋娜,江朝,《长江日报》,2018年3月13日)

二、筹备记者招待会

记者招待会又称新闻发布会,是一个组织集中发布新闻、扩大社会影响、搞好媒介关系的一种重要方法,也是社会组织为公布重大新闻或解释重要方针政策而邀请新闻记者参加的一种公共关系专题活动。从传播方式的角度看,记者招待会属于一种"两极传播方式"。其直接形式是会议,属于组织传播,但参加会议的记者又都是代表某个新闻机构,他们可以把在记者招待会上获得的信息拿到自己的媒介上去发表,使组织的信息转变成大众传播。

1. 记者招待会的筹备

(1) 确定举行招待会的必要性

根据记者招待会的特点,在招待会举行之前必须对所要发布的消息是否重要、是否具有广泛传播的新闻价值及新闻发布的紧迫性与最佳时机进行分析和研究。只有在确认召开的必要性和可能性后,才可决定召开记者招待会。一般来说,社会组织举行招待会的原因,有以下几方面:出现紧急情况,如爆炸、火灾事件等;对社会产生重大影响的新政策的提出;企业的新技术、新产品的开发和投产;组织对社会做出重大贡献或善事;推出影响社会的新措施;企业的开张、关闭、合并转产;组织的重大庆典等。

（2）确定应邀者的范围

记者招待会邀请记者的范围要根据会议的主题而定，如果事件影响仅限于一个地区，只邀请本地各媒体记者就可以了。如果事件涉及全国范围的广大公众，则必须邀请中央及地方各主要媒体的记者。

（3）统一宣传口径

某一新闻发布到何种程度，在召开记者招待会前，一定要在组织内部统一口径，以免因参加会议的人员说法不统一，造成记者报道失实。

（4）确定主持人和发言人

由于记者的职业要求和习惯，他们常常在会上提出一些尖锐深刻甚至棘手的问题，这就对主持人和发言人提出了很高的要求：思维敏捷、反应机敏、口齿伶俐，有较高的文化修养和专业水平。会议的主持人一般可由具有较高公关专业能力的人来担任。会议的发言人应由组织的高级领导来担任，因为高级领导清楚组织的整体情况，掌握组织的方针、政策和计划，回答问题具有权威性。若高级领导尚不胜任，需要在会前进行必要的训练和准备，以达到在会上应对自如的能力。记者招待会的主要发言人一般应由组织的主要负责人担任，因为他熟悉组织的全面情况，说话具有权威性。

（5）准备资料

公关部门的负责人在会前要熟悉主要发言，并根据主要发言整理出报道提纲。报道提纲应包括主要发言的基本内容，并附有背景材料、有关资料、图表照片等。

记者招待会需用的资料主要有两个方面：一是会上发言人的发言提纲和报道提纲；二是有关的辅助材料。前者应在会前根据会议主题，组织熟悉情况的人员成立专门的小组负责起草。其内容要求全面、准确、简明扼要，主题突出。发言人的发言提纲和报道提纲的内容应在组织内部通报，统一口径，以免引起记者猜疑。辅助材料的准备，应围绕会议主题，尽量做到全面、详细、具体和形象。它可以包括发给与会者的文字资料，布置于会场内外的图片、实物、模型，也包括将在会议进行中播放的音像资料等。

（6）选定会场地点和时间

在地点选择上主要的考虑是要给记者创造各种方便采访的条件，一定要选择外部交通方便、环境干扰少的地点；会场内应温度适宜、座椅舒适、灯光明亮、电源设备充足，便于录音、摄像和安装各种通信设备。

记者招待会的日期，应尽量避开节假日和有重大社会活动的日子，以免记者不能参加会议，影响招待会的效果。

（7）安排好记者活动

为了使新闻发布会收到最大的实效，在本组织财力允许的情况下，可以安排记者参观、访问、摄影、摄像，还可以举行小型宴会或参观等联谊活动。这也是一种相互沟通的机会，可以利用这种场合协调与新闻界的关系，及时收集反馈信息，进一步联络感情。

（8）其他

应根据会议的规模和规格做出费用的预算。费用项目一般有场租、会场布置、印刷品、茶点、礼品、文书用具、音响器材、邮费、电话费、交通费等。在发出邀请信后，开会前应再打电话落实。此外，还应安排接待人员，布置会场，准备音响器材、签到名册等。

2. 记者招待会程序

召开记者招待会,会议程序要安排得详细、紧凑,避免出现冷场和混乱局面。一般来说,记者招待会应包括以下程序:

(1) 签到

在会议接待人员的引导下让与会人员用预先准备好的笔在签到簿上签上自己的姓名、单位、职业、联系电话等。

(2) 发资料

会议接待人员要将会前准备的资料,有礼貌地发给到会的每位与会人员。

(3) 介绍会议内容

会议开始时要由会议主持人说明为什么召开记者招待会,所要公布的信息或发生事件的简单经过。

(4) 发言人讲话

发言人讲话措辞要准确、贴切,要讲清重点,吐字要清晰、自然,切忌过长的讲话和啰唆的发言。

(5) 回答记者提问

发言人要准确、流利地回答记者提出的各种问题,态度诚恳、语言精练,对于保密的内容或不好回答的内容不要回避,而要婉转、幽默地进行回答。如果吞吞吐吐,反而更会使记者穷根究底,造成尴尬局面,甚至记者会因此发表对组织不利的报道。此外,对于记者的提问,不要随便打断,也不要以各种动作、表情和语言对记者表示不满。

(6) 参观和其他安排

提问结束后还应由专人陪同记者参观考察,给记者创造实地采访、摄影、录像等机会,增加记者对会议主题的感性认识。如果有条件,还可举行茶会和酒会,以便个别记者能够单独提问,并能与新闻界建立融洽的关系。

3. 记者招待会的注意事项

1) 会议发言人和主持人应相互配合。新闻发布会在进行过程中,应始终围绕着会议主题进行。这就需要会议的发言人和主持人配合一致,相互呼应。如当记者的提问离主题太远时,主持人应巧妙地将话题引向主题,发言人通过回答问题将话题引到会议的主题上来。

2) 对于不愿发表和透露的内容,应委婉地向记者做出解释。记者一般会尊重东道主的意见,不可以"我不清楚"或"这是保密的问题"来简单处理。

3) 遇到回答不了的问题时,应告诉记者获得圆满答案的途径,不可不计后果随意说"无可奉告"或"没什么好解释的",这会引起记者的不满和反感。

4) 不要随便打断或阻止记者的发言和提问。即使是记者带有很强的偏见或进行挑衅性发言,也不要显出激动和失态,说话应有涵养,切不可拍案而起,针锋相对地进行反驳。

4. 记者招待会后工作

作为一项活动的完整过程,招待会结束之后,要及时检验会议是否达到了预定的效果。会后工作主要有以下内容:

1) 搜集到会记者在报刊、电台上的报道,并进行归类分析,检查是否达到了举办新闻发布会的预定目标，是否由于工作失误造成了消极影响。对检查出的问题，应分析原因，设法弥补损失。

2）对照会议签到簿，看与会记者是否都发了稿件，并对稿件的内容及倾向做出分析，以此作为以后举行新闻发布会时选定与会者的参考依据。

3）收集与会记者及其他代表对会议的反馈，检查招待会在接待、安排、提供方便等方面的工作是否有欠妥之处，以利于改进今后的工作。

4）整理出会议的记录材料，对招待会的组织、布置、主持和回答问题等方面的工作做一总结，从中认真汲取教训，并将总结材料归档备查。

小案例 4-8　××饮料进山西

××饮料是一种功能型饮料，为拓展山西市场，生产厂商在山西某体育场举行了"××饮料进山西"新闻发布会。新闻发布会的组织者精心策划，认真准备，严密组织，主要做了以下工作：

1）选择邀请对象。确定省市主要电台、电视台、报刊社以及国家级新闻机构驻太原办事处或记者站的记者为邀请对象，并提前发出邀请信或请柬。

2）布置会场。在体育场原有风格的基础上，进一步精心设计，突出了自然、轻松、欢快的格调。

3）安排礼仪服务。精心安排迎宾、签名、茶水饮品等，并把新闻发布会的主角"××饮料"作为会议的招待饮品和纪念品，加深记者对饮料的感受。

4）确定主持人和发言人。确定公关部王女士为主持人，生产厂商刘总经理为主要新闻发言人。

5）拟定会议议程。拟定的议程为：①生产厂商刘总经理致辞，并介绍"××饮料"的不同包装、口味及发展趋势。②行业专家做饮料主要成分与生产工艺方面的报告。③播放饮料研制、生产过程和生产厂家情况等内容的录像。④答记者问。

6）准备招待午宴和联谊舞会。一方面加深情感沟通和信息交流，另一方面使来宾能更好地体验饮料。

三、策划媒介事件

策划媒介事件，又称制造新闻，是指社会组织的公关人员运用谋略，设计既有利于组织又有利于社会和公众的行为来吸引新闻媒介的关注，并争取新闻媒介传播，提高组织知名度、扩大组织影响的公关活动。这部分内容，第七章"公共关系实施"中有详述。

本章小结

1）公共关系运作的每一个方面，都离不开传播活动。公共关系人员要善于实施有效传播活动，帮助组织与相关公众沟通信息、协调关系，并在此过程中塑造良好的组织形象。

2）演讲是面对公众就某个问题运用口语、表情、体姿等手段说明事理、发表见解的活动，是具有很强现实性、针对性和艺术性的实践活动。公共关系人员要能利用演讲缩短自己或所代表的组织与公众的距离并赢得公众的好感。

3）运用自控媒介主要包括主办内部刊物、制作视听材料和制作宣传材料等，它是公关人员搞好内部公众关系、提高组织的凝聚力、调动全体员工工作积极性的重要手段，也是扩大组织社会影响、提高知名度和美誉度的重要方法。

4）公关新闻是关于组织且有利于塑造良好组织形象、培育良好公众关系的新近事实的报道。它与公众有直接关系，对公众有显著的影响。撰写新闻稿提供给相关新闻媒介、举办记者招待会发布新闻、策划媒介事件吸引新闻媒介报道，是社会组织开展新闻宣传的常用形式。

案例评析

丰田霸道广告风波

丰田汽车在杂志上刊登出三款新车广告——陆地巡洋舰、霸道、特锐平面广告，意欲在中国传统节日春节期间取得销售佳绩。出乎意料的是，其中两则广告引发了中国公众的极大不满，雄心勃勃的广告推广活动最后演变成了公关危机事件，大多数网友把抨击的矛头指向了丰田公司、广告制作公司和刊登广告的杂志，要求他们赔礼道歉。

惹祸的是"霸道"和"陆地巡洋舰"的两则广告。其一为刊登在《汽车之友》第12期杂志上的"丰田霸道"广告：一辆霸道汽车停在两只石狮子之前，一只石狮子抬起右爪做敬礼状，另一只石狮子向下俯首，背景为高楼大厦，配图广告语为"霸道，你不得不尊敬"；其二为"丰田陆地巡洋舰"广告：该汽车在雪山高原上以钢索拖拉一辆绿色国产大卡车，拍摄地址在可可西里。

这两则广告一出，引起了轩然大波。很多网友认为，石狮子有象征中国的意味，"丰田霸道"广告却让它们向一辆日本品牌的汽车"敬礼""鞠躬"，"考虑到卢沟桥、石狮子、抗日三者之间的关系，更加让人愤恨"。对于拖拽卡车的"丰田陆地巡洋舰"广告，很多人则认为，广告图中的卡车系"国产东风汽车，绿色的东风卡车与我国的军车非常相像"。为此，众多网友在新浪汽车频道等专业网站发表言论，认为丰田公司的两则广告侮辱了中国人的感情，伤害了国人的自尊，这是带有侮辱和侵略性的广告，读者的民族情结高涨，甚至提升到政治的高度。网友开始全面反击，制作丰田负面广告，最有代表性的有两则：两尊威风凛凛的石狮把夹在中间的"霸道"车翻了个面；一辆东风汽车装载着一辆丰田"陆地巡洋舰"，广告语为"东风汽车为丰田陆地巡洋舰指定施救车"。

面对公众的质疑和不满，刊登丰田霸道广告的《汽车之友》杂志迅速向读者致歉，发布在《汽车之友》杂志网站的致歉信原文如下：

《汽车之友》2003年12期杂志上刊登一则合资企业四川丰田的产品霸道越野车广告，由于我们政治水平不高，未能查出广告画面中出现的一些容易使人产生联想的有伤民族情感的图片,广告刊出后,许多读者纷纷来信来电话质询。我们已认识到问题的严重性,在此,我们诚恳地向多年来关心和支持《汽车之友》的广大读者表示歉意。

《汽车之友》是由中国汽车工程学会主办,面向全国发行的专业性汽车刊物,属国有企业。《汽车之友》全体同仁在热爱祖国、振兴中华的大业中不甘人后,对广大读者表现出来的爱国热情非常理解和支持。在我们市场经济发展到今天,发行和广告是媒体赖以生存的先决条件。我们衷心地感谢广大读者多年来对《汽车之友》的厚爱,决不想因一则广告而伤害广大读者的情感。希望大家能够谅解我们,也希望大家能够一如既往地信任和支持我们。《汽车之友》杂志社全体同仁决心以此为鉴,坚决杜绝此类事情的再次发生。我们将会拿出更新更好的杂志来奉献给广大读者,并虚心接受读者的意见和监督。让我们为祖国的汽车事业发展贡献力量。

《汽车之友》杂志社
2003年12月2日

一汽丰田汽车销售有限公司和这两则广告的制作公司——盛世长城国际广告公司也先后公开致歉。在危机解决以后,为了消除"霸道"汽车在中国造成的恶劣影响,丰田公司决定将"霸道"的名字改名为"普拉多"。

丰田霸道广告失败的原因

当年《汽车之友》杂志刊登的丰田汽车在中国推出的三款新车广告,即陆地巡洋舰、霸道、特锐平面广告,本意是希望在中国传统节日——春节期间取得销售佳绩,没想到,雄心勃勃的广告推广活动,最后演变成四处灭火救急的危机公关事件,让《汽车之友》、盛世长城国际广告公司、一汽丰田颜面无存。分析丰田霸道广告失败的原因,主要在于对目标沟通的对象研究不透、对信息符号的编制思考不周、对传播背景的营造考虑不深。

我们再来看看"惹祸"的这两则广告:在"霸道"广告中,一辆霸道汽车从城市中驶过,其右上方设置的两尊石狮,一只呈俯首侧目状,另一只则是夸张地举起右爪向霸道车敬礼,整幅广告的背景采用了没有明显建筑特征的城市建筑,其相应的广告语为"霸道,你不得不尊敬";在"陆地巡洋舰"广告中,一辆丰田"陆地巡洋舰"越野车拉着一辆绿色的大卡车,而广告左侧的图案告诉大家,那是一辆军用卡车,而广告诉求中透露出来的地点是可可西里,根据广告的综合信息分析,那辆军用卡车无疑是国产的"东风"汽车。

汽车品牌的推广包括四个层面的内容:产品品质、产品风格、人文背景,以及独特的精神主张。一汽丰田的广告无疑想从这四方面对产品以及品牌做一个强势推广,广告商盛世长城国际广告公司简单地采用了"直译"的办法,以强映强,找最有说服力的东西去表达一汽丰田的产品风格,石狮、东风汽车则成为他们所选取的参照物。广告制作者认为,石狮在中国象征着权力、地位和财富,也是极具民族特征的产物,石狮的屈服正体现了"霸道"的风格;东风汽车笨重,小个头"陆地巡洋舰"在斜坡上拉大块头的东风汽车是最好的强悍佐证。同时,石狮、东风汽车在消费者中认可度较高,当它们作为广告元素出现时,一方面很"中国",一方面则能形成较为强烈的视觉冲击力。

然而，广告商与广告主忽略了汽车品牌构成中的重要组成部分：人文背景。中日交往有着复杂而深刻的历史渊源。丰田作为日本的品牌与中国市场的关系应该是融入而不是征服。正如众多网友评论："霸道"广告中的石狮，让我想起卢沟桥的枪声。日本的汽车业要想在中国发展，还得认真研究中国的人文背景。一汽丰田在广告产品风格诉求以及人文背景的表达上无疑是犯了一个最大的错误。因此，当年这两则广告一出，随即引发了众多网友的全面反击，就不难理解了。

技能训练

不该发生的流血冲突

陕西省某县电石厂坐落在距县城5千米处的蒋刘村附近，在正常生产条件下，年上缴利税2 000多万元，是该县的重点企业。

某年秋冬之际，气候出现了异常的变化，该地区的树木及家畜死亡率增高，特别是公路两边的白杨树枯死状况尤为严重。当地村民议论纷纷，认为往年都没有这种情况，电石厂一上马就出现树死畜亡现象，肯定是电石厂排放废气所致。村民纷纷登门抗议并制造事端。

面对村民的所作所为，电石厂领导束手无策，只好求助于县政府出面解决。但由于政府工作繁忙，耽误了时机，村民一气之下，断了通往工厂的唯一一条大路，致使工厂原料及产品无法出入，电石厂只好关门停产。

县政府见状，立即要求公安局出面解决。在执行公务的过程中，几名干警与村民发生了摩擦，使事态愈发严重。第二天，公安局又抽调了40多名身强力壮的干警抵达现场。公安干警面对400多名手持铁锹镢头的村民，经多方劝说仍无效果，终于发生了冲突。最后，公安干警虽然带走了2名带头者，但也有10多名干警受了不同程度的伤，问题却没有解决。

思考题：

1．断路之后，电石厂要协调哪些公众关系？首要公众是谁？

1）电石厂要协调的公众关系有（　　　　）。（多项选择）

　　A．员工关系

　　B．社区（蒋刘村村民）关系

　　C．顾客（经销商、供应商、消费者）关系

　　D．政府（县政府、公安局、农业局、环保局、气象局）关系

　　E．新闻媒介（相关广播电台、电视台、报社、网络媒体等）关系

2）电石厂要协调的首要公众是（　　　　）。（单项选择）

　　A．员工关系

　　B．社区（蒋刘村村民）关系

　　C．顾客（经销商、供应商、消费者）关系

　　D．政府（县政府、公安局、农业局、环保局、气象局）关系

　　E．新闻媒介（相关广播电台、电视台、报社、网络媒体等）关系

2. 如果你负责处理"断路"问题，如何协调好社区公众（蒋刘村村民）关系，以确保道路畅通、生产恢复？（自拟题目，撰写一篇400字以上的案例分析文章发布在课程论坛里交流。）

3. 完成下列3项任务之一，发布在课程论坛里交流。

1）在"向村民赔礼致歉"现场会上发表公关演讲。撰写一篇演讲时长为15分钟的公关演讲稿。

2）制作一期以加强社区关系建设为主题、宣传企业解决"断路"问题的决策和措施的墙报。

3）在新春佳节之前召开记者招待会，发布"村企联合庆新春，村企共建一家亲"活动的新闻。制订筹备召开记者招待会的活动方案。

第五章　公共关系调查

☞ 学习目标

1. 在希望确定公共关系存在的问题和机遇或公关活动效果时，能根据工作要求明确调查目的，设计调查方案。
2. 开展公共关系调查时，能够选择适当的调查方法，运用调查技巧获得所需资料。
3. 能够对所取得的调查资料进行去粗取精、去伪存真、综合分析并合乎理性地推理，客观地揭示事物的内在联系，得出正确的调查结果，并撰写简要的调查报告。

引导案例

万达集团西班牙走麦城

2014年，财大气粗的万达集团差不多一口吞下了西班牙大厦，这称得上是划时代的中国并购。西班牙大厦于1953年建成，是首都马德里的地标建筑，被誉为20世纪的建筑经典。大厦前为皇宫，侧为马德里政府，区域内人文内涵博大，是马德里文化生态的重要载体，环境诱因丰富，完全称得上是铂金口岸。这也正是万达集团总裁王健林所看重的，他认为拿下西班牙大厦，就好比资本的"诺曼底登陆"，强大的万达集团，从今往后就可以此为跳板，长驱直入欧洲市场，实现"国际万达，百年企业"的神话。王健林像得胜的将军，站在马德里广场，望着这幢即将拆除的大楼，励志将以不负众望之心，在这里写出最新最美的汉字，绘出最新最美的图画，并以巨资打造西班牙新的地标王。

但马德里很快就民意潮涌，令王健林猝不及防。最先起来抵制万达的是西班牙大厦周边的市民，他们朝夕相处、形同邻里的西班牙大厦将被拆除，这对他们来讲，是万不可以的，虽然将有一幢更大更美的建筑会呈现给他们，但那种雄伟的陌生与他们的生活有何关系呢？他们要的是一直陪伴自己生命成长的这位"好邻居"。马德里的好事者很快建起一个保卫西班牙大厦的网站，一呼百应，先后有七万多马德里人签名支持他们。万达赓即组织国内外专家对大厦进行科学勘验，认定由于长期空置，部分楼体钢筋已经锈蚀，大楼的承重能力大大减弱，拆除重建是最佳的选择。马德里市民反击的道理也很简单，以现有的技术手段，完全可以对楼体进行承重加固和修复，为什么非要抹去他们心中最为尊贵并引以为傲的记忆呢？况且，这幢大厦是他们与历史对话的渠道。谈判的艰辛回到一砖一瓦的争夺上，西班牙政府虽然妥协同意拆除大厦，但要求万达按照大厦原有设计风格，小到一砖一瓦，都必须原貌原样在原址复原老式西班牙大厦的样式，不可有一丝走样。

2017年6月2日，由马德里市民发起的"保卫西班牙大厦"运动终见分晓，万达集团发布公告称，公司以2.72亿欧元出售西班牙大厦全部股权——虽然这与当初购置大厦的价格大致相当，但由于外汇汇率差价，此番交易，万达集团实际亏损2亿元人民币。

任何组织要想使自己这台"机器"正常运转，就要经常做调查，看自己的行为或产品是否适应社会，以便随时做出调整。由上面的案例我们可看出进行公关调查的重要性。在高速运转、纷繁复杂的庞大社会体系中，进行调查研究应当是人们进行一切社会实践活动的前提条件，只有经过周密细致的调查研究，组织才能及时清楚地认识自身形象和社会行为，从而正确评价自己，使组织能够尽快适应社会，不断壮大。

本章讲解的是如何设计、制订公共关系调查方案，怎样选择适当的调查方法获取有效的调查资料，以及如何通过整理调查资料撰写一篇成功的公关调查报告。

公共关系调查是指公共关系人员根据所服务的具体组织的公共关系管理需要，收集信息、处理信息、研究信息、发现问题，为确立公共关系目标提供依据的一个完整的工作过程。公共关系调查是公共关系业务的一项专门技术，它不仅是信息管理的基本手段，也是开展其他公共关系工作的必要前提，无论是组织的形象管理，还是公众关系协调、危机处理或具体公共关系活动的策划与实施，都离不开事先的公共关系调查。公共关系调查是公共关系工作的基础，是公共关系策划、公共关系实施、公共关系评估等一系列公共关系工作的前提。公共关系调查的具体作用表现为：①使组织能及时了解公众舆论，从而对自身形象做出准确定位。②为组织架起一座与公众沟通的桥梁，组织在了解公众的同时，也是公众了解组织的过程，更利于组织扩大自己的知名度和美誉度。③为组织的公共关系策划提供科学依据，大量的调查数据和事实会让组织在进行公关策划和具体实施中有的放矢。

第一节　设计公共关系调查方案

设计一个完整详细的公关调查方案是顺利地进行公关调查的前提条件，也是圆满完成公关调查工作的有力保障。

一、明确调查目的

组织在设计调查方案之前，先要明确调查目的，弄清目前对谁调查，经过调查后要实现什么。通常来说，公关调查大致可分两种情况，即一般性调查和特殊性调查。

一般性调查是指一个组织在经常开展的公关调查中，要保证组织与公众正常的信息沟通和交流，使组织能在稳步发展的基础上可以随时抓住机遇。这种一般性调查好像是例行体检，起着监控身体的各项常规指标是否有所变化，以便及时采取措施的作用。

小案例 5-1　长城饭店的日常调查

长城饭店的大量公关工作，尤其是围绕为客人服务的日常公关工作，源于它周密、系统的调查研究。长城饭店的日常调查研究通常由以下三个方面组成。

1．日调查

1）问卷调查。每天将调查表放在客房内，表中的项目包括客人对饭店的总体评价，对十几个类别的服务质量评价，对服务员服务态度的评价，以及是否加入喜来登俱乐部和客人的游历情况等。

2）接待投诉。几位客服经理 24 小时轮班在大厅内接待客人反映情况，随时随地帮助客人处理困难、受理投诉、解答各种问题。

2．月调查

1）顾客态度调查。每天向客人发送喜来登集团在全球统一使用的调查问卷，每日收回，月底集中寄到喜来登集团总部，进行全球性综合分析，并在全球范围内进行季度评比。根据量化分析，对全球最好的喜来登饭店和进步最快的饭店给予奖励。

2）市场调查。前台经理与在京各大饭店的前台经理每月交流一次游客情况，互通情报，共同分析本地区的形势。

3. 半年调查

喜来登总部每半年召开一次世界范围内的全球旅游情况会，其所属的各饭店的销售经理从世界各地带来大量的信息，相互交流、研究，使每个饭店都能了解世界旅游形势，站在全球的角度商议经营方针。这种系统的全方位调研制度，宏观上可以使饭店决策者高瞻远瞩地了解全世界旅游业的形势，进而可以了解本地区的行情；微观上可以了解本店每个岗位、每项服务及每位员工的工作情况，从而使他们的决策有的放矢。

特殊性调查是指具有一定的指向，当组织正面临某种特殊情况或问题时所进行的有针对性的调查。如企业在新产品的开发和推广过程中，公众会产生各种各样的反应，组织就要针对具体问题开展公关调查。

小案例 5-2 消费者不接受速溶咖啡的奥秘

20 世纪 40 年代初，速溶咖啡问世。它方便、省时，不会发生配料错误，而且价格低于新鲜咖啡，厂商把消费者的需求定位在价廉与方便上。然而实际结果却出乎厂商与广告商的意料，速溶咖啡并不受消费者的欢迎。为此，厂商聘请专家探究其奥秘，初步调查结果表明，消费者觉得速溶咖啡的味道不如新鲜咖啡好，但又说不出二者究竟有何差别。进一步调查则揭示了速溶咖啡不受消费者欢迎的深层次原因是：当时美国社会认为购买速溶咖啡者是懒汉，而享受新鲜咖啡的是有身份、有地位的"绅士"。找出症结所在后，厂商和广告商在专家的建议和指导下改变策略，着力宣传速溶咖啡是"100%的真正咖啡"，气味与口感均可与新鲜咖啡相媲美，并大力强调速溶咖啡代表着新潮流、新时代。改变策略后的宣传终于打动了消费者，速溶咖啡逐渐成为受市场欢迎的饮料制品。

不同的调查目的确定的调查范围和内容也会不同，调查目的应该根据组织自身的基本状况并结合外部环境而加以明确。在明确调查目的时，应注意即使是一般性的常规调查也要使之明确清晰。

二、确定调查课题

在明确了调查目的后，就应该着手确定调查课题，即确定调查什么。调查课题是在调查目的明确的基础上产生的、较为具体可行的行为目标，它是公关调查研究的具体指向。

确立调查课题可以从多个方面入手，通常来说，可分为组织自身状况调查、公众舆论调查和社会环境调查。

1. 组织自身状况调查

要想调查了解别人对自己的印象和看法，先要了解自己，做到先"知己"。组织自身状况调查指对组织内部的各种因素的分析，主要是分析组织的政策、活动程序及行为是怎样促成问题的产生和环境的变化的，还包括对组织关键人物的观点和行为的分析，对与问题相关的组织内各部门和单位的活动过程的分析及组织历史等问题的分析。对组织自身的调查可分为以下几种：

1）对组织内部各项常规指标的掌控。如调查一个企业的产品产销量、生产成本、销售额、流动资金、生产能力、产品质量以及员工数量和业务水平等，从而掌控组织各项常规指标的历史情况。

2）对组织内部形象的把握。这一方面的调查旨在了解组织内部的和谐度和稳定度，通过这一调查，可以使组织在好的状态下更加增强自信心，在相对不理想的状态下重新调整自己、充实内部、武装力量，为在公众中树立良好的形象打下基础。

3）对组织成员力量的了解。一个组织的发展壮大与其内部的每位成员的作用分不开，充分了解组织成员的工作态度、工作能力、思想意识、人格品质等个人因素，可以使组织正确把握自身的发展潜能，正如了解一台机器的各个零部件的状态，可以把握整台机器的运转情况一样。

小案例 5-3　公关部长的困惑

有一家宾馆新设了公共关系部。开办伊始，该部就配备了豪华的办公室、精干的公关人员、现代化的通信设备等。该部部长也踌躇满志，决心要在公关方面做出好成绩来。但忙忙碌碌一年下来，却报不出一张可观的成绩单。公关部长产生了困惑，公共关系究竟应该怎么做？后来，该部长向公共关系顾问请教，这位顾问一连问了几个问题："该地共有多少宾馆？总铺位有多少？""旅游旺季时，来本地的外国游客每月有多少？国内的外地游客有多少？""贵宾馆的'知名度'如何？在过去3年中花在宣传上的经费共多少？""贵宾馆最大的竞争对手是谁？贵宾馆潜在的竞争对手是谁？""过去一年中因服务不周引起房客不满的事件有多少起？服务不周的症结何在？"在公共关系顾问的指点下，公关部长茅塞顿开。他立即着手准备，确立了多个公关调查课题，围绕这些课题认真开展了各项调查工作，使公关部办得红红火火，也使该宾馆的发展上了一个新台阶。

2. 公众舆论调查

每个组织都必须了解自己在公众心目中的地位和形象，做到"知彼"，所谓"不患人之不己知，患不知人也"（《论语·学而》）。对公众舆论的调查可从如下三方面入手：

1）调查公众需求。注意了解公众需求有助于组织抓住机遇，为组织走得更高、更强输入源源不断的养料。

小案例 5-4　海尔"双温"展示柜的诞生

某家超市门前，放着一台海尔展示柜和一台微波炉。超市营业员从展示柜中取出冷藏的肉串，放在微波炉里烤熟，然后放在外面出售。不过有的时候烤得多了点，或者顾客买得少了点，熟肉串放在外面的时间一长就凉了。营业员就想，要是冷藏用的展示柜也能够保温就好了。在海尔集团工作人员回访时，营业员把这个想法说了出来，立即引起了回访人员的注意。另外，一位住宾馆的客人说过这样一句话："展示柜能够保鲜，但是我把一杯热腾腾的咖啡放进去，怎么保鲜呢？"这句话再次启发了海尔人。海尔集团的研发部门抓紧研制，仅仅用一个月的时间，一种新产品——"双温"展示柜诞生了。新展示柜上面可以加热，下面可以冷藏。

2）调查组织的知名度和美誉度。知名度和美誉度是组织形象的具体指标，反映社会公众对组织的总体态度和评价。知名度是公众对组织知道和了解的程度，美誉度是公众对组织的赞誉程度。

3）调查公众评价。组织只有准确把握公众的评价，才能正确认识自己的形象。影响组织形象的因素有很多，如产品质量、服务水平等，这就需要通过调查找出症结所在，然后针对问题及时做出调整。即使面对好的形势也要通过分析调查结果，制订更高的形象目标。

> **小案例 5-5　海尔的顾客意见表**
>
> 在海尔集团的客户服务项目中有这样一条规定，维修人员进入顾客家中维修，必须随时携带塑料鞋套和抹布两样东西，一进房间马上穿上鞋套，防止脚臭异味和踩脏地板。维修完成后，用抹布将脏处擦干净，再退出房间，离开前请顾客填写一张意见表。

3．社会环境调查

社会环境调查包括对国家或地方性政策法规的掌握、对经济发展情况的熟悉、对居民消费水平的把握，还可能涉及对人们的生活习惯以及民风民俗等诸多内容的了解，这些因素都会影响到一个组织的发展，只有对这些内容有了较深刻的掌握，才能使组织适应社会的大环境，游刃有余地发展自己的事业。

> **小案例 5-6　海尔研制适应农户的新产品**
>
> 海尔集团生产的洗衣机一直受到广大用户的青睐，但在某农村地区却出现了洗衣机排水管时常堵塞的问题，虽然厂家的售后服务人员总是能随叫随到，"手到病除"，但找出"病根"却是首先要解决的。经过调查得知，原来该地区盛产土豆，农民常用洗衣机来清洗土豆，是土豆上的泥沙使洗衣机排水管堵塞。找到原因后，海尔集团研发部门决定结合当地的现实情况，研制能够清洗土豆的新产品适应市场需求。经过科研攻关，海尔集团很快研制出了适合清洗土豆的新产品，受到了广大农户的欢迎。

无论是哪一类型的调查课题，都关系着组织的生存和发展，组织决策者和调查者要全方位考虑，抓住每个值得调查的课题开展公共关系调查研究。在开展公共关系专题活动前，往往必须对组织自身状况、公众舆论和社会环境三个方面的内容都要进行调查研究，只有这样，才能寻找到确定公共关系目标的依据，并知晓开展公共关系活动的条件。

三、制订调查计划

制订调查计划是指对整个调查工作进行统筹规划，按照预定目标，制订出详细的调查步骤和措施，安排调查的具体工作。我们可以按照下面的程序来进行：

1．确定调查的目的和内容

这一步是要明确目前最需要获取的信息和最需要解决的问题，从而确定调查的具体内容，如进行产品质量调查、组织形象调查、某行业发展状况调查等，这一点在上文已说明，在此不再赘述。

2. 确定调查的对象和范围

调查对象是指向谁调查，它是调查研究对象的总体，但这一对象的范围要由调查组织者根据实际情况科学客观地进行确定。如调查某市书店的图书销量情况，调查者可以锁定该市所有书店进行调查，也可以选取几家大型书店进行调查，这要根据开展调查的组织的实力和条件来进行，例如，涉及人员多少及经费和时间问题。另外，范围的确定也得根据客观实际，范围太大，即使组织有很好的调查条件也难以进行有效的调查。如调查某市人群消费情况，由于涉及人口多、类型多，所以只能划定范围进行调查。

3. 选择调查方式方法

开展公共关系调查的方式方法很多，但调查者必须根据公共关系调查的目的、内容、范围以及组织的条件，选择适宜的调查方式和调查方法。这一点在本章第二节有详述。

4. 挑选和训练调查人员

调查人员的素质直接影响整个调查过程乃至结果，素质较高的调查人员可以保障调查工作的顺利进行，所以，在进行调查活动前，要先对调查人员进行挑选和训练。

（1）调查人员的挑选

调查人员素质不同，他们的思想意识、文化程度、性格特征等因素都会作用于调查活动，虽然调查内容和对象各有不同，但都需要素质和能力比较全面的调查人员。调查人员应具备以下条件：

1）有高度的责任心和敬业精神，自觉践行社会主义核心价值观；
2）对调查工作有兴趣和热心、耐心；
3）诚实勤勉，能吃苦；
4）有较高的文化素质和基本的调查知识；
5）仪表端庄，有亲和力；
6）客观公正，看问题不偏执。

以上条件都具备似乎并不容易，但我们要按照这个标准来努力。在公关事业发达的地区或组织里，高素质的调查人员是很普遍的。

（2）调查人员的训练

调查人员在进行调查前有必要接受训练，这样可以保证调查工作的有效进行。训练可从以下四个方面入手：

1）态度训练。态度训练的目的在于通过训练，让调查人员明确和进一步端正调查态度，认识调查的重要性；尤其是在较重要的关系组织发展大局的调查活动中，更要使调查人员端正态度。

2）技能训练。技能训练包括与人沟通的能力，控制调查过程的能力，对问卷和资料的处理、分析能力等。有经验的调查者也要接受有针对性的专题训练。

3）处理常见问题和突发性事件的训练。调查人员在调查过程中，往往会遇到各种问题，如对方不配合、调查地点临时改变、调查工具故障等，调查人员应学会对问题的处理方法，保证调查顺利进行。

4）具体的项目操作训练。针对具体项目调查，使调查人员熟悉提问的问题、记录的方法和辅助工具，如影像设备等的使用。

5. 预算调查经费

调查经费是调查活动进行的后勤保障，是经济基础，调查活动自始至终都要有经费的支出，所以，在实施调查活动前，必须进行经费预算。经费预算包括的项目很多，主要有调研方案设计费、问卷设计费、印刷和装订费，实施过程中的调查员劳务费，赠送被访者的礼品费，调查工具的使用费，异地调查还有差旅费、误餐费，调查后的资料统计费等费用，这些费用如果不考虑周全，提前做好预算，很可能出现超支或浪费。

6. 安排调查日程

调查日程的安排要根据调查对象和调查者实际情况来酌定，在整体上要对调查期限做出规定。做好日程安排可以使调查按照既定时间进行，不至于为赶时间而草草完成或延误日期。

调查计划的制订是一项较烦琐的工作，它需要制订者具有较高的统筹能力和着眼大局的意识。制订出周密的调查计划后，就可以拟订调查方案了。

四、拟订调查方案

拟订调查方案是将公关调查活动以书面的形式表现出来，是公关调查计划的具体化材料。通常来说，调查方案包括以下八项内容：

1）方案标题。方案标题一般由组织名称、调查内容和方案组成，如"××公司美誉度调查方案"。
2）调查背景。调查背景是介绍此次调查活动是在什么情况下进行的，包括组织的历史背景、发展过程、现状及面对的问题或任务、发展方向等。
3）调查目的。调查目的是要说明为什么进行调查，通过调查要解决什么问题，实现什么指标。
4）调查内容和对象。调查内容是指明确调查的具体指向，即调查什么；对象是指调查谁，还有调查范围。
5）拟采用的调查方式和方法说明。
6）调查日程安排。调查日程安排是指实施调查的进度安排等。
7）经费预算。
8）调查实施的必要提示。

小案例 5-7 *西安杨森采乐市场调研方案*

一、调研背景

西安杨森于 2002 年推出采乐，在药品和洗发水两个行业找到了一个交叉点。为了提高其在全国重点城市中的占有率，并为其今后的营销发展计划提供科学的依据，我公司拟在全国范围的重点城市进行一次专项市场营销调查。

二、调研目的

本次市场调查研究工作的主要目标是：

1. 分析采乐洗发水的优势和弱势，以及面临的机会和威胁。
2. 了解消费者对于去屑洗发水的认知，探察对于去屑洗发水的接受程度。
3. 了解产品的知名度与美誉度，确定今后营销计划的重点。

三、调研内容

根据上述研究目的，确定本次调研的内容主要包括：

1. 分析采乐洗发水的前期营销计划（包括其销售渠道、媒体投放、产品终端、产品情况）以及消费者的产品期望，明晰其自身的优势和弱势，以及面临的机会和威胁。本部分主要是针对前期营销计划进行全面的分析，从而为今后的营销计划提供科学的依据。本部分所需的主要信息点是：

   1) 消费者对于采乐洗发水的使用情况——是否用过、满意度如何，以及产品的哪方面更加吸引消费者。

   2) 消费者对采乐前期营销计划情况的了解——怎样知道采乐的，通过什么渠道购买到采乐的，是否使用过采乐，对于采乐使用过后的感觉如何，以及有哪些可以在产品上改进的地方。

   3) 消费者对于去头屑方面的认知。

2. 了解消费者对于去屑洗发水的认知，探察对于去屑洗发水的接受程度。本部分旨在了解消费者的观念，以及对采乐前期推广的深入程度做一个调查。

3. 了解产品的知名度和美誉度，确定今后营销计划的重点。主要信息点有：

   1) 对于采乐的了解程度——是否知道，以及是否使用过。

   2) 对于采乐的印象和评价（五分法）。

4. 收集包括消费者的年龄、性别、收入、职业，以及发质在内的背景资料以备统计分析之用。

四、目标被访者定义

因本次调查是针对前期营销计划实施情况的效果反馈，在样本定义时应遵循以下原则：一是样本要有广泛的代表性，以期能够基本反映消费者对于采乐洗发水看法，以及能反映采乐前期营销计划的实施情况。二是样本要有针对性。由于采乐属于日用品，而且它主要是针对有头屑的人，还有它的价格也较高，所以就需要有一定的购买和支付能力。因此，此次调查主要是针对有使用经验的人，主要在全国的重点城市做调查。基于以上原则，建议采用如下标准甄选目标被访者：

1) 20~45 周岁的城市居民。

2) 本人及亲属不在相应的单位工作（如市场调查公司、广告公司以及洗发水行业等）。

3) 在过去的 6 个月内未接受或参加过任何形式的相关市场营销调研。

五、数据收集与处理

（一）数据收集方法

本项目的数据收集方法如下：

1. 本公司将根据与西安杨森公司探讨所达成的共识设计问卷，问卷长度控制在半个小时左右，问卷经双方商讨确定之后正式启用。

2. 问卷抽样方法：在北京、哈尔滨、上海、广州、长沙、成都、西安 7 个城市中各选择 400 人作为调查对象，在每个城市的电话簿中随机选择 400 个号码，打电话核实受访者。在不断淘汰受访者的情况下，多次随机选择，直到选够 400 人为止。

3. 采用结构性问卷进行入户调查。

（二）样本量

根据以往经验，以及最大允许误差±2%，考虑到统计分析对样本量的要求和成本方面的经济性，建议本次研究所需要的样本量为每个城市 400 个。

（三）质量控制与复核

1）本次访问复核率为 30%，其中 15% 电话复核，15% 实地复核。

2）实行一票否决制，即发现访问员一份问卷作弊，该访问员的所有问卷作废。

3）为确保科学高效地完成调研工作，成立专门的项目小组为客户服务。

（四）数据录入与处理

参与此项目的所有数据录入及编码人员将参与问卷的制作与调查培训；在录入过程中需抽取 10% 的样本进行录入复核，以保证录入质量；数据处理采用 SPSS 软件进行。

六、调研时间安排（自项目确定之日起）

第一周　方案与问卷设计

第二周　问卷试访

第三周　调查实施

第四周　调查实施

第五周　调查实施

第六周　数据处理

第七周　撰写报告

第八周　报告提交

由我公司向西安杨森公司提交一份调研报告及所有的原始问卷，并提供市场调研报告，数据分析。如有需要，我们将向西安杨森公司做口头汇报。

七、费用预算

1）问卷设计，问卷印刷费用：2 万元。

2）调查与复核费用：1 万元。

3）数据处理（编码、录入、处理、分析）费用：1.5 万元。

4）地区市场调查公司代理费用：1.4 万元。

5）差旅及其他杂费：0.8 万元。

合计（人民币）：6.7 万元。

×××市场调查公司

2006 年 12 月 17 日

第二节 实施公共关系调查活动

在设计好调查方案后,我们就要针对具体方案展开公共关系调查活动了。在进行调查时,首先要根据公关目标确定被调查公众范围、对象,选择恰当合适的调查方式;其次是针对被选定的公众对象,选择恰当合适的调查方法获取组织需要的信息;实施公共关系调查活动,除了要针对调查的具体对象和客观环境来正确选择调查方式和确定调查方法外,还要注意运用各种调查技巧,以确保调查活动的顺利完成。

一、选择调查方式

调查方式分为多种,包括普查、重点调查、典型调查、抽样调查和个案调查等。选择调查方式要根据调查对象的特点而定,每一种方式又各有其自身的优势和不足,需要调查者认真权衡。

1. 普查

普查是按照事先拟定好的调查内容针对调查对象进行的全面性调查。因其覆盖面广,没有对调查对象限制指定区域和数量,所以,运用这种调查方式可以比较全面地掌握调查对象的情况。但因为调查量大,普查工作就会出现许多困难,此时,组织在派出自己的访员进行调查的同时,还应力争取得相关组织或部门的支持和帮助。

> **小案例 5-8　某市妇女健康状况调查**
>
> 某市女子医院受市妇联委托开展全市妇女健康状况调查(包括身体和心理两方面),受调查的人数将达到 20 万人。为了圆满完成此次调查任务,该医院除了开展免费检查和咨询等大型公益活动外,还请出该市卫生和计划生育委员会、市妇联两家单位帮助宣传和组织本次调查活动。市卫生和计划生育委员会、市妇联具有较大的权威性和可信度,因此,这两家单位的参与和支持,消除了受调查者对女子医院公益活动背后是利益驱使的顾虑,从而乐意接受调查,并能积极配合,使这次普查得以顺利完成。

2. 重点调查

重点调查是指调查者在充分了解调查对象的前提下,依据调查内容选取其中所占份额较大、覆盖面较广的对象进行调查。重点调查是通过对重点样本的调查来大致地掌握总体的基本数量情况的调查方式。

重点调查的调查对象数量较少,因此比较省时、省力、方便易行。但选择重点样本易受主观因素的影响,调查者务必要选择在总体中具有重要地位或在总体的数量总值中占有较大比重的样本作为重点样本。

> **小案例 5-9　全国汽车销售情况调查**
>
> 2008年年初，汽车行业协会准备调查2007年度全国汽车的销售情况。有关统计数据显示，上海通用、一汽大众、上海大众三家大型汽车企业在2007年度全国汽车销量中排在前三位。上海通用总销量突破50万辆，一汽大众总销量超过44万辆，上海大众总销量超过43万辆。于是，该协会将上海通用、一汽大众、上海大众三家企业作为重点调查对象。

3. 典型调查

典型调查是指从调查对象的总体中选取一个或几个具有代表性的对象进行全面、深入的调查。被选取的对象不一定要在数量上占有全体的大部分，但却是最符合调查课题内容的、最具典型意义的。其目的是通过直接地、深入地调查研究个别典型，来认识同类事物的一般属性和规律。典型调查的目的不在于认识少数的几个典型，而是要借助于典型认识它所代表的同类事物的共性，这就要求对典型进行深入的、全面的直接调查。

正确选择典型是进行典型调查的关键。典型是客观存在着的，不是调查者主观选就的，调查者选择典型的过程，是根据调查目的，在调查对象中发现和确定典型的过程。典型选择适当，调查的结果可以真实地反映同类事物的一般属性；典型选择错误，调查的结果就不可能真实地反映同类事物的共性，只会得出错误的结论。

> **小案例 5-10　某省环保部门对城区环境绿化的调查**
>
> 某省环保部门对全省各市县城区环境绿化情况进行调查，并要通过对典型城区的专门调查来向其他地区推广绿化经验。一个市区和一个县城成为调查者关注的焦点。市区绿化面积要远大于县城，但调查者最终选取了县城作为典型调查的对象。原因是县城绿化面积虽没有市区大，但从整体上看，该县的绿化设计规划、实施过程中的节约资源、绿化后的保持维护以及全民绿化意识等方面都要优于某市。

4. 抽样调查

抽样调查是指从调查对象的总体中按照一定方式抽取一定数量的样本作为调查对象，通过对样本的调查研究来推论总体情况的一种调查方式。抽样调查的信度和效度依赖于科学的抽样方法，抽样调查的调查对象一般要求采取随机抽样的方法确定，随机样本的代表性较少受到抽样者主观因素的影响，其代表性是由随机抽样方法来保证的。

在抽取调查样本时，要根据调查任务的具体要求，确定总体的范围，这个范围就是抽样的范围。如果不能明确抽样的具体范围，就不能采取随机抽样的方法进行抽样。随机抽样又分为简单随机抽样、等距随机抽样、分类随机抽样、整群随机抽样、多段随机抽样等具体抽样方法。

小案例 5-11　随机抽样的抽样方法

在调查一家 3 000 人的工厂时需抽取 150 人的样本作为调查对象。三名调查员根据其调查任务，选择了不同的抽样方法。调查员小张选择简单随机抽样方法，通过电脑摇号抽出了 150 人。调查员小李运用等距随机抽样方法，选择该厂员工工作证上的号码以 20 为间隔来抽取一个样本，抽出了 150 人。调查员小王采取了分类随机抽样方法：按职业抽样，工人 100 人、管理人员 20 人、技术员 30 人；按收入抽样，高收入者 30 人、中等收入者 70 人、低收入者 50 人；按性别抽样，男 80 人、女 70 人。

5. 个案调查

个案调查有两种情形，一是专项调查，即调查的对象只有一个个体，调查的目的只是为了解这一个体的状况。二是从某一社会领域中选择一两个调查对象进行深入细致的研究，这种调查的主要目的是认识所选调查对象的现状和历史，而不要求借此推论同类事物的有关属性。因此，个案调查如需选择具体的调查对象，则并不要求其代表性或典型性，但要求个案本身具有独特性。

小案例 5-12　东方明珠美食娱乐城的公关资源

东方明珠美食娱乐城 1993 年刚开业时，知名度低，生意惨淡，门可罗雀。管理者想要提高知名度以吸引客源，但绞尽脑汁却想不出有什么具有特色的传播资源。公关顾问经过调查研究，发现了"东方明珠"可资发掘的资源和可供发挥的特长。虽然"东方明珠"地理位置偏僻，但以其为圆心，在半公里的扇形社区内，聚集了青岛市的各类新闻机构，以及山东省和国家级新闻机构驻青岛的办事处或记者站；虽然"东方明珠"的总经理在新闻界没有什么影响，但其个人形象和素质很适合打造成当下新闻媒介感兴趣的儒商形象。于是，公关顾问提出了"东方明珠"公关营销活动的策略——以"助推岛城新闻业"为宗旨，将"东方明珠"塑造成青岛新闻界的园地。

二、选择调查方法

调查方法通常可分为实地观察法、访谈调查法、问卷调查法、文献调查法、实验调查法等几种。每种调查方法都有其特点和作用，在实施公共关系调查时，要根据实际情况需要，选择适当的方法，有时可多种方法结合使用。

（一）实地观察法

1. 实地观察法的含义

实地观察法是指调查者亲自深入实地，体验调查现场的状况，通过各种感官进行调查，从而使调查者获得切身感受的一种调查方法。这种调查方法最为直接和生动，被广泛采用。

实地观察是本着一定的调查目的，有计划、有意识地进行的调查活动。它要求调查者必须事先做好充分的准备，观察时除了运用观察者自身感官系统获取外界信息，如视、听、嗅、触等感觉，必要时，还将利用一些工具，如照相机、摄像机、录音笔或其他检测仪器，因为这些工具的运用可以更准确快捷地帮助我们记录调查对象。

2．实地观察法的分类

实地观察法又可以分为参与观察和非参与观察两种形式。

参与观察是指调查者亲身参与到调查对象的活动中，作为活动的一分子来采集资料。如调查某饭店的服务和经营状况，调查者可作为消费者进入饭店，观察客流量，感受服务质量，品尝菜肴等，还可以设计一些小难题来考察管理人员处理问题的能力。

非参与观察是指调查者以旁观者角色对调查对象进行侧面的观察和了解。所谓旁观者清，人们的意见和看法往往会在不受约束、毫无顾虑的情况下真实地表露出来，而调查者就要注意捕捉这些珍贵的资料，从中获得有益的启示。

3．实地观察法的优势和不足

实地观察法可以做到比较细致深入地了解对象，但这种方式也容易使观察者产生主观臆断，因为眼见也未必是实，偶然会被当成必然。例如，调查者在饭店里遇到服务态度不佳的问题可能存在着其他原因，不代表饭店整体的服务质量就不好。所以，调查者要想做到比较准确地了解掌握调查对象，必须经常参与观察，这样得到的资料才具有说服力。

> **小案例 5-13　奇怪的客人**
>
> 一次，一个美国家庭住进了一位日本客人。奇怪的是，这位日本人每天都在做笔记，记录美国人居家生活的各种细节，包括吃什么食物，看什么电视节目等。一个月后，日本人走了。不久丰田公司推出了针对美国家庭需求而设计的物美价廉的旅行车。如美国男士喜欢喝玻璃瓶装饮料而非纸盒装的饮料，日本设计师就专门在车内设计了能防止玻璃瓶破碎的冷藏柜。直到此时，丰田公司才在报纸上刊登了他们对美国家庭的研究报告，同时向收留日本人的家庭表示感谢。

（二）访谈调查法

1．访谈调查法的含义

访谈调查法是调查者根据调查内容的需要，依据特定的调查提纲与调查对象进行言语交流，从而获取所需资料的一种口头式调查方法。访谈法的特点是比较灵活，可以根据现场情况随时做出相应调整。

2．访谈调查法的分类

访谈调查法可以按照访谈对象的多少分为集体访谈和个体访谈；按照访谈内容的深度可以分为常规访谈和深度访谈；按照访谈采取的媒介不同可分为当面访谈和电话访谈。在实际调查中，往往根据需要将不同类型的访谈交叉使用。

例如，美国亨氏集团在开拓中国市场时，多次召开"母亲座谈会"，广泛了解消费者的需求，征求对婴儿产品的建议，摸清各类食品在婴儿哺养中的利弊。亨氏集团组织"母亲座谈会"属于集体访谈，又是当面访谈，这样做不但可以了解公众对于产品的需求，而且无形中还扩大了企业的社会影响，使企业的知名度和信任度都有所提高，一举两得。

3．访谈调查法的优势和不足

运用不同的访谈法会起到不同的效果，各种方法都有其自身的优势，但同时又有其局限性，我们做一下比较：

当面访谈的优势是能够拉近与被访者的距离，使被访者有种亲切感，有利于展开话题；劣势是要受地域的影响，且调查时间会较长，调查费用也会增加。电话访谈的优势是不受空间距离的限制，操作起来快捷方便，调查效率较高；劣势是由于调查者与被访者只能通过视频或语音交流，因此交流双方的亲切感不易很快建立起来，使问题难以深入；而且被访者只闻其声，容易产生防备感。

个别访谈的优势在于调查者较容易展开问题，有些不便在公开场合谈的敏感问题也可能进行尝试，而且可节省调查时间；劣势是因为只是调查单个被访者，所以调查者获取的信息量有限，缺乏全面性。集体访谈的优势在于调查者获取的信息量较大、较全面，从访谈中可以发现大量问题，便于开展研究，调查工作效率高，组织还可以通过集体访谈来扩大影响，起到一定的宣传效果；而劣势是由于被访者数量多，一些问题在公开场合不便深入，被访者会有疑虑，受拘束，且访谈时间要相对长些，调查过程不易控制。

常规访谈法是就一些公众熟悉的问题进行一般性的调查，问题往往具有普遍性，如政府组织出台的某项政策法规，用采访的形式做民意调查。这种访谈法的优点是能营造较和谐的气氛，被访者不会有大的压力，容易配合调查，使调查能很快完成；劣势是可能使问题表面化，不能深入，不易去衡量调查者的工作态度，作为被访者也可能不重视调查。深度访谈一般是事先做了精心的准备，面对的对象数量较少，甚至是个体，其优势是能够深入引发被访者思考问题，调查者在探寻问题中可能出现意外收获，有利于揭示问题的内涵实质；劣势是容易使被访者承受压力，对于调查者的综合水平要求很高，访员的培养难度较大，投入的时间也较多。

小案例5-14　我们是怎样发现老英雄张富清这个重大典型的？

2019年2月13日（正月初九）一大早，春运还没结束，我们一行挤上前往恩施的动车，踏上寻访英雄之旅。

在路上，我们一直在想，这样一位英雄，会真的没有人知道？我们反复百度"张富清"这个名字以及与之相关的关键词，结果网络上干干净净，没有任何一丝关于张富清立功受奖的痕迹。这坚定了我们最初的判断，也树立了我们采访的信心。

动车转汽车，抵达来凤县已是下午3时许。在恩施州委宣传部和来凤县委宣传部的大力帮助下，记者一行顾不上休整，马上联系到老英雄的儿子张健全。他是来凤县委政法委干部，这次退役军人信息采集，就是他带着父亲的材料去登记的。正是这次登记，57岁的张健全第一次发现父亲竟然立过那么多战功，获得过那么多军功章！

朴实的张健全告诉记者，父亲已经95岁了，一方面不愿意向别人讲述过去的经历，另一方面老人有听力障碍沟通不畅，可能无法接受采访。在我们请求下，张健全出示了父亲立功证书和军功章的照片。

根据记者的判断,这些军功章和证书非同小可,如果能得到进一步核实,这可能是一位深藏功名的老英雄。当晚,记者联系采访到来凤县退役军人事务局局长李玖山,更加确认了这些荣誉的可信度。

第二天,由于老英雄不愿张扬,我们就以慕名看望的名义上门拜访,通过老英雄的老伴现场"翻译",终于让他敞开了尘封已久的心扉。

老英雄的讲述记忆清晰、逻辑严密、情真意切,将我们带回到烽烟滚滚的岁月。更可贵的是,老人不仅九死一生、战功卓著,而且在转业后淡泊名利,继续在平凡岗位上默默奉献。

尽管老人的讲述、证书、军功章已有足够说服力,但组织上是否有记录呢?他的事迹还有其他旁证吗?记者一行通过老人离休前的单位恩施建行,查找到老人的档案材料,档案与老人的讲述一一对应。记者又深入田间地头,找到一些曾与老人共事的同志,向他们了解老人工作经历、为人品格。譬如,记者无意中听到介绍,张富清作为离休干部,在住院做眼睛手术时,坚持只要和农民病友一样的三千元价格的晶体,而放弃可定制的更高价格的进口晶体;又如,张富清在乡镇主持精简员工的工作中,要自己的妻子带头下岗……

一桩桩、一件件感人的事迹,就这样一点点在记者的采访中被发现和挖掘出来;张富清这样一位一辈子不忘本色的英雄人物,在记者的头脑中凸显出来。当晚,记者怀着激动的心情写就《从不提当年勇,直到退役军人信息采集时才发现——95岁老人是功勋卓著的战斗英雄》《在战火中出生入死,泛黄的立功登记表记录他曾攻下敌人4座碉堡战斗英雄深藏功名六十四载》的报道,分别在《湖北日报》和《楚天都市报》刊发,一则引发全国关注的典型报道就此产生,一位坚守初心、牢记使命、不讲名利、甘于奉献的无名英雄被我们首先报道出来。

(湖北日报全媒记者 胡成 张欧亚 刘俊华)

(资料来源:新华网,2019-05-28)

(三)问卷调查法

1. 问卷调查法的含义

问卷调查法是指调查者根据调查课题来设计一些问题,形成问卷,将问卷分发给调查对象作答;通过对问题的不同回答,了解到有关情况和信息的一种调查方法。

2. 问卷调查法的分类

问卷可分为开放式问卷和封闭式问卷两种。开放式问卷是指调查者对所设计的问题不设置固定的选择答案,受调查者可自由作答的问卷形式。封闭式问卷是指调查者针对所出问题列举若干选项,受调查者从中选出符合自己想法的一项。后一种类型的问题在问卷调查中所占的比重较大。在调查时,开放式问卷和封闭式问卷往往结合使用。

3. 问卷调查法的优势和不足

开放式问卷有利于调查较深层的问题,但不便于整理、分析。封闭式问卷答案施行了标准化,因而不仅回答容易,更主要的是便于分析处理和进行结果比较;但缺点是限制性较强，回答者难以发挥主动性，在回答时不能充分表现真实想法，有时只能做出被迫的回答。总体上来看，问卷调查法的优势在于不受时空限制，比较方便，可以节省大量调查人力，不必对调查者逐一访问，便于定量分析和研究，是目前公关调查中应用较为广泛的一种调查方法。但是，问卷调查也有一定的缺点，如对填答者是否真实填写比较难把握，而且回收问卷是一项较麻烦的工作，回收率有时会很低。另外，对于一些文字理解力不强的人来说，填答问题较为困难。

小案例 5-15 某商场服务质量调查问卷

亲爱的顾客：

　　您好！

　　为了促使我们提高服务质量，让您享受到更优质的服务，特请您协助完成本次问卷调查。答题时请您在所选定的答案序号上打"√"，第18题请您留下宝贵意见。谢谢！

×××商场公共关系部
2019年2月

1. 您的性别：A. 男　B. 女
2. 年龄：A. 22岁以下　B. 23～35岁　C. 36～49岁　D. 50岁以上
3. 学历：A. 大专以下　B. 大专　C. 本科　D. 硕士及以上
4. 月薪：A. 2 000元以下　B. 2 000～3 000元　C. 3 000～5 000元　D. 5 000元以上
5. 您认为该商场外观设计及商品橱窗的装饰：
   A. 很好　B. 较好　C. 一般　D. 不好　E. 很差
6. 您认为该商场的内部布局：
   A. 很有特色　B. 较有特色　C. 一般　D. 乱七八糟
7. 您认为该商场的服务质量：
   A. 很好　B. 较好　C. 一般　D. 不好　E. 很不好
8. 您认为该商场售货员的业务水平：
   A. 很好　B. 较好　C. 一般　D. 较差　E. 很差
9. 您认为该商场售货员的服务态度：
   A. 很好　B. 较好　C. 一般　D. 不好　E. 很不好
10. 您认为该商场的售后服务：
    A. 很好　B. 较好　C. 一般　D. 不好　E. 很不好
11. 您认为该商场的商品品类：
    A. 很齐全　B. 比较齐全　C. 一般　D. 不齐全　E. 很不齐全
12. 您每年光顾该商场的次数有：
    A. 10次以下　B. 10～20次　C. 20～30次　D. 30～40次　E. 40次以上
13. 您每年在该商场购物的总金额大约在：
    A. 5 000元以内　　B. 5 000～10 000元
    C. 10 000～20 000元　D. 20 000元以上

14. 您认为该商场的商品质量:
    A. 很好 B. 较好 C. 一般 D. 不好 E. 很不好
15. 您在该商场购得的商品不能令您满意时，一般来说:
    A. 都能得到退换 B. 只有个别的能得到退换 C. 一个都不能退换
16. 您认为该商场做得最好的活动是:
    A. 优质服务竞赛 B. 优惠展销 C. 有奖销售
17. 您认为该商场急需解决的问题是:
    A. 服务质量 B. 业务水平 C. 商品质量 D. 服务态度 E. 内部布局
18. 您认为应怎样解决这一（些）急需解决的问题？
    _____
    _____
    _____

（四）文献调查法

1. 文献调查法的含义

文献调查法是指调查者根据文献资料，如文字材料、声音影像等传输的与组织形象和发展有关的信息进行调查分析的一种调查方法。

2. 文献调查法的分类

文献调查法可分为文字资料调查、声像资料调查和电子资料调查。文字资料包括书籍、报刊、档案及统计资料等；声像资料包括音像制品、图片等；电子资料包括磁盘、光盘、网络信息等。

如日本三菱重工财团信息专家根据我国新闻报刊有关大庆油田的图片和新闻报道，分析出我国需要采油设备，并研制出了适合我国大庆油田使用的钻井设备，抓住了商机。可见，调查者不但要善于收集文献资料，而且要善于分析，在不经意处发现有价值的信息。

3. 文献调查法的优势和不足

文献调查法的优势在于不受时空的限制，尤其在网络发达的今天，收集各种文献资料更是便利，调查动用的人力、财力也会相对较少；而且，由于信息都来自文字、影像，不只局限于一地一时，多方信息汇总会使分析结果更客观。文献调查法的劣势在于没有实时实地调查来得直观，而且往往滞后于事件，不能做到及时。文献调查还需要调查者有较好的理论基础和分析能力，这种调查法通常要与其他调查法结合使用。

小案例 5-16 一名公关员上班第一天的精彩亮相

一家颇有历史的医院与时俱进，专门招聘了一名科班出身的大学毕业生负责公共关系工作。公关员上班的第一天，院长亲自与她谈话，与其交流了医院对公共关系工作的急迫要求和对其寄予的厚望，希望她先熟悉医院的情况，尽快进入角色，担起医院公共关系工作的重任。然后，人事部门的负责人带她到其办公室并告知她这是按院长的要求给她安排的最好的办公室。看到窗明几净、办公设备一应俱全的宽敞的办公室，回想起院长的谈话，她在内心暗暗地给自己加油鼓劲。安顿下来后，她一头扎进了医院档案室。当她看到医院建院历史的档案时，差点高兴得跳了起来。让她惊喜不已的是，她上班的第一天竟然是医院建院 85 周年纪念日。她抓住这一医院公共关系工作和展示自己专业才华的时机，一个协调医患关系的公共关系活动在脑海里形成了。得到院长的认可后，她紧锣密鼓地开始了筹备工作。

华灯初上，医院礼堂里一派热情洋溢的景象。院长们、各科室主任、主治医生济济一堂，30 余名当天过生日的住院病友在护士的陪同照料下步入会场中央，与他们一同到来的还有陪伴他们的亲人。当然，还有听到消息特意赶来采访的新闻记者，医院与病友共同庆祝生日，这一温暖人心的新闻，他们可不愿错过。当院长发表完简短、温馨的演讲后，一个特别定制的大蛋糕，插满 85 支生日蜡烛，缓缓地推进了会场。

（五）实验调查法

1. 实验调查法的含义

实验调查法是指调查者根据预定的实验目的，选取一定量的调查对象放置在设定的实验环境中，通过对实验结果的分析，认识对象的本质及其规律的调查方法。

2. 实验调查法的分类

实验调查法大致可分为连续实验调查和对比实验调查两种。连续实验调查就是只选择一批实验对象作为实验组，通过对实验活动前后实验对象变化的检测来做结论。对比实验调查是指调查者选择一批实验对象作为实验组，同时选择一批与实验对象相同或相似的对象作为对照组，并且努力使实验组和对照组同时处于相类似的实验环境之中，然后只对实验组施加实验变量，通过对实验组和对照组前后的变化进行对比研究，做出实验结论。可以选用多个实验组和对照组，这样会更加客观、准确。

小案例 5-17　某企业的连续实验调查

某生产企业用连续实验法调查新的管理方式改革对协调劳资关系、调动员工积极性和提高劳动生产率的影响，以员工的月人均产品生产提高率作为主要指标，具体步骤是：

1）建立实验组。选定甲生产车间作为实验组。

2）进行事前检测。在实验前对实验组的月人均产品生产情况进行检测，假定是每月人均 100 件。

3）施加实验变量。对甲车间实行管理方式的改革。

4）进行事后检测。在实验后对甲车间的人均产品生产情况进行检测，假定是每月人均 120 件。

5）做出实验结论。实施新的管理方式的改革，有利于调动员工积极性、协调劳资关系和提高劳动生产率，其直接物质效果为月人均增产产品 20 件，提高 20%。

小案例 5-18　某企业的对比实验调查

要比较研究某生产企业采用物质奖励和精神鼓励措施对员工劳动积极性、协调劳资关系和提高劳动生产率的影响,以月人均产品生产的提高率作为主要指标。采用多实验组实验调查,其具体步骤为:

1)建立实验组。选择该企业生产职能相同的甲、乙、丙三车间作为实验组,丁车间作为对照组。

2)进行事前检测。分别对甲、乙、丙、丁四个车间进行检测,均为月人均生产产品 100 件。

3)施加实验变量。对甲车间实行物质奖励措施;对乙车间实行精神鼓励措施;对丙车间同时实行物质奖励和精神鼓励措施;丁车间不采取任何措施。

4)进行事后检测。测得甲车间为月人均生产产品 120 件;乙车间为 115 件;丙车间为 140 件;丁车间为 105 件。

5)做出实验结论。采用物质奖励和精神鼓励措施调动员工劳动的积极性、协调劳资关系和提高劳动生产率均取得良好效果,产品生产率分别比对照组提高 15% 和 10%;但两种措施同时采用可以取得最佳效果,产品生产率可提高 35%。

3. 实验法的优势和不足

实验调查法比较准确,有说服力,有一定的科学价值,可以总结出有指导意义的理论,能够更有效地调动管理者的积极性,促进组织的快速发展,因而在公关调查中具有重要作用。但由于实验法需要设置实验组,所以,要求参与实验的对象在实验中不会影响整体的正常工作,实施实验法就会受到较大的限制,且实验法要承担一定的风险,也要有一定的物质投入。

三、运用调查技巧

(一)运用调查技巧的作用

调查技巧是指调查者在调查工作中为了使工作顺利开展,确保完成任务,针对实际情况和问题而采取的恰当的方法。在调查活动中,由于调查内容不同,调查对象各异,调查者可能会遇到各种困难,所以,调查者就需要运用各种调查技巧来帮助调查工作顺利进行,能够熟练掌握和运用调查技巧,可以使一项难度较大的调查工作变得轻松而愉悦。

小案例 5-19　某街道经济普查办公室的调查工作"五步法"

某街道经济普查办公室采取"五步法"开展经济普查工作取得了较好的效果。具体措施:一是把握"访"的时机。在登记过程中,尽量把握好调查时间,避开普查对象营业高峰期,尽量不打扰正常营业,以免造成对方反感情绪,影响调查质量。二是注重"讲"的效果。对调查对象做耐心细致的政策宣传,尽可能打消个体经营户的思想顾虑，自觉如实申报调查项目。三是讲究"问"的艺术。普查员以普通工作人员的身份进行调查，佩戴"普查员证"，说话态度和蔼，使用亲和的语言，避免居高临下、盛气凌人或使用生硬的语言同调查对象交流。四是提高"帮"的本领。充分理解调查对象的处境和烦躁心情，认真倾听他们的唠叨和诉说，并与之进行推心置腹的交流，设身处地体谅他们的难处。五是掌握"查"的方法。对一些无固定场所、深夜出现的、季节性营业的普查对象，采取走访管理部门等灵活多样的方式进行登记，确保登记率。该街道经济普查办公室由于注重运用调查技巧，取得了良好的调查效果，也为政府基层组织赢得了良好的声誉。

（二）调查方法的运用技巧

在各种调查方法中，问卷调查法在公共关系调查中一直被广泛运用，而关于问卷的设计问题也成了公共关系调查工作中关注的焦点，下面以问卷设计技巧为例来看看调查方法的运用与技巧。

1．问题的表述

在问卷设计中，不仅询问的问题不能出现遗漏，而且问题的表述也是设计者应当仔细推敲的。一般来说，在问题设计中语言表述方面要注意以下四点：

1）问题要具体，不要抽象、笼统。
2）问题要简明扼要，通俗易懂。
3）问题不能模棱两可或者出现双重含义。
4）问题要避免带倾向性，要尽量回避敏感性问题。

2．问题的数量与排序

问题的数量多少，会影响调查的成本、被调查者的合作状况。问卷中问题数量太多，则问卷篇幅会很长，不仅会增加印刷成本，而且调查实施中要投入更多的人力、物力、财力、时间等。对于被调查者而言，问题太多，填答费时费力，容易产生厌烦的情绪，这样会严重影响问卷的填答质量与回收率。那么，问题的数量为多少比较合适呢？对此没有统一的规定，要具体问题具体分析。如果调查项目较大，有足够的经费保障，填答者能获取相应的报酬，或者填答者文化程度较高，合作精神较强，那么问题设计多一些没有问题；如果是一般的调查活动，经费有限，被调查者的文化层次相差较大或对调查内容不是很熟悉，那么问题数量以30题以内为宜，填答时间最好在20分钟左右。

除了问题的数量外，问题的排序也是设计人员不可忽视的。如何来排定各种问题的先后顺序，虽没有固定的模式可循，但调查实践中我们得出了如下四条规律：①把容易回答的、熟悉的问题排在前面，把较难回答的、较陌生的问题放在后面。②把轻松的、感兴趣的问题排在前面，把紧张的、敏感性的问题放在后面。③把涉及行为方面的问题排在前面，把涉及态度、观念方面的问题放在后面。④把封闭式问题排在前面，把开放式问题放在后面。

3．答案的设计

答案的设计与问题的设计同等重要。在答案设计方面，主要介绍一下答案内容方面要注意的问题。

1) 运用问题相倚。问题相倚,即前后两个或多个问题联系在一起,前一问题的回答结果会影响下一步填答行为。这时,通常把前一问题称为筛选性问题或过滤性问题,而把后一问题称为相倚问题。例如:

例1. 您参加过医疗保险吗?
① 参加过。请问第一次投保是在哪一年?____年
② 没有参加过

例2. 您是国有企业下岗职工吗?
① 是的
② 不是。请跳过3~5题,直接从第6题开始继续填答

在第一个例子中,前后两个问题明显相倚出现。而在例2中,题3至题5均是涉及下岗职工的有关情况,显然非下岗职工要跳过这些问题继续答题。这种相倚方式在问卷设计中是节约时间的一种有效手段。

2) 注意答案的完备性。所谓完备性,是指备选答案要包括各种可能的情况,不能出现遗漏。例如,我们要了解大学生的有关情况,当问及其专业名称时,答案的设计是个难题。因为,目前我国高校开设的专业多达200个,不可能一一作为备选答案列出,那么,这就需要变量转换。除非我们要专门调查专业名称,一般情况下对具体专业并不是很重要,重要的倒是专业类型,这样就改为询问专业类型,把备选答案设计为:文科、理科、工科、艺术类、师范类、农林类、其他专业类型等。

3) 注意答案的互斥性。所谓答案的互斥性是指备选答案内容之间不能重叠或交叉。例如,在某项调查中要问及被调查者的月工资收入情况,这个问题本身就比较敏感,若答案设计中采用简单的填空式,被调查者很可能就不填写,这样势必影响调查效果。假设我们转换变量测量方式,即:

您上年度月平均工资收入水平是(　　　)。
A. 3 000元以下　　　　　B. 3 001~8 000元
C. 8 001~13 000元　　　D. 13 001~18 000元
E. 18 001元以上

那么,填答者只需答出自己月收入的大致范围,而不必填答具体数目,心理上的防卫要少得多,从而能基本达到调查者的目的。这样一种转换的方式对于答案的设计非常有效,但又无固定规律可循,调查初学者应当在实践中多摸索、多总结,以便不断提高自己的设计能力。

4) 注意答案的误差性。误差性的选择答案会导致调查结果的不均衡。例如,"近期我国每年在援助外国方面花费××万元,你认为这个数字应:①增加;②保持不变;③稍减一点;④减少一些。"这套答案是在引导填答者选择"减少一些"选项,因为其中有两项是减少,有一项是增加。

调查方法运用技巧多种多样,调查有法无定法,在调查过程中,调查者还要结合实际情况,不断摸索和总结。

小案例 5-20　有奖求教，家具俏销

万斯家具厂生产的家具已连续三年滞销，究其原因，在于与顾客的实际需要和具体要求脱节。针对这一弊病，厂长巴莫开出了一张"处方"。

尊敬的顾客：

我厂受变形金刚的启发，最近聘请了一批高级家具设计工程师，将设计一种可变形的多功能家具。为了使这种家具既能满足您的需要，解决您住房窄小的困难，又能给您带来方便、舒适和美的享受，恳请您来信指教，我们将根据您的意见进行设计。凡来信指教的顾客，可领取一张八折购物卡，凭此卡可购买一件多功能家具，而且我厂将在报纸上公布来信指教者姓名；意见被采纳的指教者，可获赠一件多功能家具。

万斯家具厂厂长巴莫
××××年×月×日

这封有奖求教信在报上刊登后，家具厂收到 1 800 余封指教信。巴莫严守信用，立即在报上用大号黑体字排印了一个通栏标题"可变形多功能家具凝聚着这些先生的智慧和心血"，在这个标题下，依来信的先后顺序公布了指教者的姓名，并给每个指教者寄出一封感谢信和一张购物卡。这种家具投放市场后，立即成为抢手货。

第三节　撰写公共关系调查报告

公共关系调查报告，是反映公共关系调查所获得的主要信息成果的书面报告。它是公共关系调查成果的集中体现，其目的是方便公共关系主体领导者或公共关系部门负责人参考利用，使他们免去全面查阅所有原始资料之累，有利于将公共关系调查成果尽快地应用于公共关系策划、公共关系实施、公共关系评估。

一、整理分析调查资料

整理分析调查资料是一项重要工作，能否正确严格地对调查资料进行审核、归类、汇总，并对调查结果所提供的信息和数据给以客观、恰当的分析，最终得出比较准确的结论，是撰写一份高质量公关调查报告的基础。整理分析调查资料可以分为如下三个步骤：

1. 审核筛选资料

对调查资料的审核是资料整理加工的前期工作。在完成资料收集工作以后，先需要认真地对资料进行审核，以确保调查资料的完整性和准确性。对调查资料的审核，就是指对原始资料进行仔细探究和详尽考察，以看其是否真实可靠和符合要求。其目的主要是消除原始资料中的不真实、不可靠、不合理等现象，以保证资料的有效、完整、合格，从而为进一步整理、分析打下基础。某一问卷在"出生年份"栏填写 1978 年，而填答问卷时间是 2019 年，年龄栏又填写 30 岁，前后数据显然是不符合逻辑的。为此，需要查明是属于调查人员的误填，还是被调查者的错报现象，并予以及时校正。另外，要根据已有的经验和常识进行判断，一旦发现与经验、常识相违，就要再次根据事实进行核实。例如，某份调查问卷中的年龄一栏内填写的是 25 岁，而婚龄栏内填写的是 15 年，这显然是不符合常识的。以上只是列举了比较简单的例子，可以凭借经验和常识来判断，如果遇到比较复杂的问题，仅凭经验和常识难以做出正确判断，则要借助专业的、权威性的资料来帮助判断。

2. 整理汇总资料

整理调查资料是进行分析前的基础工作，整理的目的是使资料变得系统化、条理化。整理资料的关键工作在于分类和汇总。分类与汇总是紧密相连的整理过程，将存在差异的资料按不同的标准进行划分，其本身也是将资料汇总的过程。分类的标准多种多样，要根据对象的性质和实际情况来酌定。例如，调查某地企业生产经营的好坏，就不应只以产值的增长速度为依据，还应以企业的经济效益、社会效益和生态效益为标准。分类的标准可分为性质标准和数量标准两大类。例如，按人的性别、民族、职业、文化程度、地域、企业的所有制形式等划分资料，均属于按性质标准分类；按年龄的大小、产值产量的大小等划分均反映了数量上的差异。这里只是简单介绍了常见、常用的分类标准，分类资料比较复杂，要具体情况具体分析。

3. 分析概括资料

分析概括调查资料是撰写调查报告前的最后一步工作，虽然有了资料的分类汇总作为基础，但当我们面对众多材料时，还要开动脑筋，学会从中概括出事物的特点，要善于发现问题，由表及里，深入研究剖析，在材料中提炼出观点。

小案例 5-21　*种粮大户基本情况调查数据的分析概括*

这是一组关于某地种粮大户基本情况的调查数据，整理后如下：

中专、高中文化程度占 90% 以上，文化素质普遍较高。分别获得全国种粮大户、省粮食生产标兵、省粮食生产大户等称号。其中 1 人获全国劳动模范称号，3 人获省劳动模范称号，多数是省、市、县各级人大代表、政协委员，社会影响力较大。

11 户中经营面积为 7 000 亩（1 亩=0.066 7 公顷）以上的有 1 户，5 000～6 999 亩的有 4 户，3 000～4 999 亩的有 1 户，1 000～2 999 亩的有 5 户。11 户中全部集中连片的有 3 户，分 2～3 片的有 4 户。

从年龄结构看，30～39 岁的有 2 户，40～49 岁的有 5 户，50～59 岁的有 1 户，60 岁以上的有 2 户。10 户中，30～49 岁的中青年人达到 70%，是种粮大户群体的主体。

从经营效益调查情况看，种粮规模效益十分明显。种粮大户一般都同时拥有经营性公司实体，除从事粮食生产外，一般兼营农产品加工、购销和养殖业，具有一定的经济实力。

根据以上材料，调查员概括出了该地种粮大户的四个特点：①文化素质较高，具有一定社会影响力。②经营规模大，土地相对集中连片。③户主多为年富力强的中年人。④经营效益较好，具有一定的经济实力。

二、撰写公共关系调查报告

调查报告是在分析调查资料的基础上撰写而成的体现调查活动成果的书面报告。调查报告的撰写作为整个调查活动的最后环节,调查的全部内容和结果要通过调查报告集中反映出来,其撰写的好坏将直接影响整个调查研究工作的成果质量和作用。只有熟悉了调查报告写作的内容与结构,才能在准确判断的基础上,撰写出优秀的调查报告,为组织的发展决策提供依据和参考。

调查报告尽管根据其目的、用途、对象、内容、范围等不同的角度来划分,具有不同的标准和不同的类型,但作为较规范的调查报告,它大体包括以下四个方面的内容:①介绍调查活动的目的或意图;②叙述和说明调查活动的具体情况,侧重于调查活动的过程(包括调查方法、范围、对象等);③提出有关的政策性建议并对问题进行分析研究,提出解决存在问题的方式、方法;④最后做出综合归纳,全面总结,以供有关决策机构参考。

从一般情况来看,调查报告在结构上可分成标题、导言、主体、结尾和附录五个部分,其中导言、主体、结尾三部分组成调查报告的正文。下面我们将具体地介绍这五个要素。

1. 标题

调查报告的标题可以用来反映报告的内容和所调查的问题,有的标题还可以吸引读者的注意,大致可分为以下两种类型:

1)单标题。单标题又分为陈述式和提问式两种类型。陈述式标题,即直接陈述调查对象或调查问题的标题,如"××市保险市场调查"。提问式标题,即通过提问的语言来引起读者注意,启发人们思考,并提出疑问和发表议论引出主题的标题,如"中国品牌为什么走不远"。

2)双标题。双标题由正标题和副标题组成。正标题是标题的核心部分,它说明主要事实或态度,可采取提问式或结论式;而副标题一般陈述调查对象和内容,多用陈述式表达。其主要责任在于解释和补充说明正标题,如"需求就是上帝——对××市10家超市的调查"。

标题的写法可以灵活多样,但应当注意,标题要与报告的内容相符,不能为了引起读者的注意而使用超出报告内容的标题。

2. 导言

导言是调查报告的重要组成部分,导言是以精练的语句揭示调查报告的主旨,导言又称为导语或前言。导言能点出调查报告的主题和思路,因此它起着提纲挈领的作用。通常,导言的写法具体有以下四种:

1)介绍调查情况,即在前言中交代调查的时间、地点、方法、范围和对象等,使读者了解调查工作的历史、现有条件和有关背景。

2)说明调查的目的和意义。此类前言多围绕"为什么""怎么样"以及有何现实意义和理论价值来撰写。这种写法有利于读者把握调查报告的主旨和基本精神。

3)写明调查研究的结论,即在前言中直接将调查研究的结论写明,然后再在调查报告的主体部分中一一论证加以说明。这种写法体现了导言的特点,即尽可能把重要的内容放在第一部分,细节放在后面。同时,它不是对全部事实加以概括,而是找出富有吸引力的一点着手。

4)提出调查研究的问题,即在前言的开头先提出问题,设下悬念,然后在主体部分展开详细说明。这种方法可以吸引读者的注意,也能使读者带着问题去阅读、思考、判断。

3. 主体

调查报告的主体也称为正文,是对调查事实的具体分析和调查结论或观点的归纳总结。在调查报告的主体中,我们可得到更为系统明确的信息,并能看到问题的提出和解决的对策。

调查报告的主体部分所占的篇幅最大,内容也最多,因此,在结构上必须精心设计安排,根据组织材料表达主题的不同方式,调查报告主体部分的结构,可分为三种类型,即横式结构、纵式结构和综合式结构。

1)横式结构。这是根据调查现象本身所包含的各种不同性质、不同特征或不同方面,分成几个部分,并列排放,分别逐一描述、分析和比较的结构。这种结构又称为并列式结构,它的各部分是相对独立的,但又有机地联系在一起。这种结构全面、完整,便于从多个方面、多个角度表达主题。横式结构应注意两点:①并列的几个侧面,必须共同围绕主题展开,不能有离开主题的部分;②各部分虽然相对独立,但必须分清轻重、主次。

2)纵式结构。这是根据事物发展的脉络和人们认识发展的逻辑次序来安排结构的。有时可根据调查现象本身所具有的时间顺序,有时可根据某一现象或问题的来龙去脉,以利于读者了解问题的起因、现状、发展和变化状况。纵式结构又称为递进式结构。这种结构的优点在于内容集中,由提出问题、分析问题、最后解决问题,层层深入,逐步推进,清晰明了,具有很强的逻辑性,也有利于读者了解事物发展的全过程。

3)综合式结构。这是横式结构与纵式结构结合使用的方式。由于在报告中同时并用,它又属于较为复杂的结构形式。这种结构有两种情况:第一种情况,以纵式结构为主,辅以横式结构,纵中有横;第二种情况,以横式结构为主,辅以纵式结构,横中有纵。大型的综合性调查报告主体部分常采用这种纵横交错式的结构形式,尤其是一些关系到事物发展过程的调查报告,往往先按照事物发展的时间顺序分为几个阶段,在每个阶段中又分为几个方面来论述。这就是以纵式为主、横式为辅、纵中有横的结构形式。其优点兼上述两者特点,能层次清晰地将复杂的事物发展叙述表现出来,分点分面地议论、分析、总结,从而增加了调查报告的深度和广度。其形象化、立体化会增添调查报告的魅力。

4. 结尾

结尾又称为结语,是正文的总结。常见的结尾方式主要有以下四种:

1)归纳性结尾。归纳性结尾即根据调查研究的实际情况,与导语遥相呼应,总结经验,形成调查的结论。

2)高潮性结尾。高潮性结尾即通过概括全文的主要观点,进一步深化主题,增强调查报告的说服力。

3)建议性结尾。建议性结尾即根据调查研究的实际情况,提出当前存在的问题,提出改进工作的具体建议,使其立体化、圆满化。

4)论辩性结尾。论辩性结尾即根据调查研究的具体情况为线索进一步扩展延伸,由此及彼，生发议论，在原来较简单的主题之上加上思考的另一方向，使其逻辑性、思辨性更强。

5．附录

附录是调查报告的附加部分，它是将一些可以帮助读者更好地了解研究细节的资料编排在一起，作为正文的补充。它也包括一些在正文中不便出现，又必须附带说明的情况、问题，如收集数据资料所使用的调查表、问卷、心理测量表，计算某些指标或数据的数学公式介绍，某些统计和测量指标的计算方法介绍等。

小案例 5-22　中国国际公共关系协会的一份调查报告

中国国际公共关系协会（CIPRA）为了反映2016年度公共关系服务市场的运行态势，正确评价中国公共关系业的发展状况，为专业机构提供积极的行业指引，于2017年2月20日至3月20日，对中国大陆境内主要公共关系公司进行了调查。该项调查活动由协会研究发展部具体实施，调查结束后他们撰写了《中国公共关系业2016年度调查报告》。

该报告的标题采用了陈述式单标题"中国公共关系业2016年度调查报告"，直接陈述调查的对象"2016年度中国公共关系业"。

引言部分用3个小段落简要说明了调查的目的、时间、对象、范围、方式、方法、内容和调查报告的基本内容。

主体部分采用横式结构，将报告的5方面内容并列排放，对年度排行榜、行业调查分析、顶级公司研究、最具成长性公司研究和行业发展分析5方面内容分别进行了较为详尽的描述和分析。

最后一个段落为报告的结尾。以协会的使命和2017年度的努力方向做结，与导言部分调查目的遥相呼应。

在报告的附录部分，对调查内容、调查数据、访问对象、调查结论和报告价值以及报告中使用的"营业利润"的含义等进行了说明。

（《中国公共关系业2016年度调查报告》详见中国国际公共关系协会官方网站）

本章小结

1．在进行公共关系调查前，要做好充分的准备，明确调查的目的，确定调查课题，制订详细的调查计划和调查方案，这样才能为调查工作的展开打下坚实的基础。

2．开展公共关系调查活动，选择合适的调查方式，确定合理的调查方法十分重要。选择合适的调查方式，有利于确定调查的对象和范围；确定合理的调查方法，有利于获取调查信息。同时，在调查活动中，运用调查技巧可有助于调查活动的顺利进行。

3．调查后，要及时对调查所获得的材料进行审核筛选、整理汇总、分析概括，为撰写公共关系调查报告奠定良好基础。

4．撰写公共关系调查报告，要注重标题、导言、主体、结尾和附录。

案例评析

可口可乐一次失败的市场调研

为了应对百事可乐的挑战并且找出可口可乐发展不如百事可乐的原因,可口可乐公司推出了一项代号为"堪萨斯工程"的市场调研活动。这次调研活动始于1982年,耗资400余万美元,耗时长达2年之久。调研结果坚定了公司决策者们的想法——秘不示人、长达99年的可口可乐配方已不再适合今天消费者的需要了,开发新口味可乐是应对挑战的唯一选择。但新可口可乐在上市不到3个月的时间内(1985年4月至7月),即受到了原可口可乐消费者的排挤,顾客的愤怒情绪犹如火山爆发般难以驾驭。

1. 决策的背景

20世纪70年代中期以前,可口可乐公司是美国饮料市场上的霸主,其饮料占据了全美80%的市场份额,年销量增长速度高达10%。然而好景不长,70年代中后期,百事可乐的迅速崛起令可口可乐公司不得不着手应对这个饮料业"后起之秀"的挑战。

百事可乐公司通过大量动感而时尚的广告冲击可口可乐市场。

首先,百事可乐公司推出以饮料市场最大的消费群体——年轻人——为目标消费者群的"百事新一代"广告系列。由于该广告系列适合青少年的口味,以心理的冒险、青春、理想、激情、紧张等为题材,于是赢得了青少年的钟爱;同时,百事可乐也使自身拥有了"年轻人的饮料"的品牌形象。

随后,百事可乐又大胆地对顾客进行"口味测试"现场直播。在被测试者毫不知情的情形下,请他们品尝两种不带任何标志的可乐,并说出哪种口感最好。结果是80%以上的人认为百事可乐的口感优于可口可乐。这个名为"百事挑战"的直播广告令可口可乐一时间无力应对。市场上百事可乐的销量再次激增。(1975年全美饮料业市场份额中,可口可乐领先百事可乐7个百分点;到1984年,市场份额中可口可乐只领先百事可乐3个百分点。)

2. 市场营销调研

1982年,可口可乐广泛地深入10个主要城市中,进行了大约2 000次的访问,通过调查,分析口味因素是否是可口可乐市场份额下降的重要原因,同时征询顾客对新口味可乐的意见。于是,在问卷设计中,加入了例如"您想试一试新饮料吗?""可口可乐味道变得更柔和一些,您是否满意?"等问题。调研结果表明,顾客愿意尝试新口味的可乐。这一结果更加坚定了可口可乐公司的决策者们的想法——秘不示人、长达99年的可口可乐配方已不再适合今天消费者的需要了。于是,满怀信心的可口可乐开始着手开发新口味的可乐。

可口可乐公司向世人展示了比老可乐口感更柔和、口味更甜、泡沫更少的新可口可乐样品。在新可乐推向市场之初,可口可乐公司不惜血本又进行了一轮口味测试。可口可乐公司斥资400万美元,在13个城市中,邀请约19.1万人参加新、老可乐口味测试的活动。结果60%的消费者认为新可乐比原来的好,52%的人认为新可乐比百事好。新可乐的受欢迎程度一下打消了可口可乐领导者原有的顾虑,于是,新可乐推向市场只是个时间问题。

可口可乐马上就要投产了,但此时可口可乐公司又面临一个新问题,是为"新可乐"

增加一条生产线呢,还是用"新可乐"彻底取代传统可乐呢?

可口可乐公司决策层认为:新增生产线肯定会遭到遍布世界各地的瓶装商的反对,因为这会增加瓶装商的成本(可口可乐公司在美国生产可口可乐原浆,然后运到世界各地在当地灌入瓶中销售,从事灌装业务的企业就是瓶装商)。经过反复权衡后,可口可乐公司决定用新可乐取代传统可乐的生产和销售。

在新可口可乐上市之初,可口可乐又大造了一番广告声势。1985年4月23日,在纽约城的林肯中心举办了盛大的记者招待会,共有200多家报纸、杂志和电视台的记者出席,依靠传媒的巨大力量,可口可乐公司的这一举措引起了轰动效应。

3. 灾难性后果

起初,新可乐销路不错,有1.5亿人试用了新可乐。然而,新可口可乐配方并不是每个人都能接受的,而不接受往往并非因为口味,而是这种"变化"受到了原可口可乐消费者的排挤。

开始,可口可乐公司已为可能发生的抵制活动做好了应对准备,但不料顾客的愤怒情绪犹如火山爆发般难以驾驭。顾客之所以愤怒是因为他们认为99年秘不示人的可口可乐配方代表了一种传统的美国精神,而热爱传统配方的可口可乐就是美国精神的体现,放弃传统配方的可口可乐意味着一种背叛。在西雅图,一群忠诚于传统可乐的人组成"美国老可乐饮者"组织,准备发起全美范围内的"抵制新可乐运动"。在洛杉矶,有的顾客威胁说:"如果推出新可乐,就再也不买可口可乐。"就连新可乐推广策划经理的父亲,也开始批评起这项活动。

而当时,老口味的传统可口可乐的价格竟在不断上涨。每天,可乐公司都会收到来自愤怒的消费者的成袋信件和1 500多个电话。为数众多的批评,使可口可乐迫于压力不得不开通83部热线电话,雇请大批公关人员温言安抚愤怒的顾客。

面临如此巨大的批评压力,公司决策者们不得不稍作调整。在之后又一次推出的顾客意向调查中,30%的人表示喜欢新口味的可口可乐,而60%的人却明确拒绝新口味的可口可乐。可口可乐公司决定恢复传统配方的可口可乐的生产,同时也保留新可口可乐的生产线和生产能力。

(资料来源:http://wenku.baidu.com/view/ee152ac789eb172ded63b745.html)

从失败的可口可乐市场调研看公共关系调查

看完《可口可乐一次失败的市场调研》后,不得不引起我们的思考,为何耗资400余万美元、耗时达2年之久的"堪萨斯工程"会以失败告终?调查究竟出了什么问题?在公共关系调查工作中,调查者应当关注什么,才能真正做到为组织的有效决策提供参考?

为了应对百事可乐的挑战并且找出可口可乐发展不如百事可乐的原因,可口可乐公司做了哪些调查?

1)深入10个主要城市,进行了问卷调查,分析口味因素是否是可口可乐市场份额下降的重要原因。

2)在得到肯定答案后,开发了新产品,并不惜血本进行了口味测试,半数以上的人表示新产品更加受欢迎。

在这样的调查结果基础上,可口可乐公司进行了产品更新,结果新产品面世时却受到了原可口可乐消费者的排挤，而不接受往往并非因为口味。

那调查出了什么问题呢？

新口味可口可乐的出现基于以下四种"事实"情况，从市场营销角度而言没有任何问题：①可口可乐的市场占有率在下降，而百事可乐的攻势咄咄逼人的事实；②百事可乐的口味比可口可乐好的事实；③新可乐口味比老可乐好的事实；④可口可乐的其他营销参数比对手强的事实。

可口可乐真正的错误在于做出全面停止经典可口可乐的生产与销售这一决定。可口可乐公司以为消费者喜欢新口味，就在没有市场调研基础的前提下认为"经典可口可乐没有市场"。其实，消费者在接受调研时，并不知道他们选择了新可口可乐就意味着与老可口可乐告别。在保密程度很高的市场调研中，这种情况不可能透露给消费者。

可口可乐时任总经理唐纳德·基奥后来也说："人们对可口可乐原配方的热情使我们大吃一惊。花了那么多时间、金钱和技术来调研消费者对新可乐的看法，却居然测不出有那么多人对老可乐有着那么深的感情。"可见整个"堪萨斯工程"在设计和实施上都有一定的问题。

调查者将可口可乐市场份额降低的原因归结为口味出了问题，于是将调查局限于口味测试，却忽略了可口可乐多年来的品牌效应，人们认为99年秘不示人的可口可乐配方代表了一种传统的美国精神，热爱传统配方的可口可乐就是美国精神的体现，放弃传统配方的可口可乐意味着一种背叛。忽视了市场的声音，可口可乐的决策将自身置于竞争的被动境地。

最终，可口可乐公司宣布"经典可口可乐"恢复上市，其商标定名为"可口可乐古典"，同时继续保留和生产"新可乐"，其商标为"新可乐"。这一产品策略一直被沿用至今，新口味和经典口味让可口可乐至今成为全球销量排名第一的汽水饮料。

这个案例分析就到这里，希望能对大家在实践中实施公关调查有所启发。

技能训练

自选一个公共关系调查课题，拟订该调查课题的调查方案。

思考题：

1．该调查课题的调查目的是什么？
2．你将选择什么调查方式开展调查？请简要说明理由。
3．你将选择哪些调查方法开展调查？请简要说明理由。
4．请拟订该调查课题的调查方案，发布在课程论坛里交流讨论。

第六章 公共关系策划

☞ 学习目标

1. 能够针对公共关系问题或机遇确立公共关系目标。
2. 能够将公共关系活动内容提炼为既能表现公共关系目标，又能令公众喜闻乐见的简练的口号。
3. 能够明确公共关系活动针对的具体对象，避免公共关系工作的盲目性。
4. 能够设计富有创意的公共关系活动项目，选择有效的时机、传播方式和沟通渠道，确保公共关系目标的实现。
5. 能收集活动物品市场信息、活动项目经费信息，匡算公共关系活动经费。
6. 能预测公共关系活动方案实施效果，论证其可行性。
7. 熟悉公共关系策划书的内容要素和撰写方法，能撰写规范的公共关系活动策划书。

引导案例

华立集团的"太一工程"

华立集团决定调整经营战略：由电气仪表、机械制造业转向大众日常生活消费品的生产和销售，计划首期推出饮料"太一维奶"。在对杭州饮料市场，尤其是以儿童为消费对象的奶制品市场进行全面了解后，华立集团策划了围绕"太一"食品营销活动展开的"太一工程"，以期在短时间内建立起"太一"品牌的知名度，并对其销售产生相当的影响力。华立集团决定站在消费者的立场上，"孩子需要什么我们就做什么"，以"为孩子说话"的企业形象定位，使之成为传播突破口，展现企业关心社会、回报社会的形象。

"太一工程"的实施分三步展开：一是与《杭州日报》和杭州市教科所联合开展面向上百万少年儿童的社会大调查——"太一调查"，了解孩子的真正需求，唤起社会的广泛关注；二是在了解孩子真正需要的基础上，提供符合孩子真正需要的帮助，联手杭州青少年活动中心推出"太一工程暨第六届杭州市少儿健美乐竞赛"；三是全额出资赞助"我说我行"夏令营，给孩子创造一个展示自己各种能力的机会，满足孩子们渴望得到成人世界的理解和认同的需求，由此唤起社会对孩子们的潜在能力的认识和真正需求的关注。

"太一工程"的序幕"太一调查"一拉开，就在社会上引起了轰动，20多家媒体相继刊播消息，社会各界纷纷关注"太一调查"。"太一工程"对"太一维奶"的销售产生了极大辐射性，"太一维奶"面市后，销量快速上升。

策划出色的公关活动是公关人员应具备的一项基本技能。美国策划大师科维曾形象地说："如果把公关活动比作演戏，策划就是创作剧本，一个出色的剧本很容易在演出时获得成功，吸引观众；相反，一个平庸的剧本无论导演和演员如何尽力，也很难化腐朽为神奇。"在本章中，我们将通过探讨公共关系专题活动策划的程序和公共关系策划书的撰写方法，掌握创作出色"剧本"的基本技能。

所谓公共关系策划，就是公共关系人员根据公共关系主体的公共关系状态和任务要求，分析现有条件，设定公共关系目标，设计最佳行动方案的过程。公共关系策划是一个先后有序、逻辑推进的过程，英国著名的公共关系专家弗兰克·杰夫金斯提出了公关界公认的公关策划六步工作法：确定目标、设计主题、分析目标公众、选择媒介和传播渠道、编制预算、审定方案。在本书中，我们将公共关系策划的程序概括为确立公关目标、设计活动主题、确定目标公众、设计活动项目、预算活动经费和审定活动方案六个步骤。

第一节　确立公关目标、设计活动主题

在进行公共关系策划时，公关人员首先要依据公关调查所确定的组织公关状态和组织面临的公关问题，确立组织的公关目标，并据此设计公关活动主题。

一、分析公共关系问题

公关人员进行公关策划，要综合分析公关调查中收集的信息资料，对组织进行诊断，分析组织面临的公关问题，这是确立公关目标的前提。

（一）组织常见的公关问题

在组织发展过程中，常见的问题表现在以下四个方面：

1．一般性问题

在组织的日常工作中，常会发生或出现一些对组织不利的小问题，这些小问题处理不好，就可能变成大问题。因此，对小问题不可等闲视之，要防微杜渐，及时解决。

2．重大问题

重大问题有两种情况，一是由小问题发展积累而成的大问题；二是突然出现的大问题。

3．差距问题

差距问题有三种情况，一是组织的自我期望形象与实际形象之间的差距；二是组织现有形象与过去形象之间的差距；三是本组织形象与其他组织形象之间的差距。

4．危机问题

危机问题，即对组织的生存和发展形成极大危害的重大问题。危机问题也有两种情况，一是由重大问题引发的危机；二是突发的危机事件。

（二）分析公关问题的方法

分析公关问题的步骤具体可分为确定问题、说明问题、问题排队。

1．确定问题

将组织的自我期望形象与公众评价形象进行对比，找出组织形象在知名度和美誉度上的差距；将组织自我期望形象要素的得分与公众评价形象的得分进行对比，揭示产生形象差距的各种原因。这样就能确定组织所面临的公共关系问题。

2．说明问题

说明问题应从以下三个方面予以展开。

1）问题的特点。问题是"怎么样的"，可从时间、空间、程度、影响四个侧面予以说明。

2）问题的基本性质。问题"是什么性质的"，是全局性问题还是局部性问题，是偶然性问题还是必然性问题。

3）问题的成因。形成问题的原因是充分条件、必要条件还是充要条件。

3．问题排队

将组织面临的公共关系问题排队，分出轻重缓急。再结合组织的具体条件和外部环境情况，就可以确定组织目前应当解决的公共关系问题和今后努力的方向，从而确定公关工作的目标。

> **小案例 6-1　东方明珠美食娱乐城的公共关系问题**
>
> 东方明珠美食娱乐城刚开业时，生意惨淡，门可罗雀。该公司经研究分析，主要有四个原因：地理位置偏僻、客源真性缺乏、公司知名度低和无传播特色。虽然找到了问题所在，但他们却不知如何解决问题。
>
> 为了尽快打开局面，于是公司管理层决定聘请公关顾问来帮助其开展公关营销活动。他们向公关顾问介绍了以下情况：公司位于栈桥以西 300 米，而青岛人有个约定俗成的习惯——到了栈桥往东走，青岛所有闻名遐迩的景点，如小青岛、鲁迅公园、水族馆、八大关，乃至崂山，都错落有致地分布在栈桥以东绵延不断的海岸线上；由于通货膨胀，经济下行，整个餐饮娱乐业一起陷入了客源奇缺的境地；公司开业时市内新闻媒体没有任何报道，知名度很低，想要提高知名度，但绞尽脑汁又想不出自己有什么可传播的特色。
>
> 听了公司的情况介绍，公关顾问分析：地理位置偏僻，绝非"东方明珠"一家一时所能解决；经济形势造成的客源真性缺乏，乃整个餐饮娱乐业的共同困境，也不是"东方明珠"一家一时所能解决的；因此，目前的公共关系工作，只能从发掘"东方明珠"的资源和特色上做文章，塑造公司的独特形象，以此提高公司知名度，吸引客源，摆脱困境。

二、确立公共关系目标

（一）公共关系目标的含义

公共关系目标是某一组织在一定时期内通过公共关系活动要达到的目的。公关目标是公关策划的首要内容，任何公关策划都必须确立公关目标，以控制公关活动全过程。

公关目标是组织策划、开展各种类型的公关活动所追求和渴望达到的一种公关状态；公关目标是在一定时期内能控制组织公关活动全过程的总目标和指导实施方案的分目标，组织的各项公关工作都要围绕公关目标而开展；公关目标是公关工作完成任务的标准及努力的方向，因而它也是检验公关工作成效的标尺。

（二）公共关系目标的类型

公共关系目标多种多样，按公关活动的类型，一般分为传播信息、联络感情、改变态度和引起行为四个方面的目标。

1. 以传播信息为目标

这类公关目标是通过信息传播的方式，让公众知晓组织的真实情况，以达到经营管理的目的。纽约联合碳化钙公司通过"鸽子事件"（详见小案例 1-2）制造的大量新闻，将公司总部搬迁及其新地址的信息迅速传播出去，方便新老客户和相关公众与其联系，实在是高明之举。北京长城饭店在开业之初通过"里根总统的答谢宴会"（详见小案例 1-9），使"高档豪华，服务一流"的五星级饭店形象蜚声国内外，做了一个一本万利的大广告。

小案例 6-2　农夫山泉应对千岛湖水质危机

"我们不生产水，我们只做大自然的搬运工。""农夫山泉有点甜。"这是人们耳熟能详的农夫山泉广告。农夫山泉的主要卖点就是采用天然千岛湖水。

"从 2008 年的一类水质到 2009 年的四类水质。千岛湖水只能作为一般的工业用水和非直接接触性的娱乐用水使用。"这是 2009 年 6 月的一篇网文引用国家环境监测总站公布的最新一期地表水水质月报发出的声音。网文的寓意是：千岛湖水已经不再适合人们饮用。这就将矛头直接对准了农夫山泉，那么，农夫山泉还能继续"有点甜"吗？消息一出，网络舆论一片哗然，纷纷质疑农夫山泉的饮用水质量，以农夫山泉为代表的在千岛湖取水的饮用水生产企业的销量出现不同程度的下滑，监管层、媒体、消费者都在密切关注此事。

农夫山泉的公关人员第一时间表示，千岛湖总体水质符合《地表水环境质量标准》一类标准，从检测的 24 项指标来看，并无超标现象。网文所提及的"千岛湖水为四类水质"的评定依据是总氮量的高低，这是一种单因子评价方法，即无论该水质其他指标有多优秀，只要总氮指标达到四类，该水质就会被划为四类，由于该指标存在一定的片面性，所以，国际上大都采用多因子评价体系。

6 月 16 日，浙江省环保厅对外公开宣布：如果不考虑总氮指标，千岛湖总体水质基本保持在二类以上水平。环保厅还请教了中国环境监测总站负责水质监测与评价的专家，专家也公开宣布，千岛湖水作为饮用水水源地没有问题。官方和权威专家的发声，及时扭转了舆论风向，农夫山泉等涉事企业的销量下滑明显得到遏制。

6 月底，浙江省市县三级消保委发出了"亲历千岛湖"征集令，寻找了 2 000 名消费者代表，亲历农夫山泉的水源地体验一湖碧水的清纯。活动的主要内容有三点：邀请消费者代表深入千岛湖深处，亲测水质；参观农夫山泉工厂，目睹一瓶水的诞生历程；走进千岛湖畔，感受这方水土上的百姓生活。征集令一发，引发了众多网民的广泛关注。活动中，有消费者如是写道：从湖底 25 米深处取水、品尝，口感清凉倍感惊讶。随着各大媒体的跟踪报道，被炒得沸沸扬扬的农夫山泉水源地污染事件至此画上了一个完美的句号。

2. 以联络感情为目标

这类公关目标是通过对公众的感情联络，以获得公众对组织的好感和信任。如长城饭店邀请驻华使馆工作人员的孩子来饭店进行圣诞树装饰比赛，除供应孩子们吃喝外，还给每个孩子赠送了带有长城饭店标志的小礼物。这个活动意在与驻华使馆建立联系和友谊，赢得好感和信任。

小案例 6-3　星巴克种族歧视门

2018 年 4 月 12 日，美国费城的一家星巴克，两名黑人在等朋友时想借用门店洗手间遭拒，该门店经理发现二人未在店内消费又不肯离开便向当地警方报警，警察赶到后将二人逮捕。该事件引发美国民众的强烈抗议，并呼吁抵制星巴克。随后，星巴克 CEO 凯文·约翰逊就此事件公开发表道歉信，道歉信称星巴克员工报警的做法是错误的，该员工的做法不代表星巴克的企业理念和价值观，他本人愿意亲自到费城向两名黑人道歉，并在5月29日的下午关闭全美约8 000家直营店面，对17万多的员工进行"反种族歧视"的相关培训。

3．以改变态度为目标

这类公关目标是通过公关活动，改变公众对组织的心理倾向性。长城饭店公关部策划"长城饭店盛大的集体婚礼"（详见小案例1-6），为北京市普通市民举办盛大的集体婚礼，其目的就是消除国人心目中形成的"长城饭店是外国人出入的地方，中国人进不去"的误解，从而使国人亲近"长城"，走进"长城"。

小案例6-4　一杯豆浆的沉浮

2011年8月3日，媒体曝光：永和豆浆号称现场磨制的豆浆，实为豆浆粉冲制，指责其欺骗消费者。随后多家媒体跟进追踪报道，有店员否认。8月5日，永和豆浆首次承认存在冲制豆浆。8月9日，永和豆浆召开发布会，董事长林炳生和总裁林建雄坦承部分门店确实有冲制豆浆，宣布冲制豆浆将在店内显著位置明示，保障消费者知情权；同时，永和豆浆保证豆浆粉不含任何添加剂，如果检出，重金赔偿100万元；此外，还邀请有关的农业专家，对公众详细解释现磨豆浆和冲制豆浆的不同及其对人的影响。随后，尽管仍有部分媒体对该事件的处理产生怀疑，但该事件对消费者的影响已经迅速化解，永和豆浆的经营在遭受轻微影响后，很快恢复正常。

4．以引起行为为目标

这类公关目标是通过公关活动，使公众产生对组织有利的行动。比利时某啤酒厂的"免费啤酒"活动，其公关目标即属此类。这项公关活动的目的，就在于引导国民购买自己国家生产的啤酒。在全球经济一体化的今天，该如何保护民族产业？该案例为我们做出了榜样。

小案例6-5　神童雕像里流出的免费啤酒

某日，比利时某啤酒厂在闻名于世的小便神童莫尼坎皮斯的雕像里灌入400L该厂生产的啤酒，让神童一向排泄的自来水变成了泡沫飞腾的啤酒。布鲁塞尔的市民纷纷携带杯子和瓶子排起长队喝免费啤酒，盛况持续了1小时。真正吸引市民的，与其说是"免费"，还不如说是"神童"——他曾经用自己的小便浇灭了侵略军的炸药引线，挫败了敌人毁灭布鲁塞尔的阴谋，拯救了比利时，他是民族的象征。电视台和报社的记者及时拍摄下了这一情景，并进行了报道。

（三）确立公共关系目标的方法

1．与组织的整体目标相一致

公共关系是组织在完成工作总目标过程中派生出来的工作内容，它必然服从和服务于组织的总目标。这就决定了公关目标与组织总目标是从属关系，公关目标要从组织整体利益出发,做出通盘考虑。因此,在策划公关活动时,要根据组织的任务和条件来确定公关目标。

2. 塑造组织的有效形象

公关目标的内涵,一方面要考虑公众的共同利益和共同要求,另一方面要考虑组织自身的利益。确定公关目标时,要选择组织利益与公众利益的相交点,塑造组织的有效形象,实现社会效益与经济效益的统一,组织利益与公众利益的统一,特殊形象与总体形象的统一。

3. 把抽象的目标概念具体化

公关目标应明确、具体、可行、可控,形成体系,这样既有利于实施,又便于检测。

1)公关目标应具有确定性。目标要有明确的内容和任务要求,其含义必须十分清楚、单一,可直接操作。具体要求是:工作对象应是特指的;表达方式是结果式而非过程式。

2)公关目标应具有具体性。目标要作为实施的准则和评价的标准,它必须做到定性、定量、定时间、定空间。定性:要塑造什么性质的形象,要以什么特色投入竞争等,须在审时度势的基础上加以定位。定量:知名度、美誉度要提高多少,要争取多少公众对组织的理解和支持等,应该用数字说明。定时间:目标应该具有一定的时间限制。定空间:要明确规定各项分目标对应的公关活动将在什么范围内开展,在什么范围内发挥影响,传播信息的覆盖面有多大等。

3)公关目标应具有可行性。一个可行的目标必须是:具有可测性,通过公关调查,可以检验测定其结果;具有现实性,目标高于现实,但不能脱离现实,应建立在科学预测的基础上;具有激励性,使公关人员和组织成员受到鼓舞,为目标所激励,大大增强责任感和竞争意识。

4)公关目标应具有可控性。为了保证目标的最终实现,首先,制定目标时要有一定的弹性,留有余地,以备情况变化时灵活应变;其次,有一定的应变措施,如备用方案、可替换的同质目标、追加目标等。

小案例6-6 东方明珠美食娱乐城公关营销活动的公共关系目标

东方明珠美食娱乐城刚开业时,生意惨淡,门可罗雀。该公司为了尽快打开局面,聘请公关顾问来帮助其开展公关营销活动。公关顾问在与公司共同研究分析后,提出了"发掘资源和特色,塑造公司独特形象,提高公司知名度,吸引客源,摆脱困境"的公共关系工作思路。

公关顾问经过调查研究,发现了"东方明珠"可资发掘的资源和可供发挥的特长。所谓特长,就是"东方明珠"总经理其人,仁厚、放手、果断,有刘备之风,适于塑造"儒商"形象而为新闻界所接受;所谓资源,就是"东方明珠"所在的地理位置,它占了一把扇面的把手——不足1公里的半径一划,青岛电视台、青岛人民广播电台、青岛经济广播电台、青岛日报、青岛晚报、青岛画报、青岛广播电视报、公共关系导报,以及中央、山东省驻青岛新闻机构,都在半圆之内,而半圆的直边,就是绮丽多姿的海岸线。

因此，公关顾问提出了"东方明珠"公关营销活动的总目标：把"东方明珠"塑造成青岛新闻界的园地，吸引需要开展新闻发布、产品展示等活动的潜在客户。为了便于目标的实现，该公关顾问又把这一总目标分解为三个分目标：①与新闻媒介建立联系；②与新闻媒介联合开展活动，吸引新闻媒介报道，提高"东方明珠"的知名度；③策划专题采访，阐释东方明珠美食娱乐城的独特经营思路。

三、设计公关活动主题

（一）公共关系活动主题的含义

公共关系活动主题是特定公共关系活动的指导思想，是统领该公共关系活动，连接公共关系活动各项目，穿引公共关系活动各步骤的总体活动思路和宗旨。

公关活动中的每一项具体活动乃至演讲稿、宣传画、包装袋、广告等都要体现这一主题。能否提炼出鲜明的公关活动主题，公关活动主题能否吸引公众、抓住人心，是公共关系策划成败的一个重要标志。

根据具体的公关目标，设计鲜明、简洁、亲切的公共关系活动主题，有利于逐步推进每一项公关活动的完成和总目标的实现。

（二）公共关系活动主题的表现形式

公关活动主题的表现形式是多种多样的，它可以是一句鲜明的口号，可以是一个寓意深刻的警句，也可以是一种简洁的陈述。

1）口号式主题，就是用一句鲜明的口号表达公共关系活动主题，如青岛东方明珠美食娱乐城的公关营销活动，将公共关系活动内容提炼为"助推岛城新闻业"。

2）警句式主题，就是用一个寓意深刻的警句表达公共关系活动主题，如四川泸州曲酒厂的金奖宣传活动，以"四百年泸州老窖飘香，七十年国际金牌不倒"作为活动主题。

3）陈述式主题，就是用一个简洁的陈述句表达公共关系活动主题，如北京申办奥运会活动的主题"绿色奥运、科技奥运、人文奥运"。

（三）设计公共关系活动主题的方法

公关活动主题看似简单，但要设计出真正能吸引公众注意力的主题却并非易事。一个好的活动主题，一般要考虑四个因素，即公关目标、信息特性、公众心理和语言表达。

1．表现公共关系目标

公关活动主题必须与公关目标相一致，并能充分表现目标，一句话点出活动的目的。

2．突出活动信息特性

公关活动主题要用新颖独特、个性鲜明的语言，凸显公关活动的信息特性，使之具有强烈的感召力。

3. 符合公众心理，切中公众心愿

公关活动主题要适应公众心理需要，既富有激情，又贴切朴素；既奋发向上，又可信可亲；既符合客观实际，又切中公众心愿。

4. 简明扼要，易记易传

公关活动主题应力求做到简洁明了、形象生动、亲切感人、新颖别致和语句流畅。如果词句过长、晦涩难懂，不仅不易传播、难以记忆，还可能使人厌烦或产生歧义。

> **小案例6-7　盒马鲜生1948事件**
>
> 盒马鲜生在2019年4月策划了一场"民国集市"活动，活动本身没有问题，但海报上出现的"让物价回归1948"却出现了大问题。"让物价回归1948"，是盒马鲜生为其"民国集市"打造的特定广告语，海报下方还有"一夜春风，让我们梦回民国"等口号。随后共青团中央发表了一篇《物价重回1948？那可惨了》的文章。看到这张海报，稍有历史常识的人，不免心中惊诧。1948年是近代史上通货膨胀最严重的年份之一，经济崩溃，物价飞涨，民不聊生，"让物价回归1948"，那是什么概念呢？策划"回到民国"广告的人，闹这样的历史笑话实在是不应该。

第二节　确定目标公众、设计活动项目

在公关策划中，确立了公关目标、设计了公关活动主题后，接下来就要确定目标公众，通过分析目标公众，设计出能有效影响目标公众、实现公关目标的公关活动项目，并选择与活动项目相适应的传播媒介和沟通渠道。

一、确定活动目标公众

一个组织的公众往往是多个群体，但一次公关活动则要有所侧重，面面俱到是不现实的。因此，在策划公关活动方案时，就需要根据公关活动的目标选择目标公众。

（一）目标公众的含义

目标公众是指与特定的组织开展的某项公共关系活动相互联系、相互作用的公众。也就是说，目标公众是特定的公共关系活动所针对的具体工作对象。

任何一个组织，其公众环境中都有几十种公众。确定组织公关活动针对的目标公众是公共关系策划的基本任务，舍此便不能有效地开展公关工作。因为只有确定了目标公众，才能选定公关活动项目及实施人员；只有确定了目标公众，才能确定如何使用有限的经费和资源，确定工作的重点和程序，科学地分配力量；只有确定了目标公众，才能更好地选择传播媒介和工作技巧；只有确定了目标公众，才能有针对性地搜集既能被公众接受，又有实效的信息。

小案例 6-8　以旧换新，"长城"扬名

创办于 1929 年的上海保温瓶二厂，1984 年时已经有 55 年的历史了。该厂生产的"长城"牌保温瓶，早在 20 世纪 30 年代就以"完全国货"而在国内市场上独树一帜；进入 80 年代，"长城"牌保温瓶连续 4 年夺得全国同行业质量评比第一名；1984 年获得国家经委颁发的银质奖。该厂想进一步了解其保温瓶在用户使用几十年后的质量情况和用户对保温瓶式样的审美新需求，并加强与用户的感情交流，决定开展"以旧换新"活动。

1984 年 12 月 12 日至 22 日，上海保温瓶二厂举办了为期 10 天的"以旧换新"活动：用 80 年代生产的新产品换回老产品。凡是在 25 年前购买"长城"保温瓶的用户，都可以用旧瓶无偿换取"长城"最新产品。这个消息在上海各报刊登后，在上海市内引起了轰动。许多老用户奔走相告，一时间此事成了上海市民茶余饭后的热门话题。活动开展的 10 天中，该厂共收到各种"长城"牌保温瓶 497 件，所换出的新保温瓶价值 7 000 元。在市内各门市部分批为用户办理以旧换新手续的时候，工厂从事公共关系宣传的人员又在厂里召开用户茶话会，广泛听取用户意见。新闻媒介对这种别出心裁、用户至上的活动也青眼相加，乐于参与其中推波助澜。该活动真正做到了事前所设想的"花钱少，影响大，效果好"。

（二）确定目标公众的方法

如上所述，任何一个组织，其公众环境中都有几十种公众。当我们要开展某项特定的公共关系活动时，如何确定目标公众呢？

确定目标公众很难有统一的标准，基本的原则是从组织的活动目标、需要和实力三个方面考虑。

1. 根据公关目标确定公众范围

组织开展公关活动，其目的是为实现组织目标创造良好的内外环境。组织目标的实现，有赖于组织具体任务的完成，公关活动也应为组织完成具体任务服务。因此，在公共关系策划中，确定目标公众必须以组织的目标任务为依据，根据公共关系目标，分析不同公众的权利与利益，确定公众范围。

如某饭店为提高自己的声誉而组织建店周年庆典专题活动，其目标公众主要是同行、新闻媒介、政府部门、部分重要客户和社会名流。这样划定公众范围主要强调的是相关性。

2. 根据公关活动需要确定集中影响的公众

所谓集中影响的公众，是这样的人或团体，即他们对本组织的意见、态度和行为是十分重要的，而他们此时对本组织的了解又十分缺乏。因此，公共关系实务工作必须对这些公众进行集中影响。

集中影响的公众是公共关系实务工作必须针对的重点对象，因为他们的态度、意见和行为十分重要，而他们又不了解本组织，甚至因为不了解而持反对态度。公共关系实务工作必须以适当的方式方法，促使这些公众的态度产生转变，特别是要使那些持中间态度的公众转变成支持态度。在公共关系策划时，必须充分重视，并在方案设计中体现出来。如果一次公共关系活动没有确定集中影响的公众,只是笼统地向普遍的公众进行宣传,虽然也能产生一定的影响效果,但由于不能保证关键的那部分公众经劝说已持赞成态度,所以公共关系活动的效果是不理想的。

组织开展公关活动,必须解决所面临的具体公关问题。当组织出现公关问题或危机时,开展公关工作的目标公众就应当是受问题或危机影响的公众和新闻媒介、政府部门,以防止问题升级或危机加剧,防止这些公众对组织产生信任危机。这样确定公众强调的是影响度。

3. 根据组织的实力确定扩散影响的公众

所谓扩散影响的公众,一是指那些对本组织来讲是比较重要的公众,但是对组织了解不够的人或团体;二是指那些对组织来讲也至关重要,但他们对组织比较了解,而且基本持赞成态度的人或团体。

在关注集中影响的公众的同时,还必须考虑扩散影响的公众。虽然扩散影响的公众相对不那么重要,或者已基本持赞成态度了,但是如果不对他们进行劝说,就不可能创造一种良好的气氛和环境,不可能吸引更多的人关注本组织,不可能获得普遍的支持。

因此,公共关系活动同时针对集中影响的公众和扩散影响的公众,产生的效果是相辅相成的。

在公关活动中,组织常常要面对广泛的公众,往往感到人力和财力不足。在这种情况下,就应将有关公众按与组织关系的密切程度、影响的大小程度、相关事情的紧迫程度等因素进行排队,优先选出最为主要的一部分公众作为目标公众。这样确定公众强调的是重要性。

小案例6-9 东方明珠美食娱乐城公关营销活动的目标公众

东方明珠美食娱乐城刚开业时,生意惨淡,门可罗雀。该公司为了尽快打开局面,聘请公关顾问来帮助其开展公关营销活动。公关顾问在与公司共同研究分析和进一步深入调查研究后,提出了"东方明珠"公关营销活动的总目标:把"东方明珠"塑造成青岛新闻界的园地,吸引需要开展新闻发布、产品展示等活动的潜在客户。为了便于目标的实现,该公关顾问又把这一总目标分解为三个分目标。

1)与新闻媒介建立联系。目标公众:青岛市体育记者协会。
2)与新闻媒介联合开展活动,吸引新闻媒介报道,提高"东方明珠"的知名度。目标公众:青岛市体育记者协会、参加全国中学生运动会新闻报道的全国体育记者、青岛市企事业单位和青岛市市民。
3)策划专题采访,阐释东方明珠美食娱乐城的独特经营思路。目标公众:青岛市体育记者协会记者、青岛市企事业单位和青岛市市民。

二、设计公关活动项目

公关活动项目是指围绕公共关系目标在不同时期开展的各种形式的具体活动。

（一）确定公关由头

公关由头是指一项公关活动得以开展的价值和依据。设计公关活动项目时，先要考虑是否具备公关由头。没有公关由头的活动项目，不仅不可能取得良好的公关效果，反而会招致公众的反感。公关由头一般包括以下三个要素：

1）符合公众利益。公关活动项目必须能为公众提供信息、知识、服务等。

2）符合组织利益。公关活动项目必须与公关主体的工作性质有联系，或与公关主体的总体目标相一致。

3）具有新闻价值。公关活动项目必须是具有新闻性、公益性的事件，能够得到新闻媒介的关注和报道。

实质性的公关由头就是公众利益、组织利益和新闻价值的交汇点。寻找理想的交汇点是困难的，这就要求公关策划者反应灵敏，善于挖掘有效时间内公众最关心的话题和机遇。寻找公关由头，是公关策划者建功立业的基本功。如上海保温瓶二厂举办为期10天的"以旧换新"活动（详见小案例6-8），"以旧换新"就是该活动的公共关系由头。从用户的立场来看，一个使用了几十年的旧保温瓶，无偿换取一个新保温瓶，即使辛苦一下跑到商场门市部去也是划算的；从企业的立场来看，花很少的钱，就可以得到用户提供的宝贵资料和信息，还可以联络用户感情，也是非常划算的；从新闻媒介的立场来看，一家名声显赫的企业，在产品不愁销路的情况下，注重回馈用户，注重产品创新，坚持用户至上，正是具有新闻价值的好材料。

（二）选择公关时机

《兵经百篇·速字》说："难得者时也，易失者机也。"意思是，难以得到的是时间，容易失去的是机会。军事竞争要讲究时机，公关策划也要讲究时机。时机稍纵即逝，公关策划中不迅速看准和抓住时机，事后即使花数倍的精力和金钱，也无法收到时机之效。

公关策划的时机可分为四大类：固定时机、常规时机、偶然时机和组织营运过程中所蕴含的时机。

1. 固定时机

这种时机常见的有固定节日、重大纪念日和其他有规律的节假日。

1）重大节日，如国庆节、春节、中秋节、重阳节、教师节、青年节、植树节、劳动节、儿童节、妇女节、母亲节、父亲节、护士节等。

2）重大纪念日，如国家、机构逢五逢十的纪念日，伟人、名人逢五逢十的纪念日，名作、名牌产品逢五逢十的纪念日等。

3）其他有规律的节假日。如洛阳的牡丹花会、哈尔滨的冰灯节、广州的羊城花会、内蒙古的那达慕大会、藏族的雪顿节、傣族的泼水节、维吾尔族的诺鲁孜节等。

这些日复一日、年复一年都有的固定节假日，人人都会想到它，因此公关策划必须在形式和内容上不落俗套，富于创新，而且所开展的公关活动要与这些日子有直接或间接的联系，才能取得好的效果。

小案例 6-10　庆祝中华人民共和国成立 70 周年阅兵式

2019 年 10 月 1 日上午，庆祝中华人民共和国成立 70 周年大会在北京天安门广场隆重举行。中共中央总书记、国家主席、中央军委主席习近平发表重要讲话，随后举行盛大的阅兵式和群众游行。阅兵活动按阅兵式、分列式两个步骤进行，时长约 80 分钟。阅兵式，受阅部队在长安街列阵，光荣接受中共中央总书记、国家主席、中央军委主席习近平的检阅。分列式，依次按空中护旗梯队、徒步方队、装备方队、空中梯队的顺序通过天安门广场。本次阅兵编 59 个方（梯）队和联合军乐团，总规模约 1.5 万人，各型飞机 160 余架、装备 580 台（套）。其中，徒步方队编仪仗方队、各军种方队、女兵方队、院校科研方队、文职人员方队、预备役部队方队、民兵方队、维和部队方队等 15 个方队；装备方队编陆上作战、海上作战、防空反导、信息作战、无人作战、后装保障、战略打击等 7 个模块 32 个方队；空中梯队编领队机梯队、预警指挥机梯队、轰炸机梯队、舰载机梯队、歼击机梯队、陆航突击梯队等 12 个梯队。阅兵式通过三军列阵受阅、庄严致敬、铿锵宣示、方队行进等形式，营造国之大典的浓厚氛围，宣誓听党指挥的政治意蕴，全面展现改革重塑的崭新风貌，集中体现国防和军队建设的最新成就，充分彰显履行使命的综合能力，牢固确立砺将谋胜的鲜明导向，有力体现红色基因的传承接续，激励和动员全党全军全国各族人民更加紧密团结在以习近平同志为核心的党中央周围，不忘初心、牢记使命，为决胜全面建成小康社会、夺取新时代中国特色社会主义伟大胜利、实现中华民族伟大复兴的中国梦不懈奋斗。

2. 常规时机

常规时机是指每年一度或几年一次的各种文化体育活动，如亚运会、奥运会、锦标赛、博览会、展览会、电影节、歌手大赛等。这些常规性机会，是组织塑造良好形象、开拓发展的良好机遇。

小案例 6-11　天猫"双十一"开启 10 亿包裹时代

2018 年天猫"双十一"当日物流订单量突破 10 亿大关，总成交超 2 000 亿元，破 2 135 亿元。"双十一"已不仅是天猫的节日，更是全中国、全世界的商家与消费者的盛大节日，也是全球商业力量的大巡礼，成了商业领域的"奥林匹克"。

2018 年天猫"双十一"成为全球的购物狂欢节，全球买、全球卖、全球付、全球运、全球玩。在全球买方面，天猫国际引进了来自欧美、日韩、澳新、东南亚等 75 个国家和地区的 19 000 多个品牌参与了这次天猫"双十一"；在全球卖方面，天猫出海、全球速卖通、Lazada、Daraz 等平台上，累计已有 210 多个国家和地区的全球"剁手党"参与这次天猫"双十一"。阿里巴巴经济体中的多元化商业场景及其所形成的数据资产，与阿里巴巴正在高速推进的云计算结合，共同形成独特的"阿里巴巴商业操作系统"，正在全面赋能品牌、商家和企业完成数字化转型。

3. 偶然时机

每年每月每天每时总有一些大大小小的偶发性事件发生，公关人员只要具有强烈的公关意识，又善于观察发现，就可以不失时机地借用这些事件策划公关活动。偶然得到的机会，常常是一种真正的大好机会，充分利用它，能获得意想不到的效果。"鸽子事件"（详见小案例1-2）就是利用偶然时机开展公共关系活动的一个经典案例。"鸽子事件"如果简单处理，打开窗户就可解决问题，那么唾手可得的公共关系良机也就错过了。而经过公共关系人员的策划，纽约联合碳化钙公司受益极大。你也许会想：这确实是一个十分有趣的活动，但这种事并非每个组织都能经常遇到。的确如此，"鸽子事件"是可遇而不可求的，但它给我们的启示是：如果公共关系人员善于抓住偶发事件、利用偶然时机开展公共关系活动，定会取得事半功倍的效果。

小案例 6-12　一个苹果园主的绝妙广告

杨格是美国新墨西哥州高原地区的一个苹果园园主，他的高原苹果在美国闻名遐迩。这种苹果味道纯正，汁浓爽口，吃过后令人回味无穷。杨格每年都将苹果装箱销往各地，并承诺："如果您对收到的苹果有不满意之处，请函告本人，苹果不用退还，货款照退无误。"高原苹果风味佳美，买主非常满意，从未有人提出退款的要求。

可是天有不测风云，有一年一场大冰雹袭击了果园，把待收获的苹果打得遍体鳞伤。看着这斑痕累累的苹果，杨格想道：这么难看的苹果谁还会要呢？是发货等着索赔呢？还是认赔不发货呢？苹果已被订出9000多吨了呀！一年耕耘将化为乌有，他苦苦思索，一筹莫展，随手拿起一个苹果吃起来，苹果清香扑鼻、汁浓爽口，可就是样子实在太难看了。

一天夜里，一个绝妙的主意使他兴奋地从床上跳了起来，他决定马上把苹果发出去。当买主收到杨格发来的苹果时，开箱一看，里面有一张广告，上面写着："这批货个个带伤，但请看好，这是冰雹打出的疤痕，是高原地区出产的苹果的特有标记。这种苹果果紧肉实，具有真正的果糖味道。"买主半信半疑地咬一口满是疤痕的苹果，"味道真棒！高原特有的味道。"买主们都满意地接受了这批苹果，无一人要求退款。

4. 组织营运过程中所蕴含的时机

组织营运过程中所蕴含的时机包括两类：一是组织重大事件发生的自然时间，如某工程奠基之时、落成之时，组织创办之际，企业推出新产品或新服务之时，企业销售额达到一个大的整数之时等；二是一些具有隐蔽性的时机，需要公关人员慧眼察觉，如组织运营过程中，可能会出现差错而造成组织形象受损，或者由于信息传播障碍而引起公众误解，或者由于外部某种原因可能引起公众关系恶化等。

小案例 6-13　快递小哥被打，公司关爱维权

2016年4月17日，北京市东城区某小区内，一辆快递电动三轮车与一辆正在倒车的黑色出租车发生剐蹭，年轻的顺丰快递小哥遭到中年出租车司机多次掌掴和辱骂，整个过程快递小哥除了道歉没有还手。一位现场目击者上传了当时出租车车主打人的视频，随后被大量转发，引发网友强烈反响。

> 事发后 4 小时 21 分，当日 19 点 26 分，顺丰集团官微回应："我们的快递小哥大多是二十几岁的孩子，他们不论风雨寒暑穿梭在大街小巷，再苦再累也要做到微笑服务，真心希望发生意外时大家能相互理解，首先是尊重！我们已找到这个受委屈的小哥，顺丰会照顾好这个孩子，请大家放心！"
>
> 距上一条回应 12 小时 14 分，18 日 8 点 40 分，顺丰集团再发严正声明："对于快递小哥被打事件的严正声明。对于责任，我们不会因愤怒而抛弃客观公允；对于尊严，我们也不会因理解而放弃追回！希望一线小哥恪尽职守的同时也要保护好自己，你们的安危牵动着每一个顺丰人的心。""我们非常感谢大家对顺丰小哥的关心，顺丰集团对于此次暴力事件非常震惊，并已指派高层跟进处理后续事宜。目前已向警方报案，并安排小哥进行伤情鉴定。公司坚决主张依法维权，同时我公司态度如下：①鉴于对方反复殴打小哥，行为极其恶劣，我公司不同意对方调解诉求，对于这种寻衅滋事现象，建议追究刑事责任；②以后如发生类似事件，顺丰仍将依法维权，对员工的合法权益保护到底；③服务行业十分辛苦，需要彼此理解和尊重，希望大家以此为鉴，共同维护社会公平正义。"

（三）确定活动项目类型

公共关系活动的开展，可以采用多种方法和技巧。公共关系人员应根据本组织公共关系活动的特点，对公共关系活动中将采用的方法和技巧进行正确的选择。只有这样，才能使公共关系活动收到事半功倍的效果。

国内外的公共关系专家对各类社会组织开展的公共关系活动进行分析和研究后，归纳出许多种公共关系工作方法系统，即公共关系活动模式。这些模式为公共关系人员提供了可供选择的各类方法，对公共关系活动的开展具有指导意义。但是，我们应牢记：任何模式的选用都应充分考虑组织的具体特点，决不能生搬硬套，而是应根据组织的特点、组织发展的特定要求、社会环境所提供的具体条件以及公众的不同类型和不同要求，创造性地选用不同的模式，或在原有模式基础上创造出更有效的公共关系工作方法。

在确定公关活动项目类型时，有以下常见的公共关系活动模式可供借鉴。

1. 宣传型公共关系

宣传型公共关系是指运用大众传播媒介和内部沟通方法，开展宣传工作，树立良好组织形象的公共关系活动模式。其特点是：主导性强、时效性强、传播面广、推广组织形象效果快。如"荷兰宫别开生面的品尝会"（详见第四章引导案例）案例中，公共关系公司从公共关系战术上采用的就是典型的宣传型公共关系。

宣传型公共关系活动模式的活动项目有：记者招待会、竞赛活动、庆典活动、展览会、信息发布会、印发宣传资料、制作视听资料、制作宣传橱窗、新闻报道、专题采访、经验介绍等。

2. 交际型公共关系

交际型公共关系是指在人际交往中联络感情、广结良缘、深化交往层次，建立社会关系网络的公共关系活动模式。其特点是：节奏快、灵活性强、人情味浓。如"如何把面包卖给旅馆"（详见小案例 1-5），从公共关系战略上采用的就是典型的交际型公共关系。

交际型公共关系活动模式的活动项目有：招待会、座谈会、工作晚餐会、宴会、茶话会、联谊会、会晤、信函往来、开放日活动等。

3．服务型公共关系

服务型公共关系是指一种以提供优质服务为主要手段，获得公众信任与好评，树立良好组织形象的公共关系活动模式。其特点是：为公众提供实实在在的服务。如"新苑宾馆特殊的接待任务"（详见小案例 2-13）案例中，新苑宾馆运用的公共关系战略就是服务型公共关系。

服务型公共关系活动模式的活动项目有：咨询服务、售后服务、消费教育、消费指导、优质服务等。

4．社会型公共关系

社会型公共关系是指组织利用举办各种社会性、公益性、赞助性活动塑造组织形象的公共关系活动模式。其特点是：公益性和文化性。如"最美快递员"（详见小案例 1-12）案例中，快递员汪勇及其团队的公益活动就是社会型公共关系，他们的行动塑造了武汉战"疫"的城市形象和市民形象。

社会型公共关系活动模式的活动项目有：节日庆祝活动、公益赞助活动、慈善活动等。

5．征询型公共关系

征询型公共关系是指通过舆论调查、民意测验的办法采集信息、分析研究信息，为组织决策提供参考意见的公共关系活动模式。其特点是：长期性、复杂性和艰巨性。如"有奖求教，家具俏销"（详见小案例 5-20）案例中，万斯家具厂运用的公共关系战略就是征询型公共关系。

征询型公共关系活动模式的活动项目有：公关调查、民意测验、征集意见、征集方案等。

6．建设型公共关系

建设型公共关系是指社会组织为开创新局面而在公共关系方面所做的努力。它适用于组织的开创时期，推出新产品、新的服务项目时期，如开业庆典仪式、剪彩活动和开业广告等。如"里根总统的答谢宴会"（详见小案例 1-9）案例中，长城饭店运用的公共关系战略就是建设型公共关系。

7．维系型公共关系

维系型公共关系是指社会组织在稳定发展之际用来巩固良好形象的公共关系活动模式。这种公共关系适用于组织机构稳定、顺利发展时期。它有两个特点：一是采取中低姿态，用渐进的方式向目标公众施加影响，从而达到期望的目标和要求；二是利用公众的心理特点，使组织的形象慢慢渗透到公众的心目中，这种经过长期形成的观念，一旦发挥效能是不会轻易改变的。如"神童雕像里流出的免费啤酒"（详见小案例 6-5），从公共关系战略上采用的就是维系型公共关系。

8．防御型公共关系

防御型公共关系是指社会组织，为防止自身的公共关系失调而采取的公共关系活动模式。这种公共关系适用于组织出现潜在的公共关系危机的时候。其特点是：以防为主，防患于未然，避免矛盾尖锐化，同时防御与引导相结合。如"荷兰宫别开生面的品尝会"（详见第四章引导案例）案例中，公共关系公司从公共关系战略上采用的就是防御型公共关系。

9. 进攻型公共关系

进攻型公共关系是指社会组织采取主动出击的方式来维护和树立良好形象的公共关系活动模式。这种公共关系适用于组织与环境发生某种冲突、摩擦的时候。其特点是：以较高的姿态、较强的频度、进攻的方式开展工作。如"森永制果公司摆脱困境"（详见第三章引导案例）案例中，森永公司采用的公共关系战略就是进攻型公共关系。

10. 矫正型公共关系

矫正型公共关系是指社会组织在遇到问题与危机、组织形象受到损害时，为了挽回影响而开展的公共关系活动。这种公共关系适用于组织的公共关系严重失调、形象受到严重损害的时候。其特点是：及时发现存在的问题或潜伏的危机，并通过努力改变或消除这些不利因素，重塑组织形象。如"农夫山泉应对千岛湖水质危机"（详见小案例6-2）案例中，农夫山泉采用的公共关系战略就是矫正型公共关系。

（四）设计公关活动项目应注意的问题

1）针对性。公关活动项目要符合组织的性质和特点，要针对公关目标和目标公众对象。

2）可行性。公关活动项目要考虑到组织的需要与可能，以最小的投入获得最大的效益。

3）适应性。公关活动项目要考虑到执行过程中可能会出现的异常情况，使之具有一定的弹性和适应性，避免出现不良后果。

4）合理性。公关活动项目要注意适当分配各项目的活动时间，使之张弛有度。

5）连续性。公关活动项目要注意保持各项目的连续性，以利于积累成果，使每一个项目都成为表现、烘托主题的有用要素。

6）吸引力。公关活动项目要具有特色和竞争性，能充分吸引公众的注意力，引起公众的兴趣，给公众留下深刻的印象。

小案例6-14　碧桂园联手新浪微博打造"家的模样"

基于对家庭和社会的洞察，碧桂园聚焦家庭沟通、就业观等热点，在中秋时节家好月圆之际，携手微博泛生活，发起"家的模样"系列话题讨论，邀请广大网友分享家的故事。抛出"扎心"话题后，碧桂园找到"成年人崩溃瞬间""我不被认可的职业"两个切入点，并对"父母眼中奇葩职业"展开探讨，成功赢得群体共鸣。碧桂园先后推出两条感人短片——《致我最亲爱的人》《父母眼里的奇葩职业》。同时，力邀3位权威专家进行微博直播，共同探讨家庭法则。随后，碧桂园进一步围绕系列话题，联手微博泛生活和专家共同打造"家庭红宝书"，为家庭沟通送上"锦囊妙计"。在这一过程中，碧桂园扮演了一位有温度的陪伴者，与受众建立起有效情感沟通，传达了"家圆·团圆·碧桂园"的品牌主旨。

"家的模样"系列话题共获得13亿+的曝光，赢得了品牌的口碑飙升，使碧桂园品牌喜爱度提升了198.2%，实现了品牌高度的升级，营造出了有态度、有情怀、有责任的国民品牌形象家的模样。

第三节　预算活动经费、审定活动方案

一个完整的公关活动方案必须包括公关活动经费的预算和效果的预测。这两项内容既是公关策划的题中应有之意，也是论证、审定活动方案的重要依据。

一、预算公关活动经费

公关活动经费指实施公关专题活动所需的费用。任何一项公关活动都要花费一定的人力、物力和财力，预算公关活动经费对于公关活动的顺利开展是十分重要的。

1. 预算公关活动经费的重要性

1) 保证活动方案的可行性和现实性。预算公关活动经费，可以预先清楚地知道公关活动需要投入多少经费作为保障，做到心中有数，使公关活动方案具有可行性和现实性。

2) 统筹安排活动项目。预算公关活动经费，可以根据人力、物力和财力，统筹安排公关活动方案中的每一个活动项目，避免因陷入"财政陷阱"而使方案无法实施。

3) 严格控制经费使用。预算公关活动经费，可以给公关活动费用的分配提供一个坐标系，严格控制经费的使用，把钱花在刀刃上。

4) 便于活动效果评估。公关活动方案实施完毕后，可以根据公关活动的效益同成本预算之比来检测评估公关活动的花费是否值得，并且可以考核预算内各个项目之间的分配比例是否合理，为以后的公关策划提供参考依据。

2. 预算公关活动经费的方法

公关专题活动经费预算一般采用"目标作业法"，即根据公关目标和任务的难易程度来确定公关活动经费。公关专题活动的经费开支构成大体如下：

1) 行政开支。行政开支包括劳动力成本、管理费用和设施材料费。

2) 项目支出。项目支出即每一个具体项目所需的费用，如场地费、广告费、赞助费、咨询费、调研费等。

3) 机动经费。在预算总额已定的情况下，应当计提一定比率（比如 5%～10%）的机动经费，以备计划不周或出现偶然事件而造成经费紧张。

要科学、合理地预算公关活动经费，必须具备收集活动物品市场信息、劳动力市场信息、活动项目经费信息等方面的能力。

二、预测公关活动效果

预测公关活动效果，即对公关活动方案实施的预期结果进行综合效益评估。管理层对公关工作的最大忧虑就是，很难确定他们花在公关上的钱是否物有所值，因为公关活动的效果是难以测量的。但是，不管怎样，我们还是很有必要找出一种可以有效评估公关绩效的方法。因此，我们通常会在公关策划方案中提到评估方法，并坚信我们可以根据评估方法来评估公关效果。这时，我们的主要任务就是为下面的问题提供答案：

1）本方案中，各活动项目是否能够顺利开展？

2）活动开展后，能否使目标公众和其他公众在接受组织信息的基础上，记忆和认同这些信息，形成有利于组织的看法、态度或行动？

3）活动开展后，对组织的工作会有什么促进？会使组织的公关状态在哪些方面得到改善？

4）本次公关活动在社会上会产生什么影响？

5）大众传媒和社会各界对本次公关活动会有什么样的评价和看法？

小案例6-15　东方明珠美食娱乐城公关营销活动效果预测

> 1. 青岛市体育记者协会在"东方明珠"安营扎寨，每年都组织几次圈内活动和新闻评奖的体育记协，搬到一家叫"东方明珠"的酒店办公啦，这就会给人带来悬念，让"东方明珠"戴上朦胧而神秘的光环。
>
> 2. 与体育记协联名举办全国首届体育记者卡拉OK大赛。此项活动由于全国中学生运动会在青岛举行，中央、地方体育记者云集，因而能迅速地筹办成功。新闻圈的声乐比赛，在青岛还是头一遭，加之新闻单位本来就有的竞争，必然会爆出一些可供谈说的火花，电视、报纸、广播对大赛进行报道并公布成绩，也势必在市民中引起反响。
>
> 3. 与青岛市小记者学校联袂举办庆祝教师节活动。这所学校和他们的《小记者报》颇受市民、政府甚至中央有关领导的关心，这台活动自然也会引起电视、广播、报界的反响。
>
> 4. 三项连续不断的活动，必然会使"东方明珠"跟新闻界的关系引起诸多方面的关注。在此时，策划阐释"东方明珠"独特经营思路的专访，肯定能获得较好效果。

三、审定公关活动方案

公共关系人员在进行公关策划时，通过分析组织内外的具体条件，可能提出了若干活动方案。在审定活动方案时，要对这些活动方案进行比较、择优，最后确定能够达到目标要求的最适当、最有效的活动方案。审定公关活动方案一般要经过以下三个步骤：

1. 方案优化

方案优化是提高方案合理值的过程，目的在于寻求尽善尽美的方案。优化方案一般可从增强方案的目的性、增加方案的可行性和降低消耗三个方面去考虑，其方法有以下四种：

1）重点法。当我们对同一方案进行优化时，可先分析目的性、可行性和耗费三个方面，哪一方面增加或减少对该方案的合理值影响最大，就把它定为重点，着力去突破这一薄弱环节，以使方案整体优化。

2）轮变法。在影响整体的要素中，将一个要素作为变数，其他作为定数，对作为变数的要素做数量的增减，以期在其他要素不变的情况下提高合理值，直至不能增加。然后，换一个要素作为变数，又将原来那个要素与其他要素一起作为定数，依此类推，直至合理值不能再提高为止。

3）反向增益法。在影响整体的要素中，以一个要素的较小变动去求得其他要素的较大变动，达到"舍寸进尺"的效果。

4）优点综合法。将各个方案中可以移植的优点综合到被选方案中，使被选方案优上加优，达到最优化。

2. 方案论证

方案论证是公关活动方案制订好后所进行的可行性论证。一般由有关领导、专家和实际工作者对方案的可行性提出问题，由策划人员答辩论证。方案论证的主要内容有：

1）公关目标论证。分析公关目标是否明确、能否实现以及对实现组织目标的意义。

2）限制性因素分析。分析公关活动方案在哪些条件下可以实施，在哪些条件下不可能实施。

3）潜在问题分析。预测公关活动方案实施时可能发生的潜在问题和障碍，分析防止和补救的可能性。

4）公关活动效果预测。对公关活动方案实施的预期效果进行综合效益评价，判断该方案是否付诸实施。

3. 书面报告与方案的审定

公关活动方案经过论证后，必须以书面报告，即策划书的形式报公关主体领导审核和批准。策划方案一经审定通过，便可以组织实施了。关于公共关系策划书的撰写方法，我们在下一节详述。

第四节 撰写公共关系策划书

公关活动方案必须经过公关主体领导审核和批准，有时还应向有关政府部门申报。其目的是使公关目标与组织总体目标相一致，使公关活动与组织其他部门的工作相互协调、相互配合并获得合法性，否则方案无法推行。公共关系策划书是公共关系活动方案的规范载体，因此，撰写公共关系策划书是公共关系人员的必备技能之一。

一、公共关系策划书的内容要素

公共关系策划书没有固定的格式，策划者一般根据实际的需要和自己的文笔风格来撰写。但无论策划书的形式、内容有怎样的差别，理应包含的要素都不可或缺。一份完整的公共关系策划书应当具备 5W、2H 和 1E，即：

Why（为什么）——策划的缘由。
Who（谁）——策划者、策划方案针对的公众。
What（什么）——策划的目的、内容。
Where（何处）——方案实施地点。
When（何时）——方案实施时机。
How（如何）——方案实施形式。
How much（多少）——活动经费预算。
Effect（效果）——活动实施效果预测。

上述八个要素就是一份完整的公共关系策划书应当具备的基本框架。针对不同组织、不同内容与形式的公共关系策划方案，应当围绕这八个要素，根据自己的需要去进行丰富完善和组合搭配，公共关系策划书的创造性与个性风格，就存在于对要素的丰富完善和组合搭配的差异之中。

二、公共关系策划书的撰写方法

公共关系策划书一般可分为三个部分：标题、署名及成文日期，正文，附件。

（一）标题、署名及成文日期

1．策划书的标题

策划书的标题必须具体清楚，让人一目了然。策划书标题字号稍大于正文，居中排列。其表现形式有三种：

1）公关主体＋事由＋文种。由组织聘请的公关顾问、公关公司策划的公关活动方案，其策划书一般采用这种形式的标题。如："东方商厦第十届香水文化节策划书""实桥公司开业庆典策划书""巨能钙公司消除'双氧水事件'影响的公关活动策划书"。

2）事由＋文种。由组织内设公关机构策划的公关活动方案，其策划书一般采用这种形式的标题。如："爱美奖学金10周年庆祝活动策划书""心理健康知识宣传活动策划书"。

3）主标题＋副标题。主标题一般是公关活动主题，副标题常使用策划书名称。如："感恩生活，关注心理健康——心理健康知识宣传活动策划书""节奏狂飙　炫音魅影——百事可乐炫音飞车音乐活动计划"。

2．策划书署名

策划书署名为策划者单位或个人名称。如果方案由群体或组织完成，可署名"××公关公司""××公关部"；对其中起主要作用的个人，也可在单位名称之后署名，如"总策划××""策划总监××"。方案如果由个人完成，则直接署名"策划人××"。

3．策划书成文日期及其他

1）成文日期。在署名下面注明策划文案完成的具体日期，一般加括号。如：（2008年11月18日）。

2）编号。对策划书进行编号，便于存档和查找。例如，根据策划方案顺序编号，根据方案的重要程度或保密程度编号，根据方案管理的分类编号等。编号标志一般位于策划书标题的右上角。

3）版记。如果策划方案尚属草稿或初稿，还应在标题下加括号注明，写上"草稿""讨论稿""征求意见稿"等字样。如果前有"草稿"，决策拍板后的策划方案就应注明"修订稿""实施稿""执行稿"等字样。

（二）正文

策划书正文可分为活动背景、活动方案和效果预测三个层次展开。

1. 活动背景

活动背景分析的目的主要是让公关主体领导者、公关活动方案实施者了解这次活动要解决什么问题及其鲜明的记忆点是什么。因此，活动背景分析应是公关策划者在综合分析公关主体面临的公关问题基础之上，对制订公关活动方案的依据、主要目的和创意的简要说明。

这部分内容应根据策划书的特点在以下项目中选取内容重点阐述：
1）组织面临的公关问题及环境特征。
2）组织的发展历史及组织立场。
3）实现组织既定目标需要克服的障碍。
4）开展公关活动的原因。
5）开展公关活动的目的、动机等。

小案例6-16　××品牌15周年公关活动的实施背景

自××公司生产中国第一瓶灭菌奶以来，已经15年了。15年，是一把用时间做的尺子。用它来量这个地球，我们会发现人们已经从传统的工业社会进入了信息社会；用它来量中国，我们会发现中国正在成为一个崛起的强国；用它来量浙江，我们会发现浙江已经成为中国发展最快的地区之一；用它来量金华，我们会发现金华已经发生了很大的变化，变得更美、更富饶、更值得我们热爱了；而如果用它来量我们自己，我们又会发现些什么？如果我们以"15年来让生活更快乐的三件事"为主题与新闻媒体合作在金华市开展大型有奖读者调查，以普通市民的视角，全面见证金华的发展、社会的进步和生活质量的提高，与××品牌核心价值贴合，容易引起普通老百姓的关注，调查结果具有新闻性，有继续宣传的价值，且成本相对不高。

2. 活动方案

这是公关策划书的核心部分。其主要内容有：
1）活动目标。
2）活动主题。
3）活动内容。
4）经费预算。

这一部分的写作需要周到，但以纲目式为好，不必过分详尽地加以描述渲染，也不要给人以头绪繁多、杂乱或干涩枯燥的感觉。

3. 效果预测

活动效果预测的主要目的是让公关活动主体领导者和公关活动实施者明确公关策划希望获得什么样的结果，以及公关活动能否获得预定的效果。这部分写作只要回答清楚我们在策划论证时提出的几个问题即可。

（三）附件

不一定每份策划书都需要这部分内容，应根据具体情况而定。重要的附件通常有：

1）活动筹备工作日程推进表。
2）有关人员职责分配表。
3）经费开支预算明细表。
4）活动所需物品一览表。
5）场地使用安排表。
6）相关资料。
7）注意事项等。

为了让大家对公共关系活动策划书有一个感性的认识，下面介绍克兰罗尔公司的一个公共关系活动策划书。

克兰罗尔公司以生产和销售妇女染发、护发产品为主，多年来，一直致力于开展有益于妇女的服务活动，其中包括爱美奖学金计划。该奖学金计划的目的在于支持女性对教育的追求。奖学金总额为每年50 000美元，资助对象为30岁以上因家庭和抚养孩子而中断学业和事业的女性。奖学金主要用于本科或硕士阶段的教育，奖学金获得者可在春秋两个学期各得到1 000美元的资助。克兰罗尔公司平均每年收到400多份奖学金申请表，由华盛顿特区的商业与职业女性基金会评选奖学金获得者。奖学金计划实施10年间，克兰罗尔公司共资助997名女性完成了学业。这一计划的执行主任是艾伦·安德森，负责向公关副总裁杰克·肖尔和宣传部主任菲利斯·克莱因报告计划实施情况。此外，爱美奖学金计划还免费发行两本小册子，一本是《妇女教育资助来源》（6页），介绍爱美奖学金计划及其他能给予资金资助的机构；另一本是《妇女与工作》（21页），刊登的都是一些专题研讨会上的意见，这些专题研讨会由克兰罗尔等机构赞助，在某个午餐会或工余时间在某个城市举行。1984年，克兰罗尔公司举办了爱美奖学金计划10周年庆祝活动。下面就是克兰罗尔公司爱美奖学金计划实施10周年庆祝活动的策划书。

小案例6-17 公共关系活动策划书

爱美奖学金计划实施10周年庆祝活动策划书

公关部

（××年××月××日）

一、实施背景

提高人们的兴趣是事业成功的一个基础。一个连续性计划无论制订得多么好，都会因为持续时间太长而失去其新闻价值，爱美奖学金计划正是如此。在爱美奖学金计划实施10周年之际，举办一个有特色的庆祝活动，就像大家关注自己的生日那样，必将重新燃起公众对爱美奖学金计划的兴趣，赢得新闻媒介的报道和社会各界的赞扬。

二、活动方案

（一）活动目标

1）宣传"爱美奖学金计划"的贡献，提高公众对爱美奖学金计划的兴趣和关注度。
2）强化公司"提高女性生活品质"的形象，促进公司产品销售。

（二）活动主题

家庭工作皆重要，女性能顶半边天。

（三）活动内容

1）征募爱美奖学金计划赞助委员会成员。征募对象必须是各行各业的杰出女性，特别是受爱美奖学金计划资助成功的杰出女性，她们将为爱美奖学金计划实施10周年庆祝活动服务。

2）评选和奖励奖学金获得者中最优秀的10名女性。对10年来的997名奖学金获得者进行调查，了解她们的近况，并挑选10名优秀的女性作为庆祝活动中的奖励对象。

3）调查女性对公司的影响。向500家事业昌盛的公司调查有关女性在公司中人数日益增长对其公司的影响，请这些公司的高层领导谈他们的看法。这一调查结果将在庆祝会上提供给新闻媒介和与会嘉宾。

4）起草并宣布工作与家庭问题宣言。成立一个女性专门小组，研究工作与家庭问题并起草一份新闻宣言。这一宣言将在庆祝会上由公司总裁宣布。

5）举办午餐庆祝会。9月20日，在纽约海尔姆斯雷宫举行一个简朴、隆重而且气氛热烈的爱美奖学金计划实施10周年午餐庆祝会。

6）安排新闻采访。访问"十佳"人员住地，并且同她们一起接受当地新闻界的采访。

（四）经费预算

1）奖学金获得者调查：10 000美元。

2）公司调查：5 000美元。

3）专题研讨会：3 000美元。

4）资料费：2 000美元。

5）场租费：3 500美元。

6）午餐费：20 000美元。

7）庆典活动礼品：15 000美元。

8）机动经费：6 000美元。

合计：64 500美元。

三、活动效果预测

1）征募杰出的妇女作为爱美奖学金计划赞助委员会成员并为庆典活动服务，将极大地增强庆典活动的号召力，为成功地举办庆典活动奠定良好的基础。

2）对10年来奖学金获得者的调查以及"十佳"获奖者的评选、公司调查以及专题研讨活动等，将凸显"爱美奖学金计划"的价值和贡献，既能为奖学金计划赢得声誉和社会有关人士的关注，又能为庆典活动增添有价值的内容。

3）通过上述努力，庆典活动将具有饱满丰富的内容和强有力的号召力，能够吸引社会人士参与和媒介人士关注，以确保庆典活动的成功。

附件：

（1）午餐庆祝会时间安排表（11:30～14:00）

序号	时间	工作内容	实施责任人
1	11:25	与会人员入场	奖学金计划执行主任××
2	11:30	记者招待会	宣传部主任××
3	12:00	庆典开始,主持人致辞	公关副总裁××
4	12:05	庆典主题演讲	公司总裁××
5	12:10	宣读贺电(信)	公关副总裁××
6	12:12	介绍"十佳"	宣传部主任××
7	12:18	宣布调查结果	奖学金计划顾问××
8	12:20	切开庆祝蛋糕	公司总裁××
9	12:30	午餐	奖学金计划执行主任××

(2)经费开支预算明细表
……
(3)注意事项
……

本章小结

1．优秀的公共关系活动方案是公共关系活动成功的基础，一个出色的公关人员必须具备策划公共关系活动的技能。

2．要确保公共关系策划成功，一定要遵循确立公关目标、设计活动主题、确定目标公众、设计活动项目、预算活动经费、审定活动方案的工作程序。

3．公关目标应明确、具体、可行、可控，形成体系并与组织的整体目标相一致，有利于组织有效形象的塑造。

4．公关活动主题的设计一般要考虑公关目标、信息特性、公众心理和语言表达四个因素。

5．确定目标公众很难有统一的标准，基本的原则是从组织的活动目标、需要和实力三个方面去考虑，我们可以根据公关目标确定公众范围，根据公关活动需要确定集中影响的公众，根据组织的实力确定扩散影响的公众。

6．设计公关活动项目时，首先要确定公关由头，然后选择公关时机、确定活动项目类型，最后按照活动开展的时间顺序和活动内容的内在联系，对公共关系活动项目进行合理的编排。

7．公关专题活动经费预算一般采用"目标作业法"，即根据公关目标和任务的难易程度来确定公关活动经费，其开支大体由行政开支、项目支出和机动经费三部分构成。

8．审定公关活动方案一般要经过三个步骤：方案优化、方案论证、书面报告与方案的审定。

9．公共关系策划书是公共关系活动方案的规范载体，是公关人员常用的公关文书。公共关系策划书没有固定的格式，策划者一般根据实际的需要和自己的文笔风格来撰写，但无论策划书的形式、内容有怎样的差别，一般应包含下列要素：策划的缘由，策划者，策划方案针对的公众，策划的目的、内容，方案实施地点，方案实施时机，方案实施形式，活动经费预算，活动实施效果预测。

案例评析

滞销的港湾公寓变成了抢手货

美国芝加哥的"港湾公寓"是一座四面环水、风景优美的豪华居住楼盘。但是,在建成的头三年,只卖出了35%的房屋。每年楼盘要交的房产税和建设债券利息达数百万美元。又逢当年房地产市场不振,为了破解豪华公寓销售难题,港湾公寓聘请了专业公共关系代理公司:丹尼尔·埃德尔曼有限公司来提供解决策略。

丹尼尔·埃德尔曼有限公司仔细分析了港湾公寓的处境:由于港湾公寓地理位置四面环水,居住在这里的人们会感觉自己离群索居。而且,有购买力的人感觉购买该公寓总价贵,入住成本增大。这些问题有些是客观存在的,有些则是因为公众(尤其是潜在买主和能影响潜在买主的人)对港湾公寓的整体情况缺乏正确了解所致。

为给港湾公寓销售创造良好的环境,使原来滞销的公寓成为抢手货。丹尼尔·埃德尔曼有限公司对港湾公寓的业主进行了一次问卷调查,从中获得了一些有用的背景资料。港湾公寓的公共关系目标被确定为:

1)重塑港湾公寓在目标客户和潜在客户眼里的形象。

2)在港湾公寓已有住户中建立社区群体意识,培育融洽相处、彼此关心的社区小社会环境。

3)改善公寓周边的交通条件,帮助芝加哥市政修筑一条通向公寓的公路。

4)吸引知名人士来参观和居住,提高公寓的美誉度与知名度。

为了建立港湾公寓住户的社区群体意识,公关公司以港湾公寓的名义举办了一个名为"流动马戏团"的舞会,为住户巡回演出并教他们各种小丑化妆术;一个月后的感恩节,港湾公寓又按传统的过节方式,给每家住户送上一份厚礼——一只12磅(1磅=0.907 184 7斤)的火鸡和一封亲切的问候信;圣诞节期间,港湾公寓又向住户们提供了印有港湾公寓全景的设计精美的贺年卡。这些公关活动不仅使港湾公寓更具吸引力,而且刺激现有住户向亲朋好友推荐港湾公寓。

公关公司还策划了两次大型的特殊事件,极大地增加了港湾公寓的社会曝光频率,制造了有利的宣传机会,激发了业主的自豪感,也吸引了大量的社会公众前来了解、参观公寓。

特殊事件一:与芝加哥建筑艺术中心联合举行"芝加哥历史纪念品大拍卖"慈善义卖活动,把拍卖得来的钱全部捐赠给芝加哥建筑艺术博物馆。公关代理公司广泛搜索包括宾客、拍卖者、知名人士等在内的人员,通过发邮件、拨打电话、刊登广告等方式号召,收到了150件捐赠拍卖品,其中一件是1929年由著名戏剧场景设计家设计的一个布景窗户,这个窗户在当时是代表一所房子的符号;还有一件是用厚实的菲律宾红木做镜框的一幅描写20世纪初芝加哥南部秀色的水彩画。这场大拍卖在3月至5月间把港湾公寓频繁地推向新闻界,并吸引了500多名潜在买主。

特殊事件二:港湾公寓广场的升国旗仪式。当时,还没有企业在芝加哥城举行过正式的庆典仪式。港湾公寓以"美国国旗制定200周年"为由邀请了附近一所海军军校的学员做升旗的仪仗兵，并请了市长的代表主持升旗仪式。升旗那天，海军军校的学员在美国国歌乐曲声中，徐徐升起了美国国旗，并用海军的三角信号小旗摆出了"港湾公寓"四个醒目的大字。当天，芝加哥三大报纸和四家电视台都专题报道了这次升旗仪式。

两次特殊事件都被多家媒体宣传报道，港湾公寓一度成为"话题"而被人们关注。这些活动对销售起到了直接和巨大的推动作用，港湾公寓终于由滞销品成为抢手货。

1977年9月，港湾公寓为所有住户及他们对住在港湾公寓感兴趣的朋友举行了两次酒会；10月，90%的房屋已售出；11月，港湾公寓被标克公司用作其产品电视广告的背景；12月，港湾公寓还组织住户们在圣诞节来临之际举办了一次房间布置装饰竞赛；到1978年2月，港湾公寓的房屋已全部售出。

港湾公寓的销售经理贝提·卡拉哈总结这场公共关系活动时说："公共关系是我们各种关系的微调旋钮，它改变了这一公寓的形象，并把人们吸引到我们周围。港湾公寓正是得到了恰到好处的宣传，才使得未来的销售变得信心十足……什么时候有有关港湾公寓的报道，什么时候涌向我们公寓的人流就会增加50%～55%。"

影响公共关系策划的九个因素

代理港湾公寓公关事务的公共关系人员是如何想出那些好主意的呢？与所有的创造性工作一样，公共关系灵感的产生是很难解释清楚的，有时甚至不能言传。但是，不管如何，这里可能存在某些基本的东西，可以让我们探寻其中的奥秘。

我们已经知道，公共关系活动是公关主体针对特定的目标公众开展的信息传播沟通活动。从信息传播沟通的角度来看，影响公共关系策划的决定性因素有九个：沟通目的、沟通对象、沟通内容、沟通方式、沟通信源、沟通时机、沟通障碍、沟通人员、经费预算。

当某个组织面对一个公共关系问题时，这九个决定性因素是公关人员必须予以认真考虑的。有创造性的公关专家会仔细考虑这九个因素，并集中研究其中关系最密切的因素。这是因为根据这九个决定性因素去分析情况时，一般只有一两个决定性因素是关键的，最常见的关键因素是公共关系活动所针对的公众。我们所要解决的，是它与其他八个决定性因素中的某一个的关系配合问题。

虽然每一个公共关系问题都有所不同，但我们可以通过分析个别具体问题来掌握一般规律。本案例评析的目的，就是向大家介绍公共关系策划的基本方法，让大家在学习中举一反三，能够在实际工作中有效地利用公共关系解决好任何可以被解决的公共关系问题，并帮助组织实现其目标。

从本案例来看，港湾公寓面临的问题是必须尽快解决公寓的销售问题。显然，其所针对的公众是潜在买主。港湾公寓的公共关系策划要重点考虑的关键因素就是潜在买主，其公共关系活动必须有效地影响潜在买主。

要想有效地影响潜在买主，就必须弄清楚：与潜在买主沟通的目的是什么？传播什么信息才能达到沟通目的？采用什么沟通方式才能达到沟通目的？这些信息由哪个沟通信源传播出去才会对潜在买主更有影响力？这些信息在什么时候传播才会产生更好的效果？这些信息在传播过程中可能会遇到怎样的沟通障碍？开展这些传播活动需要什么样的公共关系人员？开展这些传播活动需要多少经费？正是在探寻这些问题答案的过程中，公共关系灵感可能就产生了。

在研究公共关系策划案例时，如果我们能经常循着这样的思路去探究，就一定能体悟到公共关系策划的奥秘。

技能训练

自选一个某组织需要解决的公共关系问题，为该组织设计一个解决这个公共关系问题的公共关系活动方案。

思考题：

1．造成这个公共关系问题的主要原因是什么？请简要说明。

2．为解决这个公共关系问题而开展的公共关系活动主要针对哪些公众？请简要说明。

3．请就该公共关系活动方案的公关目标、活动主题、目标公众、活动项目、经费预算、效果预测等内容，在课程论坛里发表意见，交流讨论。

4．请撰写一份解决这个公共关系问题的公共关系活动策划书（按教师要求发送到指定的电子邮箱）。

第七章 公共关系实施

☞ 学习目标

1. 能够正确认识公共关系活动实施的特点,理解公共关系活动实施的原则。
2. 能够根据开展公共关系活动的具体情境设计落实公共关系计划的实施方案。
3. 能够巧妙而有效地运用各类传播手段、渠道,将公共关系活动实施方案付诸现实,有效地传播组织的特定信息。
4. 能够对公共关系活动实施过程中可能出现的问题防患于未然,使公共关系活动得以顺利实施。

引导案例

泸州老窖的金奖宣传活动

1987年9月13日，泸州老窖特曲在泰国曼谷第二届国际饮料食品展览会上荣获金奖，这是该厂继1915年获巴拿马万国博览会金奖七十几年后再次获奖。该厂接到由泰国发来的获奖电文后，充分认识到如果金奖捧回厂就算完事，那就没有发挥它应有的价值。于是，公关部立即组织策划，计划通过中央电视台、广播电台及全国性各主要报刊播发此消息，让公众知道泸州老窖又获国际金奖，为国再度争光。为方便公众记忆，他们拟定了一条简练的口号："四百年泸州老窖飘香，七十年国际金牌不倒。"

按照拟定的目标，该厂决定分三步展开公关活动。第一步：扎彩车组织游行队伍，按时到火车站迎接奖杯，随后在全市举行大游行，引起轰动效应，使全厂员工增强荣誉感，使企业增强凝聚力，使广大市民受到感染；第二步：向省、市领导报喜，以取得政府的支持，扩展获奖的涵盖面，争取以市政府的名义专门召开全市大会表彰酒厂为市、为国争光；第三步：在征得省政府、商务部的同意后，以四川省人民政府、中华人民共和国商务部的名义在人民大会堂举行隆重的庆祝大会。

这次公关活动三部曲获得了圆满成功，11月3日下午5点至7点，由四川省人民政府、中华人民共和国商务部联合举办的获奖庆祝大会在人民大会堂隆重举行。中央电视台、北京电视台播发了庆祝会实况；庆祝会后，该厂收集到全国主要媒体刊发这次获奖消息的新闻稿90余篇。

本章中，我们会学习公共关系活动实施方案的设计、公共关系活动的实施方法和公共关系活动的调控方法等内容，进而掌握实施公共关系活动的基本技能。

公共关系活动实施是指公共关系主体为了实现既定公共关系目标，充分依据和利用实施条件，对公共关系活动方案的实施策略、手段、方法进行设计并实际操作，力求达到预定目标的过程。任何未经实施的公共关系活动方案都是无实质意义的，公共关系活动方案需要通过"有效"的实施才能体现其科学性与合理性，实现其价值。因此，公共关系活动方案的实施在公共关系活动中起着举足轻重的作用。

实施阶段是公共关系工作相对集中、具体的传播过程，承担着四个方面的任务：①把公共关系策划方案按计划转化为现实的公共关系活动，使之接受目标公众和实践的检验，充分展示公共关系人员的实际操作能力和专业水平；②按预定计划向公众集中地传播特定的信息，引起目标公众的关注，使他们加深对该组织的了解，形成组织所期望的态度与行为；③解决组织公共关系方面存在的具体问题，实现公共关系工作的既定目标；④实施阶段公众反馈的信息、取得的成效、出现的问题，既可以用来监测、评估公共关系活动的效果以及组织的公共关系状态、环境变化和无形资产的质量，同时又为开展后续的公共关系工作创造新的条件，提供新的奋斗目标。

第一节　设计活动实施方案

从一项公共关系活动方案的制订到预期目标的完成，有一段相当长的时间，中间尚须投入大量精力，公共关系人员必须设计切实可行的实施方案，根据开展活动的具体情境分解活动项目、明确实施方法、制订实施流程、分配预算经费、组建实施团队、培训实施人员等。

经过公共关系策划，公关人员已经制订了公共关系活动方案。为什么在实施阶段还要设计公共关系活动实施方案？了解了公共关系活动实施的特点和基本原则后，对此就会有清醒的认识。

一、公共关系活动实施的特点

公共关系活动的实施具有以下三个特点：

1. 实施过程的动态性

公共关系活动的实施是由一系列连续活动构成的过程，是一个思想和行为需要不断变化、不断调整的过程。这是由于两个方面的原因：一方面，一项公共关系计划无论制订得多么周密、具体和细致，与实际情况总会存在或多或少的差异；另一方面，随着时间的推移、实施的进展、环境的变化，实施过程中仍会遇到一些新情况和新问题。因此，修正或调整原定的实施方案是实施活动中不可避免的正常现象。这种现象的出现说明计划实施正处于顺利状态，并非在实施计划中有随意性。

> **小案例7-1　星闪食品公司的猫食宣传活动**
>
> 猫的食品技术含量低，怎样才能使自己的产品受到欢迎，让消费者乐于购买？美国星闪食品公司首先为其产品创造了一个猫的代言人"毛丽丝"，然后围绕它开展了一系列具体的公共关系活动。
>
> 1）在9个主要市场发起一场竞赛，寻找与毛丽丝"面目酷似"的猫。然后将其照片刊登在报纸上，并大量登载有关寻找面目酷似的猫的新闻报道。
>
> 2）出版图书：《毛丽丝——亲切的传记》，讲述这只猫的各种冒险活动。
>
> 3）设立"毛丽丝"铜质雕像奖，奖给在地区猫展上评选出的猫的主人。
>
> 4）倡议发起"收养猫月"。推出毛丽丝作为"猫的正式发言人"，敦促人们收养流浪猫。
>
> 5）分发照管猫的小册子：《毛丽丝法》，告诉人们如何照管猫。

2. 实施过程的创造性

由于公共关系活动的实施是一个不断变化和需要调整的动态过程，实施者需要依据整个实施方案中的原则和自己所处的环境以及面临的条件确定自己的实施策略。例如，准确地选择传播渠道、媒介与方法，合理地选择时机，正确地分配任务，灵活地调整步骤等。公共关系活动实施的过程绝不是一个简单照章办事的过程，而是一个由一系列不同层次的实施人员发挥主观能动性的过程，实施人员应该充分发挥自己的积极性、主动性和创造性。从这个意义上说，公共关系活动实施的过程不仅是一个对原计划进行艺术再创造的过程，也是不断丰富公共关系实务经验的过程。

小案例 7-2　宝丽莱 "百彩" 中国香港上市推广活动

美国宝丽莱远东有限公司"百彩"系统（Spectre System）的上市宣传计划，是总公司的公关部策划的。它的主要目标是：

1）向目标公众介绍这个新型即拍即有相机系统的诞生。
2）向目标公众介绍这个产品的革命性创新之处及其特点。
3）为这个新产品塑造一个独特高级产品的形象。
4）利用新产品的突破之处，揭开即拍即有摄影新潮流，重燃大众对即拍即有摄影的兴趣。

根据以上目标设计的公共关系活动如下：

1）全世界最大相机模型展。
2）全世界新闻界产品发布会。
3）名人私生活写真集。
4）全美电影电视节目宣传。
5）新闻录影带宣传。
6）新闻特辑与新闻稿大攻势。

在美国的宣传活动获得成功后，公司便将它运用于东南亚市场上。其中，在中国香港的活动最为多姿多彩，比美国的活动种类有过之而无不及。

1）"百彩"系统产品发布会。公司租用了豪华的丽晶酒店大宴会厅举行产品推出发布会，日间招待新闻界及商业上的友好机构与客户，晚上则招待本地分销商及零售商。活动内容有：由宝丽莱亚太区业务总监介绍新产品特点，百彩系统歌舞表演，百彩系统电影和幻灯片放映，以及现场实景摄影示范摊位等。各种活动都不是直接抄袭美国总部的，而是就本地情况策划的。

2）为名人拍摄私生活写真集。这项活动在香港是一件难度很高的事。美国人对名气很看重，而我国香港人不喜欢"出风头"。但这次活动因思路新奇而获得了成功。一是公关部设计了三个主题：自拍像、家庭生活照和工作照，邀请各行各业的代表性人物参与这个有趣的活动；二是争取到了《城市周刊》和《香港逸闻》两份杂志的合作。（前者面向本地华人，后者则是针对外国人和西化华人。）

3）瞬间创作。这是本地独创的宣传活动，目的是突出"百彩"系统的创新之处。公关部向本地10位摄影家发出邀请，这些摄影名家利用"百彩"即拍即有系统创作，然后由香港艺术中心举办全港首次大型即拍即有摄影展，并将展览照片制作成摄影集在现场公开发售，收入全部捐给艺术中心。

4）新闻宣传。公关部不断采用新闻稿的形式，在产品推出前、推出期间和推出后做辅助性宣传。全港首次大型即拍即有摄影展的照片，受到很多杂志的欢迎，也刊出了不少报道。由于活动富有特色，吸引了亚洲电视台的关注，连续在三个电视节目中做介绍，为整个宣传攻势增添了浓墨重彩的一笔。

3. 活动影响的广泛性

公共关系活动实施所产生的广泛影响主要表现在以下两个方面：①计划的实施会对众

多的目标公众产生深刻的影响。一项公共关系活动成功实施后，常常会使该社会组织的异己力量变为自己的合作者和支持者。即使有时不能令目标公众在立场上进行彻底的转变，也能在观点、态度等方面使其产生不同程度的变化，至少可以令目标公众从对社会组织的负态度（敌视、偏见、漠然、无知）向正态度（了解、理解、感兴趣、支持）方向有所转化。②公共关系活动的实施有时还会对整个社会的文化、习俗，以及公众的观念产生深刻影响。公共关系主体为了塑造形象、传播沟通、协调关系的公共关系活动，在主观上为公共关系主体传播信息、协调公众关系、塑造自身形象的同时，客观上也在服务公众，造福整个社会。它将有利于社会进步的现代观念潜移默化地植入公众头脑中，它以优化社会互动环境的努力和实际效果影响着公众的态度和行为，从而对整个社会的文化、习俗产生潜移默化的影响。

小案例 7-3　雀巢婴儿奶粉事件

当婴儿奶制品问题在 1970 年第一次被人们提出来时，雀巢公司试图把它作为营养健康问题予以处理，公司提供不少科学和有关的数据分析，但问题并没得到解决，人们因感到雀巢公司忽视了他们合法和严肃的要求而对公司敌意倍增。

1974 年，英国一名记者发表了一份报告，称营养奶粉制造商强行向那些不能正确使用奶粉的人们销售其产品，导致了第三世界国家婴儿死亡率上升。这份长达 28 页的报告指责奶制品行业鼓励母亲们放弃母乳喂养而使用奶粉。瑞士的一个支持欠发达国家的公益组织，又将这份报告重印，改名为《雀巢戮婴记》，在这一宣传册中谴责雀巢不道德、不人道行为。

雀巢公司以"诽谤罪"起诉该组织且打赢了官司。但长达数年的法庭审判使得这场法律上的胜利变成了公司的一起公关危机事件，它直接导致了人们对其产品的抵制运动。当一些社会活动家号召大家抵制雀巢产品时，教会领袖和一些社会团体加入了进来。他们中的一些人把雀巢公司的问题看成是严重的社会问题，并认为以盈利为目的的企业只关心赚钱，而不管他人的死活。雀巢公司作为第三世界婴儿奶制品的最大供应商，当时成了社会活动家批判商业社会的反面企业典型。

1977 年，一场著名的"抵制雀巢产品"运动在美国爆发了。美国婴儿奶制品行动联合会的会员到处劝说美国公民不要购买"雀巢"产品，批评这家瑞士公司在发展中国家有不道德的商业行为，对此雀巢公司只是一味地为自己辩护，结果遭到了新闻媒介更猛烈的抨击。那些抵制运动的团体希望雀巢公司能在饱尝抵制运动给其带来的直接和间接后果后，最终了解企业应承担的社会责任。随着对话的不断进行，情形确实发生了变化，相互的理解沟通对各跨国公司的行为都产生了积极的影响。1980 年年末，雀巢公司的决策者不得不重金礼聘著名公共关系专家帕根来商量对策。

整个危机持续了 10 年之久，直到 1984 年 1 月，雀巢公司承认并实施世界卫生组织有关经销母乳替代品的国际法规，国际抵制雀巢产品运动委员会才宣布结束抵制运动。

二、公共关系活动实施的原则

公共关系实施过程的动态性、创造性及影响的广泛性构成了实施活动的复杂性。无论事先策划得多么周密,在公共关系活动中都会碰到出乎意料的事件和变化,并对整个活动产生难以预计的影响。因此,公共关系人员一方面要根据方案开展活动,另一方面要随时应对计划外的情况。在此过程中要坚持下述五个原则:

1. **目标导向原则**

在活动进程管理过程中,始终要以目标为导向。它是公共关系实施过程中,保证公共关系活动实施不偏离既定目标的原则。执行目标导向的原则实际上就是控制的一种手段。控制作为管理职能,其目的在于不使公共关系活动超出范围,利用目标对整个实施活动进行引导、制约和促进,以把握实施活动的进程和方向。一项公共关系计划实施的环境是复杂多变的,要想成功地应用目标导向原则实施公共关系计划,必须不断地把该项计划与在这种复杂的环境中实施的结果和目标相对照,如有偏差,应及时调整,这样才能避免失误。

2. **控制进度原则**

控制进度是指根据整个公共关系活动计划方案的目标要求,按照一定的程序和步骤,安排工作进度,掌握工作的速度,以免出现畸轻畸重倾向。在公共关系计划实施进程中,往往会出现多方面工作不同步的现象。例如,某项公关活动请柬已经发出,电视和报刊已经传播开了,但是会场还没有布置好,音响设备还未准备。这必然造成工作的脱节,以致公关活动不能正常进行,影响主办单位的声誉。因此,在公共关系实施过程中,要注意经常检查各方面的实施进度,掌握哪些已经按计划完成,哪些滞后了,以便查明原因,及时协调人力、物力、财力在各方面的投入,以求在围绕总目标实现的前提下,使各方面工作同步。在这里要指出,计划是控制的基础,控制是实现计划的保证,两者从组织公共关系活动计划实施开始直到终结,始终紧密联系在一起。

3. **整体协调原则**

整体协调指的是使全体实施人员在认识与行动上取得一致,保证实施活动的同步与和谐,提高工作效率。协调不同于控制,控制是对一个组织的计划实施过程中与计划是否有差异或背离,进行纠正或克服的行为;协调则强调在各个实施过程中的环节之间、部门之间及实施主体和公众之间和谐化、合理化,使之不发生矛盾或少发生矛盾,即使矛盾产生了,也能及时加以解决。

4. **反馈调整原则**

所谓反馈调整就是把施控系统的信息在作用于受控系统(对象)后,将产生的结果再输送回来,并对信息的输出产生影响的过程。人们通常要用这种反馈后所获得的认识来调整公共关系活动计划的实施活动,其特点是根据过去实施的情况调整未来的行为。目标反馈控制图如图7-1所示。

反馈调整的过程是:公共关系活动计划制订者确定公共关系活动目标,再制定目标的实施方案;实施方案制订后,组织有关部门和人员对方案进行评估,然后,把评估结果与原定的公共关系目标进行比较,发现问题后再重新修订整个公共关系计划,并将修订后的公共关系计划再度付诸实施。通常情况下,一两次反馈调整并不能解决所有问题,需要多次循环,直到比较圆满地实现公共关系计划、实施战略目标。

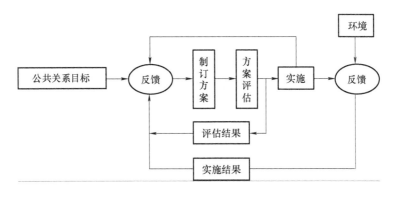

图 7-1 目标反馈控制图

5. 选择时机原则

在公共关系计划的实施过程中，必须考虑时机因素。正确选择时机是提高公共关系计划成功率的必要条件。忽视时机这一因素，常常导致计划实施的失败，其主要原因有三点：①人们不习惯接受任何突然的、剧烈的变化，而需要一个他们认为是正常的发展过程；②沟通的目的在于取得预期的反应，所以应该循序渐进地向沟通对象进行信息的传播与灌输；③广告宣传和新闻报道本身，就应该是事件发生以后的逻辑后果。正确选择时机的原则与方法是克服时机障碍的有效方法。一项公共关系计划实施的时机如果恰恰与奥运会的举办发生冲突，那么无论计划的实施者采取怎样得力的宣传措施，恐怕其效果也会在奥运会这种重大的新闻事件面前黯然失色。

在实施公共关系计划时，应怎样选择正确的时机呢？例如，在组织开业之时；当两个或两个以上的不同组织机构或公司合并的时候；当组织推出了重要的新产品、新的商业服务项目的时候；当组织发生了重大的改组变动的时候；当组织的某一个方面被公众所误解的时候；当组织遭遇到重大的危机时及富有价值的信息被组织捕捉到之时。上述情形都是公关活动实施的最佳时机，都需要公关人员在公关工作中事先进行统筹规划。此外，公关人员还需要根据自己的判断，主动地、创造性地去策划富有特色的公关活动，以最具效果的实施策略来达到不同公关项目的有机搭配，使之形成良好的公关"合力"，达到事半功倍的效果。

此外，公关活动的时机也将受到周围环境因素的影响，如在发生重大国际性或全国性事件时，组织向新闻媒介传播的新闻也许不会引起公众的注意力。因此，公关人员必须根据情况的变化，选择适当的公关活动时机。

1）要注意避开或利用重大节日。凡是与重大节日没有联系的活动都应避开节日，以免节日活动冲淡公共关系活动的色彩。凡是与重大节日有直接或间接联系的公共关系计划，可以考虑利用节日为自己烘托气氛，扩大活动影响的辐射范围。

2）注意避开或利用国内外重大事件。凡是需要广为宣传且与重大事件无关的公共关系活动都应避开国内外重大事件，以免被重大事件所冲淡；凡是需要为大众所知，又希望减少震动且与重大事件有关的活动，可选择在重大事件发生期间，这样可借助重大事件的影响减少社会舆论的压力和关注。

3）还应注意不应在同一时间内同时进行两项不同的公共关系活动，以免其效果相互抵消。

> **小案例 7-4　一家钢铁公司同时发布两条消息惹争议**
>
> 　　一家钢铁公司因煤炭涨价引起成本提高，不得不召开新闻发布会宣布每吨钢材提价 4 美元。这本来是合情合理的，客户可以接受。但 4 小时后，这家公司发布年度报告，宣称该公司当年获得了创纪录的利润。这两条消息几乎同时见诸媒体以后，公众纷纷议论该公司是靠抬高物价获取利润的，普遍对之表示不满。该公司的形象和信誉受到严重影响，造成这一后果的直接原因是该公司忽视了信息发布时机的选择。

三、公共关系活动实施方案的设计

1. 分解活动项目

如前所述，公关活动项目是围绕公关目标开展的一系列具体活动。一个公关目标的实现，往往要开展多个具体活动，我们把一个具体活动称为一个活动项目，这是一级活动项目。一级活动项目又可分解为若干个二级活动项目，二级活动项目同样可分解为若干个三级活动项目，直到不能分解为止。我们将不能再分解的最后一级活动项目作为公关工作内容。

例如，克兰罗尔爱美奖学金计划 10 周年庆祝活动共有 6 个一级活动项目：征募赞助委员会成员、奖学金获得者近况调查及评选"十佳"获奖者、500 家事业昌盛的公司调查、工作与家庭问题专题研讨、午餐庆祝会、新闻专访。"午餐庆祝会"，可以分解为"会议筹备"和"会议材料准备"两个二级活动项目。"会议筹备"，又可进一步分解为"策划会议议程""确定主持人、发言人""邀请嘉宾""选择会场""布置会场""会前宣传""会议物资采购"等三级活动项目。

2. 明确实施方法

通过对活动项目的分解，我们设计了若干工作内容。在公关工作内容设计完成后，就要对每项工作内容提出实施工作要求，并根据这一要求设计具体工作方法。

所谓实施工作要求是指公关工作内容的操作目标、原则及注意事项；实施工作方法是指公关工作内容的操作方法。

仍以克兰罗尔爱美奖学金计划 10 周年庆祝活动为例，对"策划会议议程"这一工作内容，可以提出"简朴、隆重、气氛热烈"的实施工作要求，其实施工作方法则是公关策划方案中所确定的"庆祝生日"似的庆典活动。会议筹备组就应按照这种要求和方法策划出具体方案，然后报庆祝会领导小组审议。

3. 制订实施流程

公关实施流程是指各项公关工作内容之间衔接、协调和配合关系及其有机组合的过程。制定公关活动实施流程，即在完成公关活动实施工作内容、工作方法的设计后，对实施时机、工作进度和各项工作之间的配合关系进行策划和设计。

（1）细化公关活动实施时机

公关活动实施时机是指能够使公关活动获得最佳效果的开始工作时间和结束工作时

间。如同对公关活动项目进行分解一样,制定公关活动实施流程时,也要对策划方案中所选择的公关时机进行具体细化,以增强公关活动的可操作性。

(2) 编制公关活动实施进度

公关活动实施进度是在确定公关活动实施时机后,对各项公关实施工作内容所需时间进行日历进度安排。在编制公关活动实施进度时,最直观的方法是拟出公关活动时间进度表。编制公关活动实施进度要注意以下两点:

1) 必须保证在确定的最佳开始时间启动有关工作,在最佳结束时间完成操作。
2) 要充分估计各种因素的干扰,时间进度安排要留有余地。

(3) 制订公关活动实施流程

公关活动实施流程中的时间衔接、分工协调和有机组合关系最好通过流程图来表示,并配以文字说明。流程图中的文字说明,主要是对各项工作之间的协作关系、责任关系进行规定。制订公关活动实施流程图可借鉴的方法主要有以下两种:

1) 线性排列法。线性排列法是将公共关系行动和措施按内在联系为先后顺序有机排列组合起来,再一步一步向目标逼近的方法,如图7-2所示。

图7-2 线性排列法示意图

例如,美国一家牛奶公司意欲将该公司的灭菌牛奶打入日本市场,但遇到一系列的障碍:①日本的消费者对喝灭菌牛奶有利于健康持怀疑态度;②日本消费者反对购买此产品,担心灭菌牛奶的安全问题;③靠近大城市的牛奶厂反对灭菌牛奶的分销,害怕与其竞争;④由于利益集团施加压力,多家零售商表示不愿经销灭菌牛奶;⑤卫生部门表示,他们需观察一个阶段,然后再决定是否赞成灭菌牛奶的广泛推销。为了排除这种障碍,这家公司的第一步行动是与日本卫生部门联系,使之批准销售该产品,若没有该部门的批准,公司无法实施下面的计划。第二步,说服大零售商来经销灭菌牛奶。第三步,与牛奶厂取得联系。第四步,对消费者进行消费教育。后三步均是在前一行动取得成功的基础之上进行的,从而避免了人力、物力和资金的浪费。

2) 多线性排列法。多线性排列法是将几个行动同时展开、共同迈进的排列法。仍以牛奶公司的四步为例,可按图7-3排列。

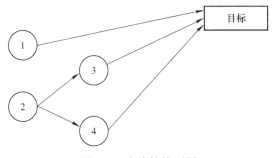

图7-3 多线性排列图

这种排列方法可以缩短整个计划实施的时间,但花费的人力、物力、资金相对第一种排列的方法要多，而且一旦前面一步的工作不能获得成功，下一步工作将造成浪费。

4. 分配预算经费

几乎没有一项公共关系活动的实施是不需要经费的，对于举办大型活动来说，经费如果落实不了，活动的实施就成了一句空话。因此，在设计活动实施方案时，必须将公关策划的总体预算经费合理分配到各项公关工作内容中去，以保证各项工作开支需要。公关活动实施预算分配的结果可表述于公关活动进度表右侧，这样一目了然，便于了解与管理。需要提醒的是，公关策划中的经费预算是留有余地的，目的是防止意外工作增加或策划不周而造成经费不足，因此，在分配预算经费时也要留下 5%～10% 的经费备用。

5. 组建实施团队

在公共关系活动实施之前，先组建一个专门负责此次公关活动实施的工作机构（小组），主要是确定该项目的总负责人及其助手、各专案负责人，明确其职权及工作分工。在进行人员分工时一定要注意：每一项工作内容落实到具体人员；一项工作内容安排两个以上人员操作时，要确定一个负责人，并进行相对分工；一个人负责多项工作内容时，要考虑工作内容之间的内在关系，使其运作起来高效、方便。

6. 培训实施人员

公共关系活动的实施要依靠公关人员进行，其人员素质对公共关系活动能否成功会产生较大影响。因此，在实施公共关系活动时，需要对参与人员进行培训，其主要内容包括实施工作制度教育、操作方法学习与研讨。

公共关系实施工作制度教育，即让每一个工作人员都能明确本次活动的意义、作用和要求，明确每个人负担的工作、承担的责任，同时对特殊规定、容易违反的规定进行重点说明与强调，并通过灌输自身文化理念，提高公共关系实施人员思想道德水平。

操作方法是公共关系活动实施的具体操作规程。在进行公共关系活动实施准备时，通过讲解、模拟训练等形式将正确的方法贯彻下去，让每一个公共关系实施人员都能够熟练地掌握、运用，以便将失误率降到最低水平。

为了保证公共关系活动方案顺利实施，在设计公共关系活动实施方案时，必须对如何培训实施人员做出明确的规定与说明。

第二节　实施公共关系传播

公共关系传播的过程就是能够巧妙而有效地运用各类传播手段、渠道，将公共关系活动方案付诸实施。实施公共关系传播可以从以下三个方面着手：策划新闻事件、吸引新闻媒介；准备传播材料、传播活动信息；选择传播媒介、优化传播效果。

一、策划新闻事件、吸引新闻媒介

策划新闻事件是指组织的公关人员运用谋略，设计既有利于组织又有利于社会和公众的行为来吸引新闻媒介的关注，并争取新闻媒介传播，提高组织知名度、扩大组织影响的公关活动,简而言之就是"制造新闻"。其作用表现为:①组织通过一系列具有新闻价值的公关活动,可以教育、诱导、启发目标公众,增强公众对组织的认同感;②组织策划的新闻事件真实性强、可信度高、感召力强,可以拉近公众与组织的心理距离,提高组织与公众的和谐度;③新闻传播影响面广、时效性强,可以产生轰动效应,增强组织的外张力;④组织经常以新闻消息、专访等方式将组织推向目标公众,可以提高组织的知名度和美誉度,事半功倍地塑造组织的整体形象或特殊形象。由此可见,成功地策划新闻事件,能够引起公众和新闻界的广泛注意,可以得到新闻媒介的争相报道,在公共关系实践活动中,对组织的知名度、美誉度的提高具有重要的作用。

(一)策划新闻事件的一般原则

公共关系人员开展新闻事件策划时应该注意以下五项基本原则。

1. 真实性原则

公关人员在进行公关新闻事件策划时,必须符合新闻传播"真实性"的原则。从信息论的角度出发,信息的真实、可信,也是正常社会生活的必要前提和基础。信息论指出:错误的、混乱的信息,还不如没有信息。错误的信息可能导致人们做出错误的决策及行为,混乱的信息则将使人们无所适从,导致其行为混乱,其结果对社会生活的影响是不可预料的。因此,在策划新闻事件时真实是生命,不可以"诈"为用,只可以"诚"为本,在事件真实性的基础上挖掘新闻价值,力争引起新闻媒介的兴趣和关注,吸引其主动发布有关的新闻报道。

> **小案例7-5 "死给你看!"**
>
> 1985年,广州一家街道小厂——佳丽日用化工厂向市场投放了一种叫"神奇药笔"的产品,是一种形似粉笔的灭蟑螂药。为了打开销路,该厂在报纸、电视上都做了广告,但收效甚微。其原因很明显:在顾客看来,一家从未听说的工厂生产的这么一种粉笔一样的产品,真有厂家在广告上所宣传的神奇效果吗?花4角钱左右买1盒(2支)虽然不算破费,但那种上当受骗的心情并不好受啊。为了打开新局面,该厂想到了新闻宣传这一招。他们派出专人带上产品,专门拜访了《羊城晚报》编辑部,请该报加以宣传。可以想见,编辑和记者们初时也难以相信该产品的效用。然而,该厂人员却早有准备,他们当着众人的面,在屋内放出一群蟑螂,又用笔画了一个包围圈。结果,不过几小时,这些害虫尽数死亡,更令人称绝的是,它们没有死在柜底等角落,全都躺在光亮处死去!如此产品,如此效果,本身就是一篇好新闻,怎能不激起编辑、记者们的报道欲望!第二天,该报在头版以上千字的篇幅刊登了一篇有关该厂及其产品的新闻特写,并冠以一个令人惊奇而又切合该产品神奇效果的标题:"死给你看!"这样的新闻宣传有多大的效果,可想而知。这篇报道除了极大地提高了该产品的国内销量,还帮助它打开了国际市场。

2. 新颖性原则

策划新闻事件必须有创造性，要避免"似曾相识"的面孔，要抓住新闻事件的"新""奇""特"策划出形式新颖、内容新鲜的事件，这样引起公众的高度关注，被人强烈记忆。

> **小案例 7-6　华亭宾馆的"美国食品周"**
>
> 1988年2月，上海华亭宾馆的公关人员针对企业急需提高知名度的实际情况，策划推出了题为"美国食品周"的公关专题活动。"美国食品周"期间，中外宾客同当地市民一起品尝了火鸡、小羊肉、开胃菜、小甜饼等美国风味小吃，还兴致勃勃地观看了同时展出的好莱坞西部片中那老式吉普车、汽油灯、马鞍、竹筐等，情趣盎然的异国情调吸引着一批又一批公众流连忘返。一时间，"美国食品周"成了大众传媒报道的热点新闻，与此同时，华亭宾馆也成了上海公众津津乐道的热门话题。

3. 时机性原则

杜甫诗云："好雨知时节，当春乃发生。"策划新闻事件要想取得良好的效果，把握时机是很重要的。新闻策划必须重视新闻推出的时机，同样一个新闻事件放在不同的时间，或是不同的社会大背景下，会产生不同的新闻效应。善于选择适当时机，寻觅并抓住机会"制造"新闻事件，可以提高和发挥新闻价值，有效地宣传组织形象，产生事半功倍的效果。

> **小案例 7-7　上海大江有限公司独家赞助"迎亚运世界体育知识大奖赛"**
>
> 1990年5月，上海大江有限公司决定独家出资25万元人民币支持由新华社体育部、中央电视台体育部、《光明日报》《工人日报》《中国青年报》《中国体育报》等8家新闻单位主办的"迎亚运世界体育知识大奖赛"活动。活动进行期间，大奖赛组委会在首都宾馆主办高层次、高规格的"大江经验座谈会"，请许多政府高级官员和经济学界的专家学者为大江公司的经营管理从理论上进行总结，吸引了众多的新闻记者专程赴上海大江采访，连续数日各大报纸纷纷刊登了"大江系列专题报道"，中央电视台、中央人民广播电台也都有专题报道。这些宣传报道，使"大江"顿时名声大振，美誉四方，产生了远远超出出资25万元广告宣传的强大效应。

4. 周密性原则

策划新闻事件要对方案进行充分的可行性论证，对活动进行周密细致的安排，同时要做好应急、突发情况的处理准备，确保成功实施。

> **小案例 7-8　超凡脱俗的超天婚礼**
>
> 1993年10月28日，上海展览中心喷泉广场上，赫然矗立着鲜花彩台，中间簇拥着一颗用红花镶成的"爱心"，上空高悬着"今生今世——超天婚礼"八个大字，超天集团和上海市公共关系协会联合主办的一场新颖别致、格调高雅的盛大婚礼正在举行。9对新郎新娘中，有5位来自美国、加拿大、瑞士和我国香港特别行政区。

广场上空,证婚人——著名电影表演艺术家白杨郑重宣布证婚词的声音响起;而后,新人互换戒指;一只上下五层、直径1米多的特大蛋糕由9对新人分切;广场上响起洪亮的钟声……

——首次在中国大陆举行的涉外集体婚礼;
——首次在上海展览中心喷泉广场举行的大型婚礼;
——首次由企业和公共关系协会联合主办的公益型婚典活动;
……

"首次",自然成为新闻的热点。超天集团的这次公共关系新闻策划产生了轰动效应,获得了极大的成功。据这次公共关系新闻的策划者介绍,他们由最初的创意萌生到整个策划的形成,经历了一个由浅入深、由粗到细、逐步成熟的过程,从"超天婚礼——超凡脱俗"的主题确定、上海展览中心喷泉广场这一地点的落实、白杨等名流的邀请、新闻记者的邀请、新郎新娘的选择,以及格调与程序的安排等,无不经过慎重周密的考虑才确定下来。

5. 曲折性原则

通常,一个好的新闻策划,应该有很强的发展性,能够不断"产生"出新的事件和新的角度,紧紧围绕主题层层推进,以"组合拳"的方式进行"新闻轰炸",从而更好地达到策划目标。

小案例7-9 *两位中国老人轰动了全世界!*

美国有线电视新闻网CNN播放了中国一个新闻短片,立刻轰动了全世界。这个短片在Facebook、YouTube等平台累计播放破百万,感动了全球无数人。

这个短片是CNN旗下的GBS工作室在中国拍摄的,短片里的主人公是两位河北老人,他们是井陉县冶里村的贾海霞和贾文其。

贾海霞的左眼是先天性白内障,从小失明,右眼又在打工时落下残疾。贾文其则是小时候触电,丢失了双臂。2001年,两人突发奇想,决定承包村里没人要的50多亩河滩来植树,村委会知道后,一分钱没要就给他们签了合同。

每天早上,看不清道路的贾海霞就拽着贾文其的衣袖,去他们承包的河滩上去种树。过河时,贾海霞帮贾文其卷起裤腿,贾文其就背上贾海霞蹚过去。为了省下买树苗的钱,贾文其就把贾海霞扛在肩头上,把大树上的小树枝砍下来,作为树苗。贾文其没有手,就用脚趾头把住水桶,给树苗浇水,贾海霞看不清,就用手摸索着让小树苗不倒。

从2002年开始,十几年如一日,贾海霞和贾文其已经栽下十多万棵树。一个有手,一个有眼,你是我的手,我是你的眼。两个人就这样,在十几年时间,合作把村里的50多亩荒滩打造成了绿林。两位老人说,不砍一棵树,要把它们留给子孙后代。

(二)策划新闻事件的技巧

策划新闻事件是一种技巧性、艺术性很强的公共关系活动,需要充分发挥策划人员的创造性和智慧,有时更需要策划人员的偶然灵感和直觉,并无固定的模式。但这并不代表新闻策划无规律可循,事实上,通过系统地分析大量公共关系案例,我们还是可以找出一些带有普遍意义的技巧和方法。

1. 抓住热点

"热点",指社会上新颖的、被人们普遍关注的事物或现象。它既具有认知度大的特点,同时又具有社会性的特点。公众在不同时期,关注的"热点"问题也不相同。策划新闻事件,要洞悉新闻媒体的运作规律,知道什么时间记者对什么新闻感兴趣,根据"热点"问题来策划新闻。如果公共关系策划者能抓住"热点",必然能产生绝佳的策划创意,策划出"四两拨千斤"的公共关系活动。每一时期都会有每一时期的热点问题。如奥运会便是牵动亿万体育迷的热点。到了春节、中秋、端午等传统节日,与家人、朋友团聚,叙亲情、讲友情又成为人们首选话题。因此,组织如果能把自己的活动与这些热点有机地结合起来,就会对一大批公众产生影响,从而引起新闻媒介的关注。但有时,组织很难在一段时期内找到与公众关注的话题密切相关的内容,这就需要公关人员从不同角度和层次去挖掘。

> **小案例 7-10**　**利川市请求高速免费引爆网络**
>
> 2017年12月中旬,《利川市人民政府关于请求利万高速公路湖北段实行单边免费通行的函》获得舆论广泛关注。恩施人、湖北人,甚至全国人民……都在疯转一张由恩施州利川市人民政府发出的公函照片(拍摄成像不清晰,而且还是复印件)。利川市请求高速免费这一事件持续引爆网络,无论是中央媒体还是地方媒体,无论是传统媒体还是门户网站,无论是官方媒体还是自媒体,都争先恐后关注,或采访报道,或转发评论。
>
> 《新京报》评论认为:"跟有些旅游地动辄圈城圈路收费的做法相比,此举算得上是'一股清流'。通过政府贴钱换高速免费,进而招徕更多游客,不失为一着妙棋:这看似会加重当地财政负担,可背后算的却是'牺牲芝麻以换取西瓜'的长远账。"更有广告营销界人士评估:"姑且不论政府请求高速免费这事能否最终获批,仅这一纸公函目前所形成的热度、引起的对利川旅游关注,广告价值少说也是上千万!分钱未花就实现了这么好的宣传效果,利川这个事件'营销',也许是无心插柳,不过真是干得漂亮!"

2. 借势发挥

新闻策划的借势就是借助具有相当影响力的事件、人物、产品、故事、传说、影视作品、社会潮流等,策划出对自己有利的新闻事件,以引起新闻媒介和公众的关注,从而实现新闻事件策划的自身目的。采用借势法时要注意四个原则:①关联性原则,即所借之势,必须与新闻策划的目标和整个策划活动有着紧密的内在联系;②有效性原则,即所借之势必须自身有较大的影响力、辐射力;③经济性原则,即借势之举本为少花钱多办事,花小钱办大事,"以小搏大",如果借之亦要付出高成本,则可排除在借势之外;④趋向性原则,即要对所借之势的发展趋势、发展走向仔细考察,如果随着趋势的演进,所借之势可能会朝着反方向发展,朝着不利于企业的方向发展,那么借势是很危险的。

下面介绍几种借势的方法:

1) 借"行业演进"之势。行业成长阶段与发展趋势、技术创新等都是企业可以借的势。

2) 借名人影响之势。请名人作产品"形象代言人",实际上就是一种向名人"借势"的方法。社会名流、明星、权威人士往往是媒体的宠儿,他们的一举一动都会成为媒体追逐的对象。因此，如果能把组织策划的新闻事件和名流、明星、权威联系起来，被报道的机会就会大增。如请名人题词作序，请名人剪彩参加庆典等，借名人之势，是快速提升知名度的办法。但要注意名人的知名范围也有所不同，有不同的等级，影响力也有时期性。不同的名人拥有不同的认知对象，关键还要分析组织所要传播的目标对象与他（她）的拥戴者重合部分的多少，在组织目标公众中能否引起共鸣。

3）借舆论导向之势。舆论导向是指在一定时期内，大众和新闻舆论有它特定的强调重点、特定的关注焦点、热点、倾向和走向。新闻策划借用舆论导向之势，其原因在于，舆论导向有着引起人们心理共鸣的特征，而且参与的公众广泛，对深入地、广泛地传播组织有关信息或形象有益。

4）借政策倾向之势。借政策之势要对政策理解、把握、熟悉和运用，政策不是一成不变的，要敏锐地观察政策在不同时期的变化。

5）借事件之势。引人注目的新闻事件是非常值得借助的力量。

借势的办法很多，还有借文化之势、借节日（如黄金周）之势、借气候之势（如空调行业）等。

小案例 7-11　飞鸽自行车名扬世界

1987年，天津自行车厂获悉美国总统布什和夫人即将访问中国，经调查了解，1974年到1975年间，布什担任美国驻华联络处主任时，和夫人芭芭拉经常骑着自行车穿行于北京的大街小巷，从他们在金水桥拍摄的照片中看，布什骑的是凤凰男车，而其夫人骑的那辆女车就是天津自行车厂生产的飞鸽牌自行车。于是该厂向有关部门建议，策划了一个向布什夫妇赠送飞鸽自行车的奇招，为此，该厂员工抓紧时间，特意加工装配了一辆绿白色的83型男车和一辆红白过渡色的84型女车。这种车是刚研制出来的新品种，造型美、重量轻、骑行轻便。

1989年3月25日下午，在钓鱼台国宾馆18号楼大厅里，两辆色彩明快的轻便飞鸽车作为国礼赠送给了布什总统和夫人。布什夫妇非常高兴，仔细看着车子，连着说："好极了，好极了。"布什总统还兴致勃勃地跨上车子，在众多记者面前做出试骑的样子。在场的中外记者对此进行广泛报道。世界各大通讯社和一些著名的报刊对这一新闻极为重视，用十几种文字，以《美国总统布什和夫人喜得飞鸽车》《飞鸽——和平的使者》《飞鸽——架起友谊的桥梁》《布什总统将在白宫骑上飞鸽》等标题进行报道，新华社也向国内外发了消息和通讯，使飞鸽自行车名扬世界。

3. 制造悬念

在信息极度过剩的今天，制造出受公众关注的新闻并不容易。因此，在策划新闻事件时，要有意识地制造一些悬念以吸引公众和媒体的注意力，或者事先制造一些热烈气氛，以吸引公众的眼球。

小案例 7-12　碧浪冲击吉尼斯

1999年国庆节前夕，一件长40.6米，宽30.8米，重达930公斤的大衬衣，在北京东二环路附近的一栋大楼上悬挂起来,该衬衣约有12层楼高。这件衬衣在此悬挂了半个月,吸引了大量路人的目光。这是爱德曼国际公关公司为美国宝洁公司策划的一次重要的媒介事件。宝洁公司的碧浪洗衣粉是其麾下著名的品牌,如何让中国公众接受它呢?为此,爱德曼公关公司绞尽脑汁,想出了这样一个用大衬衣冲击吉尼斯世界纪录的活动。这件大衬衣的布料,足可以缝制2350件普通衬衣,衬衣上还印制有"全新碧浪漂渍洗衣粉"的字样,其中红色的"碧浪"两字高5.9米,宽9.8米,非常醒目。更妙的是,这件大衬衣在悬挂了15天以后,经风吹雨淋和空气污染变得非常肮脏,在大衬衣的揭幕仪式上,还有一些嘉宾用更难洗净的墨汁泼在衬衣上。宝洁公司用全新的碧浪洗衣粉,洗净了这件衬衣,使新推出的碧浪洗衣粉一举成名。爱德曼公关公司策划的这次媒介事件,其意义并不仅仅在于打破吉尼斯世界纪录,更主要的是要使中国的消费者认识碧浪洗衣粉。他们先用大衬衣冲击吉尼斯世界纪录吸引公众的视线,引起新闻媒介的广泛报道;然后再通过洗净如此肮脏的衬衣,强化碧浪洗衣粉的功效,在市场上产生强大的冲击力。

4. 放大感情

在激烈的市场竞争中,任何社会组织都选择了向公众提供优质的产品及服务。而优质服务的真谛就是向公众传递真情。在真情服务中以情感人、以情动人,必然会获得公众真情的回报,而新闻媒介自然就会予以传播。

小案例7-13 滴滴出行的暖心广告《最后一公里》

滴滴根据真实故事改编拍摄的暖心广告《最后一公里》刷爆了朋友圈。

熙熙攘攘的城市拥堵到寸步难行,打车的乘客焦躁起来。前方头发已然花白的老拾,不急不躁地等着,熟练地在手机上提前确认了"结束行程"。乘客看到后大声质疑:"我这还没到呢,还有一公里呢!你怎么就提前结单了呢!"老拾张口解释前,给了乘客一个灿烂的笑容,这笑容让人如沐春风。

随后短片画风突转,背后的真相被娓娓道来:老拾的女儿得了一种叫作"克罗恩"的罕见病,很多人都说这病治不好了,可老拾觉得"一定能治好",他卖了房子,当了滴滴司机。

老拾黎明前起床干活,在灯火通明的城市熟睡后回家休息;顿顿清汤素面加馒头,只要还能动,就能忍住所有的疼痛,扛过天寒地冻。然而,当他满怀希望,积极地和女儿并肩与病魔做斗争时,他的老伙计车却到了年限。没有车,拿什么赚钱?又靠什么救女儿?在媒体和滴滴的帮助下,老拾有了合规的新车,女儿的病情也得到了控制。为了表示感激,老拾在一年内2904次提前一公里为乘客结单,他说:这一公里,是我替女儿说的——"谢谢"。

二、准备传播材料、传播活动信息

为了取得良好的传播效果,公关人员必须编制出有利于传播的宣传材料,更好地传播活动信息。

（一）编写、印刷各种传播材料

实施公共关系活动时，常用的传播材料有：

1. 请柬

请柬在语言上除要求简洁、明确外，还要措辞文雅、大方和热情。一般请柬书写格式比较简单：①在封面上写"请柬"（请帖）二字；②抬头写被邀请者（个人或单位）名称；③交代活动内容，如开座谈会、联欢晚会、新闻发布会、产品展销会等；④交代举行活动的时间和地点，如果是请看戏或其他表演还应将入场券附上；⑤结尾。如"致以——敬礼""顺致——崇高的敬意"等；⑥署明邀请者（个人或单位）的名称和发出请柬的时间。公关人员在准备请柬时，要考虑请柬是亲自编写好还是直接使用现成通用的格式好；签名打印好还是自己书写好。

2. 宣传手册

社会组织的宣传手册，不仅仅是将文字和图片并列组合在一起，更应该考虑如何使宣传册与企业文化理念相吻合，并注入创意和创新，使之区别于其他社会组织常规样本，并具有很强的宣传作用。

3. 新闻报道通稿

公关人员向新闻媒体进行信息交流最主要的工具就是新闻通稿。新闻通稿能最有效地传递信息，并最大限度地帮助记者。在编写新闻通稿时，要注意满足不同媒体要从不同角度报道的需求。

4. 标志系统

标志系统包括徽章、标记、宣传资料袋、导向标志、信笺、信封、明信片、商业日历等。

5. 广告类

广告类包括招贴、启事、新闻媒体广告传单、商业说明书、征求意见表等。

> **小案例7-14　江小白与红星二锅头的广告文案**
>
> 南方出身的江小白，定位为"青春小酒"，口感简单纯粹，提倡年轻人直面情绪，不回避，做自己。由烧酒发展而来的二锅头，则是京城酒文化的典型代表，文案和口味一样，甘烈醇厚，回味悠长。所以，同样讲"孤独""梦想""离乡"，前者给人的感觉是小家碧玉，娓娓道来，后者则十分霸道，直击人心。

（二）准备传播材料应注意的问题

1. 突出信息的相关性以吸引公众注意

编制公共关系活动传播材料时，要使这些材料所传播的信息具有相关性，即这些材料所传播的信息应有利于表现某一公关主题，有利于实现某一具体公关目标，使公众通过接收信息了解组织，进而形成或改变对组织的态度。

2. 突出信息的显著性以加深公众印象

编制公共关系活动传播材料时,要使这些材料所传播的信息具有显著性,以突出某些事实,便于公众从众多信息中选择、注意和接收这些信息,更好地加深对这些信息的记忆。

3. 突出信息的一致性以引导公众理解

编制公共关系活动传播材料时,要使这些材料所传播的信息具有利益诱导性,使公众能够通过接收信息找到某些需要的方式和方法,以此提高组织信息传播的效益。

> **小案例 7-15　江小白的动漫风格文案**
>
> 2017年,"江小白"联合武汉两点十分文化传播有限公司,打造了青春文艺爱情动画《我是江小白》。该动漫上线以来,江小白文案语录也配上了动漫画风,以动漫男主"江小白"的视觉,结合生活中不同的场景,配上一句洞悉生活的文案,说出喝酒人的心声。

三、选择传播媒介、优化传播效果

实施公共关系活动要根据沟通的目的,选择传播渠道(人际传播、组织传播、大众传播),在此基础上配合传播媒介,充分考虑信息传播要素(信源、信宿、编码、译码、信道)中的每一个环节,使他们互相配合,优化传播效果,共同服务于公关目标。

在公共关系活动实施过程中,不同的传播媒介各有长短,公关人员要充分了解各种传播媒介的优缺点,选择最符合活动要求的传播媒介,达到最佳的传播效果。选择传播媒介的基本原则是:

1. 根据公关目标选择传播媒介

每一种传播媒介都有其特定的功能,能够为公共关系的某一目的服务,选择媒介首先要考虑本组织的目标与目的。如果社会组织的目标是提高知名度,则可以选择大众传播媒介;如果社会组织的目标是缓和内部紧张关系,则应该选择人际传播、组织传播媒介。

2. 根据公众对象选择传播媒介

公共关系活动实质上是针对目标公众而进行的信息传播活动,如果要使这种传播活动取得最大的效果,就必须使发出的信息全部或大部分为目标公众所接收。公众由于他们的经济状况、受教育程度、职业习惯、生活方式以及通常接受信息的习惯等,接近不同的媒介,要想将信息有效地传递给目标公众,就要根据具体情况去选择适当的传播媒介。

公共关系人员在设计制作信息时,一定要充分考虑在调查研究过程中了解到的目标公众的文化、社会和心理等各方面的特点,制作编写适合公众胃口的新闻稿件、广告稿、展览说明和小册子,从而引发公众的兴趣,这样才能使传播活动达到最优化的效果。例如,对经常流动的出租汽车司机最好采用广播的形式;要引起儿童的关注最好是制作电视节目与动画片;对喜欢阅读思考的知识分子则应采用报纸、杂志等媒介。

3. 根据传播内容选择传播媒介

各种传播媒介都要有鲜明的特点和一定的适用范围。选择媒介时应将信息内容的特点和各种传播媒介的优缺点结合起来综合考虑。例如,内容精简的快讯可选择广播,它覆盖面广,传播速度快;内容比较复杂、需要反复思索的报告等,最好选择报纸、图书、杂志等,可以从容研读,细细品味;大型公共关系专题活动的盛况,选用电视直播或转播则效果最佳,生动、逼真、能引人入胜。

4. 根据经济条件选择传播媒介

要根据具体的经济能力和经济条件选择适用的传播媒介,即在组织公关预算和传播投资能力允许的条件下,量力而行,争取取得尽可能最大的传播效果。

在此基础上,按照公关目标、公众特点和信息特性等将媒介进行组合,整合传播媒介,设计传播过程,以达到整合传播的效果。

小案例7-16 柯尔斯公司的"反脏乱运动"

柯尔斯公司专门生产酒类产品,业务遍及美国11个州,一向以注重环境著称。1955年,该公司创意发展经济适用的铝罐,各大公司纷纷效仿。为了保护环境,柯尔斯公司以每个铝罐1便士的价格实行回收。到了1966年,因数量惊人,该公司无奈停止收购旧罐。于是,没多久公众便因无处收购而到处遗弃铝罐,严重地影响了环境卫生。

经过研究,柯尔斯公司决定将回收旧铝罐作为一项"反脏乱运动"的公关活动来开展,并由公司业务经理和公关部主任共同主持这项工作,他们共同制订了公关活动计划。从1970年开始,在公司的166个分销处设置兑换点,以每磅1角的价格现金收购本公司及其他公司的铝质酒罐。柯尔斯公司将此次消除脏乱等三大公关目标广为宣传:召集全体分销处经理召开会议,介绍公关活动计划内容,郑重地推出计划;摄制了一部13分钟的电影短片,向各新闻机构发出消息;董事长柯尔斯分别致函业务范围内的150名国会议员,说明实施这项计划的目的;公司向500名舆论领袖及环境卫生专家分送《柯尔斯铝罐消息》专刊,报告现金收购的统计资料和大力相助此项活动的有关人士(专刊登载了他们的照片)……

在"反脏乱运动"期间,各界对柯尔斯公司的好评如潮,各种报纸、杂志纷纷撰文称赞公司的这一公关活动,许多议员赞扬公司的该项计划。一年多以后,柯尔斯公司营业区市场内外、路边街头,脏乱情况已大部分绝迹,各分销处与地方社区的关系也大大地得到改善。

第三节 调控公共关系活动

公共关系活动在具体实施过程中不可能是一帆风顺的。由于主观或客观的原因,又由于情况在不断变化,因此,实施起来肯定会遇到不少障碍,出现不少问题或困难。这就需要不断地排除在实施过程中出现的障碍,顺利地达到预期的目标。在公共关系活动实施过程中,公关人员要及时防止各种偏差的出现,做好协调工作,防患于未然,处理好活动中的突发事件,使公共关系活动得以顺利实施。

一、防止公共关系活动出现偏差

公共关系实施过程中,由于种种原因会与预定计划产生偏差,从而妨碍公共关系活动的正常进行,公关人员必须了解出现偏差的原因,防止偏差对活动实施带来的不利因素。一般来说,出现偏差的原因有以下四个方面:

(一)方案目标障碍

目标障碍是指公共关系活动方案中由于目标定位不明确甚至不正确,缺乏可操作性或由于方案制订的活动偏离目标而给实施所带来的困难。在公共关系活动实施的过程中,无论实施的动态性多么突出,实施的原则基本上是根据方案所规定的内容进行,否则,它就不是公共关系活动方案的实施了。因此,公共关系活动的实施必然要受到方案多方面的影响。如果方案目标不明确或不正确,那么尽管实施人员尽心尽力,也会给实施带来种种障碍。

排除目标障碍的根本途径是要求方案的策划者尽量使方案目标具有明确性、正确性和具体性。实施人员在开展实施工作前要检查五个方面:①检查目标是否切合实际并可以达到;②检查目标是否可以比较和衡量;③检查目标是否指出了所期望的结果;④检查目标是否是计划实施者职权范围内所能完成的;⑤检查目标是否规定了完成的期限。

小案例 7-17　电视剧《完美关系》中纽菲斯首席游戏设计师杨墨案的公关目标

在电视剧《完美关系》中,纽菲斯的首席游戏设计师杨墨在普吉岛度假期间突发心脏病去世,公司怕影响到融资,请达琳公关公司帮忙处理相关的公关问题。杨墨遗孀李静柔不接受纽菲斯对于杨墨之死的论断,觉得杨墨是被纽菲斯累死的,一定要纽菲斯给她足够的赔偿才肯罢手。李静柔在家里看着与杨墨一起的旅行视频,伤心地把她与杨墨在度假之时,杨墨一直被公事缠身而无法陪伴她的事情,全部写在微博上发布了。李静柔的微博内容令纽菲斯的负面新闻铺天盖地。纽菲斯要求达琳公关公司尽快给出一套解决方案。刚刚接手达琳传媒总裁职位、毫无公关实战经验的江达琳,请求行业内著名的危机公关专家卫哲帮她完成了纽菲斯杨墨案的声明。然而,纽菲斯的法务打来电话,声称江达琳发的声明不行,强调纽菲斯公司不能致歉,并要求将纽菲斯的立场写进声明。卫哲接过电话,对纽菲斯的法务说明,声明必须按照公关公司的意思去写,纽菲斯也只能听他的意见。后来,卫哲替江达琳到纽菲斯讨论声明的事情,他明确要求纽菲斯老总顾凯雷必须按照公关公司的意思发声明,更不能在声明中提及过劳死,否则纽菲斯就会惹上麻烦。最终,顾凯雷接受了达琳公关公司的方案。

杨墨案中纽菲斯给达琳传播制订的公关目标是不切合实际的,即使达琳传播完成了任务,也会给纽菲斯的员工关系造成很大的负面影响。为了实现既消除纽菲斯的负面影响、又保障李静柔的合法权益的目的,达琳传播在深入调查研究的基础上,制订了切合实际的正确目标,从而排除了公共关系活动的目标障碍。

（二）传播沟通障碍

公共关系活动实施的过程实际上是传播沟通的过程。实施过程中的传播沟通并不是一帆风顺的，其主要的障碍是，信息无法被原原本本地接受。造成障碍的原因可能包括：授受双方的背景各异、教育上存在差异、对特定信息的兴趣不同、缺乏相互尊重、授受技巧的欠缺，以及年龄、性别、种族和阶层的差异等。在实施活动中，常见的沟通障碍大致有以下几种：

1．语言障碍

语言是以语音为物质外壳，以词汇为建筑材料，以语法为结构条理而构成的符号体系。公共关系传播和沟通只有借助语言才能表达情感、交流思想、协调关系。因而，语言是人类最重要的沟通工具。但是语言是一种极复杂的工具，准确有效地使用语言并非易事。不同国家、不同民族有不同的语言、文字，而在同一国家、同一民族中，由于地区的不同，又有着各种不同的方言，这些都会造成语言障碍。社会组织在公共关系实施过程中，应该聘用通晓本地语言文字或在本地生活的人员开展相应的工作，尽量避免语言文字障碍对公共关系活动造成负面影响。

> **小案例 7-18　两副对联的不同沟通效果**
>
> 明朝嘉靖年间，京城有一理发店开张，门前书一副对联作为广告："磨刀以待，问天下头颅几许？及锋而试，看老夫手段如何！"这副对联写得倒也工整，但磨刀霍霍，杀气腾腾，是剃头呢，还是杀人呢？谁还敢上门光顾！
>
> 有趣的是，同时有另一家理发店开张，门口也有一副对联："相逢尽是弹冠客，此去应无搔首人。"这副对联写得巧妙，把祝福客人吉祥之意与理发的高超技艺天衣无缝地融为一体，顺应顾客心理，切中顾客心愿，当然生意会越做越活了。

2．习俗障碍

习俗是在一定文化历史背景下形成的具有固定特点的调整人际关系的社会因素，如道德习惯、礼节、审美传统等。国家、民族、宗教信仰不同，会形成各种不同的风俗习惯，这些习俗在家族、邻里、亲朋和舆论的约束下，往往迫使人们入乡随俗，有时比法律更具强制力。在公共关系传播沟通中如果忽视文化习俗因素，违反社会风俗习惯，就可能会导致失败。

> **小案例 7-19　一家餐馆的"口彩卡"**
>
> 美国西雅图一家美籍华人开的餐馆形成了一个习惯，每当顾客用餐完毕，就送上一盒点心，里面附着一张精致美观的"口彩卡"，上面印着"吉祥如意""幸福快乐"之类的祝词。老板的这种做法，令顾客非常满意。一次，两位虔诚的基督徒在结婚后的一天，高高兴兴地来到了这家餐馆，他们期望从餐馆点心盒里看到表示祝愿的吉利话。但是，这一次却出乎意料，当他们打开点心盒时，并没有看到"口彩卡"。他们很不高兴，于

是找到老板提出抗议。老板立即意识到自己的失误，便诚恳地道歉。但是顾客却不肯原谅。正当这时，老板的弟弟微笑着走了过来，用英语向他们说了句美国谚语："没有消息就是最好的消息。"一句话说得新娘开颜而笑，说得新郎转怒为喜。

3．观念障碍

观念属于思想范畴，观念是由一定的经验和知识积淀而成的。在一定的条件下人们接受、信奉某种观念并用以指导自己的行动。由于年龄、性别、教育、经济收入以及其他社会因素的影响，不同的目标公众对待社会事务有不同的看法。多数情况下，他们乐于接受与其原有观念相一致的信息，而回避或不接受与其观念相矛盾的信息。因此，在公共关系实施过程中，一定要认真研究目标公众的观念，研究他们在各自观念指导下形成的生活方式、价值标准及利用大众传播媒介的习惯等，及时调整公共关系活动的实施策略。

小案例 7-20　一位演讲者的举例引起的抗议

一位演讲者为了说明各民族有着不同的思维方式，举了如下这个例子：

教授要求他的不同国籍的留学生，在观看一段表现大象生活习性和形态的幻灯片后，写出一篇有关大象的文章。数日之后，好勇善斗的英国公子挥笔即就，以《如何猎象》的报告拔得头筹；活泼浪漫的法国姑娘发挥幻想情趣，写成《大象的恋爱》，博得先生一笑；勤勉严谨的德国秀才遵循一贯的理性思维传统，旁征博引，完成一部《象类百科》，惊倒全班；轮到倔强的俄罗斯同学，却抛出《论象之存在与否》这篇怀疑主义大作，让师生不胜愕然；最后完稿的是聪明过人的中国学子，一声不吭地献上一册《象肉烹调法》，居然大悦师心，独占鳌头。

这位演讲者望着听众关注的目光，不禁自我陶醉。可是，话音刚落，台下一位中国学生立即起身抗议，他说这是侮辱中国学生，把中国学生视为酒囊饭袋。演讲者不得不连声道歉。

4．心理障碍

心理障碍是指人的认识、情感、态度等心理因素对沟通过程造成的障碍。例如，在谈判过程中，常常由于一方或双方误解了另一方的意图或没弄清事实真相而浪费了大量的时间，因此，在沟通过程中，时时注意检查自己各种假设的真假，并对对方的假设做出预测是十分必要的。除了认识方面的障碍以外，情感的失控也会导致沟通受阻，与此同时，态度欠妥也不能取得理想的沟通效果。

小案例 7-21　美国太平洋电话公司令人费解的广告

1986 年 6 月间，《华尔街日报》上曾反复出现一则广告：整版篇幅是一张中国领导人邓小平的特写照片，广告内容紧扣画面，主要是宣传邓小平在中国实施经济改革的业绩。只是在最后，该广告才寥寥数语地提到自己的主人，说："美国太平洋电话公司是美国电报电话公司独立出来的新公司，望各位新老主顾给予充分的信任和合作。"

美国太平洋电话公司为何这样做广告呢？要解开这个谜团，我们必须了解该广告的背景。1986年年初，这家公司开张不久，便遇到一系列麻烦。最要命的是，不仅没有多少新顾客光顾，而且那些由美国电报电话公司转过来的老主顾也纷纷找借口退出合作圈。经过调查发现，光顾者日益减少的原因，是人们普遍认为该公司及其母公司都出现了经营状况恶化，濒临破产。而人们之所以会有这种看法，是由于对该公司的成立背景和经营方针缺乏了解。因为在西方国家不时会发生这样的事，当某公司因经营不善行将倒闭时，便分出一些子公司来，并声称这些子公司是独立的，实际上是为了破产时少受债主索赔。因此，当时不少人认为美国太平洋电话公司的成立是上述伎俩的再版，当然是避之唯恐不及了。

美国太平洋电话公司正是为了消除公众的疑虑与误解，避免信息沟通中的心理障碍，才做了这样一则令人费解的广告，让公众在费解之中去自己得到答案：本公司的成立及经营宗旨，与邓小平的改革如出一辙。而邓小平的巨大成功，就是本公司具有光辉前景的有力证明。

（三）社会环境障碍

公共关系实施的社会环境障碍是指实施环境中的各种制约因素，如政治环境因素、社会环境因素、经济环境因素、科学技术环境因素等。

小案例7-22　蔓越梅致癌事件

蔓越梅是美国人感恩节餐桌上必不可少的一种深红色的水果。1959年11月9日感恩节前夕，正当食品店里蔓越梅销售最旺的时刻，卫生教育福利部长弗莱明突然宣布，当年的蔓越梅被除草剂污染了，研究人员在实验室用老鼠做了实验，结果老鼠得了癌症。虽然没有证据表明这种果实会让人得癌症，但希望公众好自为之，自己酌情处理。"蔓越梅致癌"的消息不胫而走，市场销量直线下降。生产蔓越梅果汁与果酱的海洋浪花公司受这一事件的打击而陷入困境。公司副总裁史蒂文斯在纽约BBDS广告公司公关部门的指导下，立即展开了一场进攻型公共关系活动。

海洋浪花公司首先成立了一个7人公关小组，向新闻界说明蔓越梅并未受到污染，第二天——即11月10日举行记者招待会，并在美国全国广播公司《今日新闻》电视节目中安排一个专访；继而在纽约安排了一个食品杂货制造商会议，让副总裁史蒂文斯有机会澄清此事；然后，致电弗莱明，要求他立即采取措施，尽力挽回由于其失言造成的无法估计的损失。11月11日，史蒂文斯致电总统艾森豪威尔，要求把所有蔓越梅产区划为受灾区。海洋浪花公司又发一份电报给弗莱明，通知他已向法院提起诉讼，要求赔偿损失1亿美元。11月12日，该公司特别邀请了打算竞选总统的尼克松和肯尼迪上电视，在电视节目中，尼克松吃了4份蔓越梅，肯尼迪喝了1杯蔓越梅汁。

从11月13日起，公关人员就在卫生教育福利部与海洋浪花公司之间斡旋，试图寻找摆脱危机的办法。9天后，当法院开庭时，双方已经达成了一个协议，对这批蔓越梅是否对人体有害进行化学实验。然后海洋浪花公司及时向公众宣布了这项协议和化学试验的结果。

蔓越梅在感恩节前夕终于又回到了食品架。这一年的蔓越梅销量虽然低于前一年，但公关人员却从一场危机中，挽救了这个行业，使海洋浪花公司免去了破产之虞。

(四)组织管理障碍

公共关系活动说到底是组织行为,是组织精心策划、具体实施的公关活动。然而,在具体实施过程中,在组织管理的过程中,也有不尽人意之处,出现组织管理方面的障碍。如果这些障碍不排除,也有可能使公共关系实施受损。

合理的组织管理能够有效地进行内外沟通,加速信息传播;反之,不合理的组织管理则会束缚沟通,导致沟通障碍。具体表现为:

1)传递层次过多导致信息失真。信息在传递过程中,中间环节越多,正确率越低,甚至有时最后的信息与原来的信息相比已面目全非,因此,在信息传播沟通中尽量减少层次,减少信息传播环节,是保证沟通准确无误的有效措施。

2)机构臃肿导致沟通缓慢。机构臃肿不仅表现为组织层次多,还表现在每一层次的构成单位也很多。一条信息经历如此多的层次和单位,必然要消耗大量的时间。

3)条块分割造成信息沟通"断路"。条块分割的组织机构,使信息很难畅通无阻,有时只要一个工作环节出了问题,就很难实现有效沟通。

4)渠道单一造成信息量不足。这种沟通中的组织管理障碍,主要是指信息的传递基本上是单向的上情下达,而没有双向的反馈系统,忽视了由下往上的信息传递,因而送达到决策层的信息量明显不足。

小案例 7-23　康宁玻璃制造公司调换质量有问题的咖啡壶

美国康宁玻璃制造公司的某种型号电热咖啡壶,由于壶把质量有问题,顾客来信要求调换。公司调研后发现,顾客反映的问题是由技术原因造成的,于是决定全部回收这种型号的咖啡壶。但困难的是,这种咖啡壶与 10 年前生产的另一种型号的咖啡壶十分相似,由于没有标记,顾客很难区分。为了帮助顾客识别,同时也避免使公司受损,康宁公司制订了一个方案。

1)印制一份识别说明书。说明书初稿撰写完毕后,运用随机抽样的方法,对顾客进行调查,直到 90% 以上的人都能识别才正式定稿。

2)新闻宣传。识别说明书定稿后,公司的公关人员用新闻稿的形式,将调换的信息发送出去,通过电台、电视台连续对外宣传了几个月。同时,请权威作家写成文章在各家报纸上发表。

3)店内广告。请代理商在商店内大做广告,边卖边回收。

4)在美国广播公司举行了一次广播讨论会。

这次调换质量有问题的咖啡壶的活动,据统计受影响的公众达 1.8 亿人次之多。公司对 1 000 多个已知的用户进行调查,其中 44% 都知道了这个消息,90% 能识别。康宁公司的这次活动,后来被美国公关界称为"最佳公关活动"。

二、做好公共关系活动协调工作

公共关系实施是一项系统工程,各项工作只有相互有机配合才会达到整体最佳。各自为政，相互矛盾，只能增加内耗，严重时必然导致公共关系实施的失败。因此，一旦出现矛盾，实施机构就要及时协调，这样才能提高工作效率，减少或杜绝人力、物力和财力的浪费，保证公共关系目标的实现。

公共关系活动涉及面广，协调工作显得十分重要。在公共关系实施过程中，要使工作的各个方面达到和谐、互补、配合、协调的状态。

1）要与新闻界建立良好的合作关系。制造新闻能不能成功，其标志是能不能引起新闻界注意并加以报道，新闻媒体是最后的"把关人"。为此，一方面组织的公共关系人员要了解新闻媒介的宗旨、风格、报道重点和工作方式，以便有的放矢地策划新闻；另一方面，组织要注意与新闻机构联合举办活动，在活动中增进与新闻媒体的关系，从而增加被新闻媒体报道的机会。

2）要协调好组织内部各个部门间的关系，特别是宣传、供销、广告等部门与团体之间的关系，避免互相脱节、互相牵扯甚至互相矛盾的现象产生，否则各部门间会产生抵消作用，影响公共关系的实施进程。

3）要协调好各个项目之间的联系。各个项目在实施过程中既相互区别又相互关联，要做到有机过渡，有机衔接，必须精心协调。

4）要协调好人员、物资的运转关系。大型公共关系活动人员的调用、物资运输是一门技术，可以用图表形式将人员、物资运转之间的相互关系明确地呈现出来。

小案例 7-24 乐高玩具积木展览活动

1982 年，乐高玩具积木在我国香港举办了第一次展览活动。虽然乐高总代理深信这是一种很受欢迎的益智玩具，但还是有些信心不足。因为举办展览活动的场地——香港展览中心，位于湾仔海边的新填地。该展览中心地理位置偏僻，交通不便，很少有人知道它的准确位置；还有一个更大的难题是，该展览中心位于交通繁忙的海旁大道，过街天桥少，小朋友和老人过马路非常不方便。如何解决好这两个难题，吸引小朋友及其父母前来参观呢？

乐高玩具积木的总代理将实施展览活动全权委托给了公关顾问公司。公关顾问公司经过周密调研，拟定了详细的实施方案。

1）定位目标对象。公关顾问公司把玩具展览活动的目标对象不仅定位于个别父母及子女，而且特别注重学校、慈善团体、儿童活动中心和青少年活动中心等。因为这些机构要经常为少年儿童策划活动，特别是在儿童节前，组织他们参观玩具展览无疑是最佳的活动之一。

2）联络新闻媒介。目标对象定位之后，公关顾问公司开始着手宣传方面的工作。他们策划了展览会前、展览期间、展览结束之后的新闻稿件，并利用所有可资利用的资料制成新闻资料袋，准备在开幕典礼上派发。接下来为开幕典礼做了充分的准备，拟定了被邀请的新闻界嘉宾名单，设计并发出了请柬。为了加强宣传，又特别联络了两家电视台儿童节目的监制，为他们安排了事前的录像以及展览现场盛况的报道，以便他们在儿童节那一天播出。

3）编印交通指南。为了帮助想参观的人能找到展览中心的正确位置及交通情况，公关顾问公司特别设计印制了一张简单的地图,以供有意前来参观者备查。所有请柬都附有这张地图,无论是驾车还是乘坐公共交通前来都有明确指示。

4)安排免费接载。为了方便参观者前来,租用大客车向参观者提供免费接待服务,行驶路线由中环天星码头至香港展览中心。这解决了一部分参观者的困难,而且也表现出了主办者的诚意。

5)吸引集体参观。为了解决不便陪同孩子前来而又担心孩子安全的父母的难题,加强对学校及社会服务机构的宣传,特别设计印制了海报、请柬和位置简图等,大量寄给有关学校和机构,邀请他们组成参观团,带领少年儿童集体参观。

6)丰富现场活动。一切方便参观者的措施落实之后,展览现场的活动就变得极为关键。为了搞活展览现场的气氛,提高参观者的兴趣,展览现场主要搞了四项公关活动:①增设与乐高玩具有关的有奖竞赛活动,如举办了一个积木数量竞猜大赛,头奖是全家(按一家四口人计)往返丹麦的机票及招待,中奖者可以参观丹麦的乐高乐园,还可以得到其他名贵礼物。②设置每日抽奖,在当日的入场券存根中抽出 10 名幸运奖,各奖乐高积木玩具一份;还有现场特设"幼儿天地",提供乐高积木给他们玩耍;组织拼模型比赛,为参加比赛的儿童提供样本及积木组合元件,在规定时间内照样本拼搭积木,最快完成者便可得奖。③免费接待社会福利机构(福利院和孤儿院)的儿童并送给每位参观者一份礼物,把开幕日当天上午定为"儿童嘉宾时间",特别开放给上述儿童参观。④在开幕典礼前两个小时特设"新闻界预展",招待新闻界的代表参观,给他们最大的摄影方便,安排他们访问主办者等。

以上所有措施都实施得非常顺利,这次展览获得了空前成功。开幕式当天下午,参观者就超过一万人。在五天的展期内,参观者超过 12 万人次。参与现场活动的人数也很多,收到的参加竞猜的表格有数万份,可参加抽奖的有效表格两万多份。各大报刊或在展前或在展后都有报道,事后汇集的剪报计有 60 多份。特邀的两家电视台也先后在其儿童节目中播出了这次玩具展览活动。

三、处理公共关系活动中的突发事件

对公共关系活动实施的最大干扰,莫过于突发事件。突发事件是公共关系实施中由于工作的疏忽或其他原因而产生的一些特殊情况,主要包括两大类:一类是人为的纠纷危机,如公众投诉、新闻媒介的批评、不利舆论的冲击等事件;另一类是不以人的意志为转移的灾变危机,如地震、水灾、火灾、空难等。这些重大的突发事件对公共关系活动的实施干扰极大。因为突发事件一般具有以下四个特征:①发生突然,常常令人始料不及;②来势迅猛,常常令人措手不及;③后果严重,危害极大;④影响范围大,易给整个社会带来恐慌和混乱。一个组织如果不善于处理突发事件,那么不但会使整个公共关系活动难以实施,甚至会影响到本组织的生死存亡。

面临突发事件应当保持头脑冷静,防止感情用事,认真剖析原因,正确选择对策。面临突发事件时,在传播沟通方面应注意以下六个问题:

1)实事求是地发布消息,不清楚的地方不要轻率地告诉对方,不要把主观臆测混在其中。

2）发表的时机很重要。不能因过于慎重而贻误时机,以致使流言、谣言产生,引起混乱。

3）发表消息时尽量统一形成文字,因为口头讲话容易被误传。

4）为防止外界误传,宣传中要统一口径,不能随便发表言论。

5）有些社会影响大的问题发表消息越早越好。

6）一旦事故出现,应有专人联络新闻界,把情报工作抓起来,尽快平息混乱。

总之,公关活动一旦进入实施阶段,就要做好面对各类突发事件的准备——虽然在公关活动策划阶段已经做出了各类风险应对方案,但因为事情都有百密一疏的时候,一旦出现紧急事件,千万不要手忙脚乱,活动组织人员的恐慌会引起公众更大的恐慌。这时要保持头脑清醒,行动冷静,迅速查明原因并确认事实的真相。已造成负面影响的,及时向公众道歉,策略性处理与媒介及其他公众的关系,避免负面报道,化危机为机遇,借助突发事件扩大传播范围,借助舆论传播诚意,争取公众的理解与支持,化被动为主动。

小案例 7-25　酷热中开展全民健身长跑竞赛酿悲剧

> 1999年6月,在春江市"阳歌杯"全民健身周长跑竞赛中,不幸多人中暑,两人死亡。当日上午,春江市骄阳似火,天气暴热。9时整,3 000多名运动员参加了1.5千米的群众性长跑活动。随后,其中的350名运动员移师江滨路进行长跑竞赛。其中,中年男、女组和青年组赛程为8千米,少年组为3.6千米。由于在烈日下激烈地奔跑,有不少运动员先后出现程度不一的中暑反应。8名中暑较严重的运动员被迅速送往市急救医疗中心抢救。伍某在途中中暑摔倒,头部被摔伤,待送达急救中心时心跳已停止。夺得中年女子组竞赛第2名的春江市第一机床厂的申某也因中暑不治,于次日凌晨死亡。

本章小结

1. 公共关系活动实施非常重要也极为艰巨。为了保证公共关系活动实施取得预期的效果,必须在公共关系策划的基础上设计公共关系活动实施方案。设计公共关系活动实施方案要注意抓好六个环节的工作:分解活动项目、明确实施方法、制订实施流程、分配预算经费、组建实施团队、培训实施人员。

2. 公共关系传播是将公共关系活动实施方案付诸现实的过程。在这一过程中,要着重做好三个方面的工作:策划新闻事件、吸引新闻媒介;准备传播材料、传播活动信息;选择传播媒介、优化传播效果。

3. 在公共关系活动实施过程中可能会出现各种矛盾和问题,公关人员要切实做好公共关系活动的调控工作,使公共关系活动得以顺利实施。

4. 公共关系实施过程中,由于种种原因会与预定计划产生偏差,从而妨碍公共关系活动的正常进行,公关人员必须具备纠偏能力,防止偏差对活动实施带来不利影响。

5. 公共关系实施是一项系统工程,各项工作只有相互有机配合才会达到整体最佳,否则,可能导致公共关系实施的失败。公关人员要努力做好公共关系实施中的各项协调工作：一要与新闻媒介建立良好的合作关系；二要协调好组织内部各个部门间的关系；三要协调好各个项目之间的关系；四要协调好人员、物资的转运关系。

6. 对公共关系活动实施最大的干扰，莫过于突发事件。当面临突发事件时，公关人员应当保持头脑冷静，防止感情用事，要认真剖析原因，正确选择对策，处理公共关系活动中的突发事件。

案例评析

IBC公益计划——2013年"人·沙·敦煌"沙裸艺术行动

环境污染、公民健康、文物保护、空巢老人、留守儿童、贫困失学等社会问题日益突出，舆论关注度逐步增加，各种公益活动不断涌现。公关行业作为一个创意产业，在帮助客户践行企业社会责任的同时，对此同样有着义不容辞的责任。2013年，森博公关集团发起并与中国国际公共关系协会联合主办的中国第一个创意产业大型公益项目IBC公益计划（即"Idea Beatiful China"，创意美丽中国）——"人·沙·敦煌"沙裸艺术行动，就是一项极具典范性的公益活动。

被誉为"独一无二的世界文化宝藏"的敦煌石窟，是中华文明的瑰宝，是全球艺术家朝圣的殿堂；而对敦煌莫高窟这一世界上历史最悠久、艺术最精美的文化艺术遗址的保护，也始终牵动着全世界的神经。随着敦煌生态环境的逐步恶化，莫高窟正面临着消失的危险。有考古学者曾感叹说，莫高窟的衰颓与毁坏速度惊人，正以"比古代快100倍的速度走向死亡"。敦煌研究院人员的一项模拟试验表明，二氧化碳和空气湿度，是莫高窟壁画消亡的两大祸首。而日益增多的游客量，已成为莫高窟的致命杀手。

如果把敦煌这些文化遗产看作是一个人的话，水草树木就是她们抵御寒冷、抵御风沙的衣服。在历史演绎的过程中，敦煌文化的保护土壤——"她们的衣服"，正在一件件被剥掉。敦煌文化遗产正在风沙漫天的环境中，面对沙尘、寒风的侵袭，不停地颤抖、战栗。但显然，敦煌文化遗产所遭遇的这种"痛苦"，离普通人的生活又太遥远，绝大多数人都难以感知到。如何运用最具冲击力的创意表现形式，让人们更加深刻地感知敦煌文化正在遭遇到的痛苦，引发社会的高度关注？

1. 北京："口罩会议"——沙裸艺术行动启动

2013年"人·沙·敦煌"沙裸艺术行动启动发布会正式召开。最大限度地减少二氧化碳的呼出量，是每位游客游览敦煌莫高窟时可采取的直接保护措施。通过一场佩戴口罩的启动会，表明公益主张，呼吁社会各界参与，面向全国招募公益志愿者。某著名影视明星作为公益行动大使，出席现场活动发出倡议。

2. 敦煌："人·沙·敦煌"——"沙裸艺术"拍摄行动

"人·沙·敦煌"沙裸艺术行动，通过在人体上彩绘敦煌文化图景的相关元素，并将其置身于敦煌的沙漠中，以种种痛苦、抗争的肢体语言，暗喻莫高窟壁画、敦煌文化遗产的悲惨境遇，表现敦煌之美和敦煌之痛。在第42个世界环境日来临之际，在敦煌开展"沙裸艺术"拍摄行动，公益大使全程参与。组织一支包括新闻媒体记者、专业摄影师、公益志愿模特、彩绘师、化妆师在内的拍摄团队。拍摄期间,整合强势媒体资源,覆盖五大门户网站,进行多角度的报道。

3. 北京:"留住敦煌"——敦煌沙裸艺术影展

以一场现场感十足的敦煌沙裸艺术摄影展,重温现场,扩大影响,传递公益主张,为"人·沙·敦煌"沙裸艺术行动画上完美的句号。

IBC公益计划——"人·沙·敦煌"沙裸艺术行动获得了极大的成功,除在国内产生巨大影响外,还成功登陆美国纽约时代广场的大屏幕,引发了近30家外媒竞相报道,其保护世界文化遗产的理念得到了世界范围内的极大认同。

公共关系活动实施的技巧
——"人·沙·敦煌沙裸艺术行动"评析

随着敦煌生态环境的恶化,莫高窟正面临着消失的危险。有考古学者曾感叹说,莫高窟的衰颓与毁坏速度惊人,正以"比古代快100倍的速度走向死亡"。如果把敦煌文化遗产看作是一个人的话,水草树木就是她抵御寒冷、抵御风沙的衣服。在历史演绎的过程中,敦煌文化的保护土壤——"她的衣服",正在一件件被剥掉。敦煌文化遗产正在风沙漫天的环境中,面对沙尘、寒风的侵袭,不停地颤抖、战栗。但显然,敦煌文化遗产所遭遇的这种"痛苦",离普通人的生活太遥远,绝大多数人都难以感知到。运用最具冲击力的创意表现形式,让人们深刻地感知敦煌文化正在遭遇到的痛苦,引发社会的高度关注,正是"人·沙·敦煌沙裸艺术行动"的目的之所在。2013年,森博公关集团发起并与中国国际公共关系协会联合主办的"人·沙·敦煌"沙裸艺术行动,是一项极具典范性的公益型公关活动。

分析该案例,我们可以感悟到公共关系实施的一些基本技巧。

一是实施公共关系活动,要策划新闻事件,吸引公众关注。"人·沙·敦煌"沙裸艺术行动,在第42个世界环境日来临之际开展,邀请公益大使全程参与,"口罩会议""沙裸艺术行动""敦煌沙裸艺术展"等具有后现代文化意涵、视觉冲击和行为影响力的活动形式,与敦煌的历史情境和文化想象相结合,产生了覆盖境外媒体和新媒体的传播热点。该活动启动发布会登陆纽约时代广场大屏幕,路透社发表独家报道,引发了近30家外媒竞相转载。

二是实施公共关系活动,要传播活动信息,引导公众理解。"人·沙·敦煌"沙裸艺术行动,针对关注生态保护、旅游文化和视觉艺术的人群,活动全程与都市报纸、门户网站合作,多角度报道,其保护世界文化遗产的理念得到了世界范围内的极大认同。

三是实施公共关系活动,要优化传播效果,增强活动影响力度。"人·沙·敦煌"沙裸艺术行动,除了大量精美、高清组图在腾讯、新浪、光明网等网站获得大量点击并引发热议外,还通过"17PR"微信公众号和"腾讯新闻"移动客户端等新媒体引发受众主动参与、热情转发,产生了较大的传播效应。

综上所述,实施公共关系活动,一定要策划新闻事件,吸引公众关注;要传播活动信息,引导公众理解;要优化传播效果,增强活动影响力度。

技能训练

超人悬浮大巴车外

《姑苏晚报》2018年4月29日报道，一段视频走红朋友圈，一辆行驶的大巴车侧后方，一个装扮成"超人"模样的男子右手扶在大巴车的车窗上，整个人"站"在了车外，身体悬浮在空中，距离地面高度有1米左右。该男子"单手悬浮"在大巴车上，另一只手则向路边众人招手，所到之处，不少市民掏出手机纷纷拍照。

视频公布后，苏州交警部门随即展开调查，很快查到了这辆大巴车。根据大巴车车身上的房产广告内容，民警联系到了当地这家房产公司，工作人员表示，男子"单手悬浮"大巴车是他们搞的魔术秀活动。据了解，悬浮在大巴车外的男子是该公司请来的魔术师，男子看上去没有借助任何外力，只是单手"贴"在车身上，其实这是借助了道具的魔术。大巴车车身外固定了一个铁架，魔术师只要轻松站在里面就可以了，而那只看起来有功力的手也是一只假手。根据道路交通法相关规定，驾驶员因车辆违反规定安装搭载人员的设备，被处以200元罚款。交警也表示，车身装饰造型夸张易引起其他驾驶员关注，分散注意力，严重影响驾驶员正常驾驶，极易导致发生交通事故。

思考题：

1. "超人悬浮大巴车外"的公共关系主体是（　　）。
   A．姑苏晚报　　　　　　　B．苏州交警部门
   C．某房产公司　　　　　　D．大巴车驾驶员

2. "超人悬浮大巴车外"的公共关系客体是（　　）。
   A．潜在的购房者　　　　　B．魔术师
   C．苏州交警部门　　　　　D．大巴车驾驶员

3. "超人悬浮大巴车外"的公共关系目标是什么？（请在课程论坛里发表意见，交流讨论。）

4. 请从策划媒介事件的角度评析"超人悬浮大巴车外"。（按课程辅导教师要求发送到指定的电子邮箱。）

第八章 公共关系评估

☞ 学习目标

1. 熟悉公共关系准备工作、实施过程和活动效果评估的基本内容，能够制订具体的评估标准。

2. 熟悉自我评估、公众评估、专家评估等公共关系评估方法，能够运用特定的评估方法开展评估活动。

3. 熟悉公关评估报告的内容要素和撰写方法，能撰写规范的公共关系评估报告。

引导案例

PKU患儿特殊奶粉补助项目评估

苯丙酮尿症（Phenylketonuria，简称PKU）是一种遗传性代谢疾病。2009年6月，全国开始实施由卫生部（时称，现称国家卫生健康委员会，简称卫健委）颁发的《新生儿疾病筛查管理办法》，将PKU纳入全国新生儿疾病筛查病种之一。在此背景之下，由卫健委妇幼健康司领导，全国妇幼卫生监测办公室与美赞臣营养品（中国）有限公司合作发起的"PKU患儿特殊奶粉补助项目"于2009年12月正式启动。美赞臣在五年内，向中西部地区贫困PKU患儿免费提供美赞臣无苯丙氨酸配方奶粉，覆盖21个省及地区。该项目的实施目标是：为贫困PKU患儿提供0—3岁阶段的营养支持以及持续的跟踪治疗；建立全国性规范的PKU治疗随访和管理体系；提升社会公众对PKU疾病及群体、新生儿疾病筛查的认知度，呼吁社会关注和支持PKU群体；传播项目成果，彰显项目的社会价值。

项目实施的直接效果：①四次政府会议分享项目不同阶段的进程、成果以及实施过程中的不足，有力地指导了项目下一步工作开展。②会议现场以展板、短片等形式展示PKU患儿的生存状况，既让与会者（主要为卫健委和全国妇幼卫生监测办公室领导、各级新筛中心一线医务人员、媒体）为患儿受助后健康快乐的成长深感欣慰，也倍感自己肩负的使命之光荣和责任之重大。③在2014年的五年总结会上，一线医务工作者现场分享工作感悟，PKU患儿参与创作画作的展示，PKU患儿才艺表演等活动环节令在场人士见证了受助患儿在各方支持下拥有的"最好的开始"，并感受到参与项目的每一位医务工作者的辛勤付出。

项目实施的传播效果：通过持续五年的线上、线下传播，不仅令项目成果和经验在医疗系统内部分享，更让PKU群体走进公众的视野。五年来项目获得包括《人民日报》、中央电视台在内的全国主流媒体报道，项目的传播获得良好的社会效应。①全国范围内，中央级和各地主流媒体报道约400篇，平面、电视和网络媒体主动传播报道，网络转载超过3 500篇；②2013—2014年，包括《人民日报》在内的中央级和各地主流媒体超过300篇的报道和转载。其中邀请《重庆晨报》《新京报》《深圳晚报》《东方早报》记者深入PKU家庭进行采访，以细致、深入的故事报道反映PKU患儿的生存状况，获得半版或整版的大篇幅报道，引发社会关注；③微博和微信新媒体平台获得超过500万的阅读量。

项目产生的社会价值：①始终围绕贫困PKU家庭进行有效救助。五年共为500名贫困PKU患儿免费提供147 210罐美赞臣无苯丙氨酸配方奶粉。②建立了PKU患儿的健康、治疗、成长档案。③推动了卫健委PKU新生儿疾病筛查工作的落地生根，推动了新农合将PKU患儿纳入农村医疗报销体制，推动了城市医保体制对PKU患者的医疗报销。④落实了救助家庭，落实了医生、医疗机构责任，落实了补助发放管理渠道，落实了患者救助实际结果。

公共关系评估是指评估者根据特定的标准和方法，对公共关系的整体策划、准备工作、实施过程以及实施效果进行测量、检查和判断的一种活动。公共关系评估的目的是取得关于公共关系工作过程、工作效率和工作效益的信息，作为决定开展公共关系工作、改进公共关系工作和制订公共关系计划的依据，调整组织的公共关系目标、公共关系政策和公共关系行为，使组织的公共关系成为有计划的持续性工作。

公共关系评估是改进公共关系工作的重要环节，是开展后续公共关系工作的必要前提，是鼓舞士气、激励内部公众的重要形式，它能使组织领导人看到公共关系工作的效果，从而重视公共关系工作。

美国公共关系经典教科书《有效的公共关系》将公共关系评估的过程概括为10个基本步骤：①对评估的用途和目的达成一致；②确保组织对评估的承诺并使研究成为项目的基础；③在部门内取得对评估研究的共识；④用可以观察和测定的术语写出项目目标；⑤选择最合适的标准；⑥确定获取证据的最佳途径；⑦保持完整的项目记录；⑧运用评估结果；⑨向管理层报告研究结果；⑩丰富专业知识。

本章着重研究如何制订公共关系评估标准、实施公共关系评估活动、撰写公共关系评估报告，帮助学习者掌握公共关系评估的程序和方法。

第一节　制订公共关系评估标准

公共关系评估在公共关系专业领域一直是一件非常困难的工作，即使在现代公共关系的发源地美国也是如此。1977年，在美国电话电报公司（AT&T）的资助下，美国公共关系效果测量联合会（The National Conference on Measuring the Effectiveness of Public Relations）在马里兰大学成立。随后，美国公共关系协会要求申请加入这一协会的组织，提供对其公共关系活动进行详细评估的具体方案。然而，美国公共关系协会于1980年调查发现，申请加入该协会的组织70%都不符合这一要求。1982年，美国《财富》杂志对1 000家企业进行调查，发现其中只有48%的企业运用了公共关系评估的方法，而其余的52%则没有运用这一方法。究其原因，是因为公共关系活动难以产生即时的、直接的和非常明显的效果，它的影响是深远的、间接的和持续的。量化的数字不足以全面衡量公共关系活动效果，但凭感觉来判断又与现代科学管理的精神相违背。公共关系评估应该在理性与感性、数字与数字以外的空间寻找一个最佳结合点，确定科学合理的评估方法，让公关主体与公关从业人员都可以判断公共关系活动的服务效果和服务价值。

开展公共关系评估，首先要明确评估的内容是什么，由谁来进行评估，以及用什么标准评估。

一、公共关系评估面临的困难

公共关系评估在现实中遇到的困难主要有下述六个方面。

（一）评估内容不同

评估内容不同，即公关主体与公关从业人员对评估结果的识别方法不同，很多工商企业认为识别公共关系项目是否成功主要是看销售量提升与否,而公关从业人员则认为应该是公众态度、公众观念与公众行为的变化程度。

(二)评估标准不一致

即使公关主体与公关从业人员使用同一种识别方法,但在标准上也很难统一。例如,同是使用品牌形象的提升作为识别方法,而提升的幅度多大可视为成功是没有一个固定的标准可以衡量的。

(三)评估标准难以量化

大多数公共关系活动的效果都是难以量化的,这既是另一个难题,又是标准难以统一的原因。

(四)评估缺乏连贯性

由于评估的种种困难,使公关主体与公关从业人员对评估只是偶然为之,结果导致无法通过对历史的总结而形成一套针对公关主体行之有效且被双方相互认可的评估方法。

(五)内在因素的影响

一个公共关系目标的实现,被很多因素制约和影响。例如公共关系活动提升了品牌的知名度和美誉度,但由于产品质量和服务质量在活动期间是下降的,所以两者抵消,公共关系的效果就得不到体现。

(六)外在因素的影响

外在因素的影响也给公共关系活动客观效果的评估带来困难。一种常见的情况就是来自同期竞争对手公共关系活动的影响。公共关系效果不够理想,有可能是公关从业人员的问题,也有可能是因为公共关系投入不足,属于公关主体的原因。

小案例8-1 公司总裁与公关经理的不同看法

某公司总裁听完销售经理关于上月销售绩效的汇报后,让秘书通知公关经理来汇报公关工作。

公关经理:我们这个月发了创纪录的15万字,超出华强公司三分之一,这是宣传简报!(等待总裁的夸奖)

公司总裁:哦,辛苦了!但华强公司上月的销售势头很猛,销售部门反映,从经销商和用户端得到的印象是,他们的宣传比我们强。这是怎么回事?(显得有些烦躁)

二、公共关系评估工作的主体

（一）公共关系评估的主要内容

公共关系应该如何证明自身的服务价值，这是公关从业人员迫切想要解决的问题。根据公共关系的工作原理，可将公共关系评估的内容分为三大类：公关输入、公关输出和公关效果。

1. 公关输入

公关输入即按照公共关系策划方案，公关从业人员在项目实施期间需要完成的各类公共关系工作。对公关输入的评估就是对公关从业人员在工作中所形成的一系列材料进行评估，这些材料包括项目策划书、项目实施方案、现场效果图、活动参与人员名单、媒体名单、新闻报道、现场反馈测评以及项目所形成的知识产权文件（文字资料、图片资料和影像资料）等。对公关输入的评估操作相对比较容易，评估结果也可一目了然，但这种评估仅仅可以看出公关从业人员对规定工作的完成情况，而难以判断其工作质量和是否达到了相应的效果。

2. 公关输出

公关输出是指公共关系活动对目标公众的覆盖范围和信息到达率。对公关输出的评估就是对公共关系活动实施过程的评估，它包括现场反馈测评（现场效果是否积极、是否富有成效，由参与人员评价）和媒体监测统计（报道落地率、报道准确度、报道覆盖范围等是否达到预期目标，由媒体监测数据反映）。一般而言，出席媒体数量、发稿媒体、报道数量和新闻报道所相当的广告价都是评估公关输出的主要标准。对公关输出的评估操作，相对容易地解决了评估内容、指标和标准的问题，但它不能把公关输出的结果与最终的公关目标和服务价值有效地联系起来。

3. 公关效果

公关效果是公共关系评估的核心部分，也是难点所在。对公关效果的评估就是通过考察与衡量公共关系工作对实现公关主体特定公共关系目标的贡献程度，来判断公关从业人员工作质量的高低和公关主体投入产出的性价比。公共关系目标有多种形式，比如提高产品销量、提升品牌形象、改善公众关系等，可以将它们简化为目标公众的信息知晓率、态度改变程度和行为改变程度。这三个方面基本上可以涵盖所有的公共关系目标。

除了上述的三种评估内容外，公共关系评估还包括对公共关系工作过程的评估，如是否采用了科学合理的工作方法，是否使用了合理的技术工具，项目策划书和实施方案是否产生了预期效果，资源调动和使用是否合理，现场活动参与人员的到位情况以及工作流程是否科学严谨等。

（二）公共关系评估的评估者

不管评估的内容是什么，最终都需要解决的一个问题是到底由谁来评估。评估者决定了评估的公正性、可靠性和评估成本。根据公共关系评估工作的操作实践，可将评估者分成下列三种。

1. 公共关系活动的主办者

公共关系活动的主办者是公共关系活动的组织者、策划者或实施人员。他们从当事人的角度来总结自己的工作做得怎么样。

> **小案例8-2** *"关爱妇女，呵护健康"广州公益活动主办者的评估*
>
> 2013年"三八"妇女节到来之际，碧迪医疗器械（上海）有限公司（BD中国）与社会各界共推宫颈癌免费筛查公益活动，在全国开展了形式多样的宣传、教育、义诊和媒体公关活动。在广州，由BD中国携手世界健康基金会、广州越秀区妇联和城管局、广州中山大学附属第一医院，共同推出了"'关爱妇女，呵护健康'女性宫颈癌免费筛查"公益活动，为200名环卫女工进行了免费宫颈癌筛查及诊断服务，新华社、搜狐、39健康网、羊城晚报、南方日报、广州日报、新快报、家庭医生在线等主流媒体应邀出席了媒体见面会并到筛查现场与环卫女工进行了交流。截至3月21日，共收集到10家参会媒体的10篇报道，分别是搜狐、39健康网、羊城晚报、南方日报、广州日报、新快报、家庭医生在线、新华网、深圳商报、深圳特区报，转载47篇。原发稿件及转载稿件广告价值总计人民币：381 286元。

2. 公共关系活动中的公众

公共关系活动中的公众是公共关系活动的影响对象，也是公共关系活动的参与者。他们从活动参与者的角度评价公共关系活动的效果。他们的评价往往是一种体验式的评价。

> **小案例8-3** *"关爱妇女，呵护健康"广州公益活动的公众评估*
>
> 2013年"三八"妇女节到来之际，由BD中国携手世界健康基金会、广州越秀区妇联和城管局、广州中山大学附属第一医院，共同推出了"'关爱妇女，呵护健康'女性宫颈癌免费筛查"公益活动。广州中山大学附属第一医院党委书记出席了当天的活动，并表示定期的普查普治是防治疾病、提高健康状况的重要手段，尤其是像宫颈癌此类的妇科肿瘤疾病。该院妇产科副主任说，近5年来，该院每年新收治的宫颈癌病人都在150例左右，2012年接近200例。当然，也有相当多的宫颈病变只需在门诊进行处理就可以了，这反映出筛查工作的推广能让更多没有症状的妇女在宫颈癌前病变阶段得以诊断和治疗。世界健康基金会上海办公室高级行政经理表示："世界健康基金会在中国一直致力于关爱妇女健康，本次广州中山大学附属第一医院的公益活动也是我们与BD中国合作的'妇女健康宫颈癌预防项目'的重要内容之一。我们真心希望可以通过这些活动，帮助广大中国妇女增强自我保健意识，学习到预防疾病的相关知识，培养健康、文明、科学的生活方式。"

3. 公共关系专家

公共关系专家主要来自专业公共关系公司、公共关系协会，或科研院所。他们是专业的公共关系评估师。他们往往从公共关系的角度，科学、理性地评价公共关系活动本身的效果。

> **小案例8-4 "关爱妇女，呵护健康"广州公益活动的专家评估**
>
> 2013年"三八"妇女节到来之际，由BD中国携手世界健康基金会、广州越秀区妇联和城管局、广州中山大学附属第一医院，共同推出了"'关爱妇女，呵护健康'女性宫颈癌免费筛查"公益活动。浙江大学城市学院公共关系研究中心主任赛来西·阿不都拉点评时如是说："美国管理科学联合市场营销学会主席菲利普·科特勒曾经表示，'一个伟大的公司必定是充满善意的公司，否则，它不可能获得长足发展。'所以，一个伟大的公司向世界营销的不是产品，而是价值观。由碧迪医疗器械（上海）有限公司组织实施的"'关爱妇女，呵护健康'女性宫颈癌免费筛查"的公益活动，用实际行动向人们传达了企业'帮助人类健康生活'的价值理念，从活动效果反映出BD中国是一个创造更多社会价值的充满善意的品牌。"

（三）公共关系评估人员的选择

就像体育竞赛一样，一方面需要完全由裁判员组成的评委会来打分，给众多选手的表现评出高低上下；另一方面，对于达成这个结果的过程的评估，则还是有赖于运动员和教练员自身，这是裁判员无法代替的工作。从成本和效率方面考虑，自我评估是必要的，从公正性和客观性的角度考虑，则必须借助第三方的评估结果。当选择第三方评估时，专家的专业性、公信力以及在行业里的影响力尤为重要。有效地把自我评估和第三方评估相结合，可以大大增强公共关系评估的说服力。

三、公共关系评估标准的制订

不管由谁来评估公共关系效果，首先要做的就是制订公共关系评估标准。公共关系评估标准是检验公关工作的参照系，有了参照系才能通过比较来检验公关计划与实施结果。即使这一评估标准是定性的而非定量的，仍需订出一个明确的评估标准。这就需要评估人员将有关问题，如评估重点形成书面材料，以保证评估工作的顺利进行。如果评估标准不明确，则会在调查中收集许多无用的材料，影响评估的效率与效果。

公共关系专家、学者在对公共关系评估工作进行研究的基础上，根据公共关系过程的不同阶段，提出了公共关系评估的标准。

（一）公共关系准备工作的评估标准

准备工作的评估主要考察公关准备工作的情况是否已经按照要求通过一定的形式表现出来。有以下三条评估标准。

1. 设计项目背景信息的充分性

评估的主要任务是，检验是否遗漏了对项目有影响的因素。比如，在确定公关目标公众时，是否遗漏了关键的公众？哪些信息和资料还需要改进？所需材料是否都准备充分？

所有关键因素和各项工作是否都已经确定？这些都需要给予正确的估价，以保证实施阶段公关工作的正常进行。

2. 信息和活动内容的适应性

评估的主要任务是，检验公共关系活动是否适应形势要求，公共关系活动中准备的信息资料是否符合问题本身、是否符合目标公众及媒介的要求？沟通活动是否在时间、地点、方式上符合目标公众及媒介的要求？有没有对沟通信息与活动的对抗行为？有没有策划媒介事件或其他行动配合这次公共关系活动？活动人员与预算资金是否充分？

3. 信息和活动表现形式的有效性

这一环节是准备过程评估的最后一个环节，其重点是考量信息和活动表现形式的有效性。比如，项目设计的创意有无水平？活动主题的设计是否新颖？有关信息传递资料及宣传品设计是否运用得当？图表、图片及展示方式的选择是否合理，等等。

总之，公共关系准备工作的评估必须对资料的充分性、合理性、有效性进行认真的分析，确保策划方案与组织目标相吻合，为下一阶段有效地实施策划方案奠定基础。

小案例 8-5　杜嘉班纳辱华事件

2018 年 11 月 21 日，Dolce & Gabbana 将在上海世博会中心举办第一届大型时装秀"The Great Show"，许多明星受邀参加。

11 月 17 日，杜嘉班纳将中国传统文化与意大利经典饮食相结合，在新浪微博、Ins 以及 Facebook 等平台发布"起筷吃饭"系列宣传视频。部分网友认为该视频涉及种族歧视，引起了中国网民的不满。一些网民指出，视频中叙述者的"汉语发音"和语调，以及"中国模特"用筷子吃比萨和意大利甜面包卷，都涉嫌歧视中国传统文化。尽管杜嘉班纳在微博上删除了这段视频，但仍然将它发布在即时新闻和 Facebook 账户上，这一"涉嫌侮辱中国"的事件在外国社交媒体上引起了很多争议。

21 日上午，网民在微博平台爆出杜嘉班纳设计师在 Ins 平台与网友争论"视频涉嫌歧视"问题时，恼羞成怒发表辱华言论，引发舆论关注与热议。随后，新浪微博用户"央视新闻"发布视频博文"你真的懂中国的筷子吗？"许多中国明星纷纷表态拒绝出席该品牌的年度大秀，大秀原定日期的 21 日当天下午，中国文旅部下达通知将该活动取消。

11 月 17 日至 25 日期间，全网有关"杜嘉班纳辱华事件"的舆情总量共 329.5 万余条。舆情信息主要来源于微博平台，占比 95.2%；其次是 App 和微信平台，占比分别为 2.27%和 1.22%。杜嘉班纳辱华事件导致上海秀取消，两位品牌代言人解约，天猫、京东、网易考拉等国内主要电商平台宣布下架杜嘉班纳的产品……"辱华"风波过后，杜嘉班纳在中国市场声名狼藉。

（二）公共关系实施过程的评估标准

这个阶段中通常有四个不同层次的评估标准。

1. 发送信息的数量

这一评估环节需要了解所有信息资料的制作情况和宣传活动的进行情况，包括公关活动实施中所进行的广告、广播、宣传活动、讲话次数、开会次数、信息发布数量，以及其他宣传材料及新闻发布的数量。

2. 接受信息的公众数量

将收到信息的各类公众进行分类统计，从中找出目标公众的数量。在这里，接收传单信息的人数，参与某项事件的人数，出席会议和展览的人数，都可以作为这种评估的参考数据。

3. 关注信息的公众数量

从收到信息的各类公众中统计出真正关注信息的公众数量，考察他们对信息知道多少，接收到什么程度，以此评估信息传播的实际效果。

4. 媒介关注的程度

可以根据媒介关注的程度，来判断公关活动的有效度。根据公关活动的新闻性和社会意义，将媒介的关注程度分为不报道、一句话新闻、消息报道、人物专访、事件报道、公关专题报道、深度访谈等级别，依此来判断媒介关注的程度。

小案例8-6 欢迎试坐

第四届北京国际汽车展览会，国内外近千家厂商参展，气氛火爆异常。展厅里，一辆辆靓车光彩夺目，引得满场人潮涌动。更为精彩的是，各参展厂商公关高招迭出：法拉利跑车旁，有"法拉利小姐"的劲歌热舞和歌星签名；绅宝车前，有异国淑女迷人的微笑；福特公司则让金发碧眼的姑娘与活泼可爱的中国儿童同台演出；而奥迪厂家破天荒地使出绝招——所有奥迪展车，欢迎观众试坐。只见一个个试坐的观众喜形于色，乐不可支：打方向，踩刹车，点油门，踩离合，俨然就是车主，实实在在地过了一把车瘾。更多的围观者则看得眼热心跳，跃跃欲试。一时间，观众对奥迪厂家的做法赞美有加，纷纷前去试坐。奥迪车展台前成了展览的新闻特点，各路记者纷至沓来，奥迪车随之声名鹊起。

（三）公共关系实施效果的评估标准

实施效果的评估是一种总结性评估，主要检查公关活动对公众的影响和所取得的效果。其评估标准有以下五点。

1. 了解信息内容的公众数量

了解信息内容的公众数量，就是要看目标公众通过公关活动对活动内容有什么了解，了解的程度是否加深，了解的内容是否全面，从而比较公关活动前后公众对组织信息的容量。为了检测出公关活动的效果，可以采取区域公众比较的方法。根据地域和管理单位，可以先将公关活动有意识地限制在一定区域范围内，然后逐渐推广到另外一个区域，比较这个区域范围内的公众对信息内容了解的人数差异和程度差异，测定该项活动在何种广度和深度上增进了公众对组织及有关信息的了解，以评估促进公共关系活动的有效开展。

2．改变观点、态度的公众数量

运用舆论调查方法，检查了解信息内容的公众在观点、态度方面发生的变化。

3．发生期望行为和重复期望行为的公众数量

行为发生变化的人们在行为改变之前，肯定接受了某些信息或在某些方面的观点发生了变化。在掌握了发生期望行为的公众数量之后，应注意了解重复期望行为的公众数量。例如，为了响应政府的号召组织社区舞会，我们不能单纯计算在开展这一活动的第一天内参加舞会的总人数，因为这并不能充分说明这一活动的影响效果。对这些活动的实施效果的评估要根据活动开展后一段时间或一个、几个周期的持续观察数据。评估一项公共关系活动在改变人们长期的行为方面所取得的效果，需要较长时期的观察，并取得足以说明人们行为调整后不断重复与维持期望行为的有力证据。

4．达到的目标与解决的问题

这是公关活动效果评估的最高标准，主要是看公关工作的决策是否达到了预期的目标。不过有时候，公关活动产生的结果并非与计划目标一致，但是这些结果同样是积极的，可以认为是达到计划目标的其他表现方式。例如，组织群众参加社区舞会活动，其目标是为了响应政府锻炼身体的号召，营造和谐的社会环境；可在活动进行了一段时间后，社区舞会参与的人数并不多，甚至越来越少，但群众也不再宅在家中，而是按年龄、兴趣组织成了各种兴趣小组。从表面看来，这次运动结果与既定的目标不完全吻合，但是结果也足以说明，这次活动是成功的，因为它同样陶冶了情操，加强了群众之间的交流和团结，社区的和谐气氛得到了进一步改善。

5．对社会产生的影响

这种影响同其他各种因素共同作用，并在较长时间里以复杂的、综合的形式表现出来。

在实施效果的评估过程中，要结合工作的特点和作用，通过自我评估，注重社会评估，注重公众反应，注重社会舆论的态度和意见，以及既定的目标是否实现等一系列不同的标准和方法，相对客观、准确、科学地对公关活动的效果进行测评。

小案例 8-7　丽江的文化之旅

世界文化遗产丽江古城不仅以神奇壮丽的自然景观吸引着来自世界各地的旅游者，富有特色的民族文化风情也在旅游业发展过程中扮演着越来越重要的角色。丽江旅游文化公关活动通过主题仪式、主题典故和主题活动等形式，分别以大型民族风情舞蹈《丽水金沙》，以及东巴文化、纳西古乐和木府古城博物馆等要素，展现其独特的地方文化，强化文化旅游活动的历史悠久感，提升活动的文化品位，满足了大众的求知心理，增强了景点的吸引力，提升了景点的知名度，以纳西古乐、东巴文化、民营文化、文化遗址保护为核心的"文化旅游"，成为丽江整体形象中的标志性品牌。

以大研纳西古乐会和东巴宫为代表的纳西古乐队，依靠洞经音乐博大深邃的文化底蕴，从组建之初就与市场紧紧相连，走出了一条成功的经营之道。古乐队出访世界20

> 多个国家和地区，所到之处，无不引起人们的惊叹称赞。目前丽江拥有 20 多个古乐演奏团体，整个古乐产业的年收入达到近 500 万元。
>
> 东巴文化是纳西族最引以为自豪的民族文化精髓，丽江东巴文化博物馆充分利用白沙壁画景点、文物收藏品，先后举办了 50 多次专题展览；组织各种东巴歌舞表演、东巴宗教仪式，积极开发工艺品和富有民族地方特色的旅游商品。整个东巴文化产业年产值达 1 000 多万元。古老神秘的民族文化在为地方经济创造财富的同时，也培养了一大批文化传承人。
>
> 投资 800 万元的大型民族风情舞蹈《丽水金沙》，自正式公演以来，观众已达到数万人次。在民营企业的加盟下，重新组建的演艺公司，歌舞团 50 多名演职人员人均月收入至少 2 000 元。整台晚会年产值达 1 000 万元。
>
> 以纳西古乐、东巴文化、民营文化、文化遗址保护四大部分组成的文化产业，每年为地方创造 1 亿多元的产值。

对于公关主体而言，公共关系评估是对公共关系活动最终结果的评估，一般应该发生在项目结束以后，用以衡量公共关系投入的价值以及考察公共关系从业人员的能力，并最终决定是否继续投入；而对于公共关系从业人员而言，公共关系评估一开始就纳入计划和实施的过程中，避免过程偏离最终目标。因此，对计划和过程中的每一个步骤进行及时的评估与纠偏，并最终取得公关主体希望达到的目标，是公共关系从业人员使用评估这一工具的根本目的所在。

制订公共关系评估标准，是公共关系评估准备阶段的核心工作。公共关系评估者根据公共关系策划目标选择适度的评估指标，制订公共关系评估标准后，必须取得公关主体最高管理者的认可并将评估过程纳入公共关系工作计划之中，而且必须在公共关系部门内部取得对评估的一致意见。只有这样，才能保障公共关系评估工作顺利展开。

第二节　实施公共关系评估活动

公关主体欲让公共关系带来更大的价值，公关从业人员欲得到更多的支持，甚至公共关系这个行业欲得到更大的发展，公共关系评估必须走向前台并且落到实处。正如公共关系专家霍恩·琳达·奇尔德斯（Horn Linda Childers）所言："在一个精简机构和零基预算编制法的组织环境中，没有可测定的结果做依据，公共关系很难信服地说明这一功能是有效的。"实施公共关系评估活动，是让公共关系评估走向前台的必经之路。

公共关系评估实施阶段的主要工作有：确定收集资料的最佳途径，根据评估标准进行有效评估，整理分析评估资料。

一、确定收集资料的最佳途径

公共关系评估资料收集的途径和渠道非常广泛，如何快速、有效地选择收集资料的最佳途径，是公共关系评估实施阶段需要解决的首要问题。在收集有关评估资料方面，没有绝对的唯一最佳途径，方法的选择取决于评估的目的和已经确定的评估标准。

1. 观察反馈法

观察反馈法是由评估人员直接参与实施过程，进行实地考察，记录各个环节实施的状况和顺序以及进展情况。

2. 舆论和态度调查法

舆论和态度调查法是在公共关系活动的前后分别进行一次舆论调查，检查公共关系活动对公众的态度、动机、心理、舆论等方面的影响。通过舆论与态度调查，借助"组织形象地位图"，检查组织知名度和美誉度的改善情况；运用"组织形象要素调查表"，检查组织形象要素的具体构成有了哪些进步；通过"形象要素差距图"，检查组织实际形象与期望形象之间的差距有多少改善。

与公共关系策划之前的公共关系调查相比，公共关系评估阶段的调查在目的和侧重上略有不同。评估阶段的调查必须以前面所做的调查及其结果作为参照，从而使自己的目标、对象更明确、具体，也使自己的调查结果更具有前后可比性，更加可信。评估阶段的调查完全可以作为下一步公共关系工作开始之前所做调查的有机组成部分，为后面的工作创造条件，奠定基础。

3. 新闻报道分析法

新闻报道分析法是指根据组织在新闻媒体的见报情况来评估公共关系效果的方法。新闻舆论的敏感度很高，是反映组织形象的一面镜子。根据新闻传播的数量、传播的质量、传播的时间、传播媒介的影响力、新闻资料的使用等方法来进行评估，可获知本组织形象的状态。

4. 实验法

实验法的实质是利用事物、现象间客观存在的相互关系，通过调节某个变量（如公共关系活动前后某个企业的声誉）测定另一量（如产品销售量、订货量）的增减。在有些情况下，小范围的实验也是十分有效的。

实验法可以在经历和未经历公共关系活动的两组公众之间展开。例如，一家家用日用化工品公司，在报上连载宣传夏季正确使用化妆品的方法，旨在向公众传授在不同季节，正确选用适宜化妆品的知识。我们采用实验法对该项活动的效果进行评估：先测验一组报纸订户（实验组）的有关知识，再对另一组未接触过该报的公众（控制组）进行有关知识测验，将两次测验结果做比较，就很容易得出评估结论。实验法的关键在于，在确保实验对象代表性的同时，尽可能缩小实验范围。

二、根据评估标准进行有效评估

有效地开展公共关系评估工作，要注意以下六个方面的问题。

1. 评估标准、评估指标体系与公共关系目标相统一

公共关系目标是评估公共关系活动效果的标尺。我们必须根据这把尺子，制订与之相对应的评估指标体系和评估标准，用以检查公共关系目标是否实现。在评估时既不要抬高标准，也不要降低标准。在实施公共关系评估时，一定要重温公共关系目标，必须紧紧围

绕公关目标开展评估。因为公共关系目标不同，评估的方法和指标有着天壤之别。比方说同是一个射箭运动员，如果他今天是参加射箭比赛，那准确度是关键，评估其能力水平是看射了多少环；如果他今天是参加打猎，那评估就要看猎获了多少猎物，至于射中了心脏还是腿则是无关紧要的。

> **小案例 8-8　APC 与索爱的公共关系评估**
>
> APC 是一家销售不间断电源的专业化 IT 公司，其公关部门设在市场部下面，部门的工作目标是维护品牌在客户中的形象。在这样的目标下，APC 选择了年终问卷调查的方式来评估一年的工作，评估的标准是看不间断电源的用户群中，APC 的品牌形象在所有竞争厂商中所处的位置。
>
> 索爱的公共关系部门相对独立，管辖着媒介传播和市场活动，公关的职能聚焦在支持销售，因此，有多少顾客是因为在媒体上看到有关索爱的报道而选择购买了索爱的产品，是评估公关效果的重要指标。索爱公关部通过问卷调查了解到，因在媒体上看到有关索爱的报道而选择购买该公司产品的顾客高达 40%，远远高于广告的影响力。

2. 评估整体效果与局部效果相结合

我们要从局部到整体两个角度同时来评估公共关系活动的效果。首先要评估整体的效果，没有整体，局部再美也是枉然。其次也要看局部，整体效果是若干局部效果累积而成的。公关策划方案中的新闻发布、事件策划、活动管理等每一项都做得很出色，且信息表达清晰准确，项目执行到位，才有可能带来整体的传播效果；同时还要考察项目之间的关联性和配合。对局部的有效评估，目的是要规避整体效果还受到公关以外因素影响的问题。

> **小案例 8-9　IBM 的公共关系评估**
>
> 在类似"最受尊敬的企业""最佳社会声誉"评选中，IBM 都会榜上有名。由此可见 IBM 公关部的整体目标是实现得很完美的。但是 IBM 依然非常注重每一个传播活动的效果评估，细到一篇文章和一个采访，都会有完备的评估方法，测评信息的准确性和目标公众的覆盖率。从项目之间的关联性和配合上，IBM 提出了"One Voice"（口径一致）和"One Image"（形象一致）原则，强调局部服务整体的观念。

3. 评估结果与过程相结合

毫无疑问，公关主体最关心的是结果。但没有成功的过程就不可能有成功的结果；或者虽然过程很成功但结果却差强人意。如果最终结果输出的是企业的良好形象，那么这个结果的达致是有一个过程的，过程中每一个策划、每一个传播效果的积累或者彼此抵消，最终得到社会的一个综合评价。没有最后结果的评价不行，但没有对过程的评估也不行，毕竟只有不断纠正过程中的方向，才能达致最终结果。

4. 定性评估与定量评估相结合

举办了多少次活动、现场来了多少人、获得了多少媒体报道、事后有多少反馈电话、写了多少篇公关文章、发到了多少家媒体、收集到多少篇剪报等,这些都是可以计算出数字的,是可以定量评估的;对于关键信息提炼得是否准确、表达得是否新颖、到会媒体是否有效覆盖目标受众、参加活动的人是否匹配传播目的、活动策划的创意如何等,则只能通过定性的方式来评估。

5. 纵向评估与横向评估相结合

对公共关系活动效果的评估,一是为了看到效益,二是为了未来做得更好。效益如何,只有纵向比较才能得以显现;但有没有必要更好,或者要好到什么程度则需要进行横向的评估,因为并不是做得无限好就是对的,更好一定意味着更高的成本。

6. 选择适当的评估方法

评估方法决定了评估的公正性、可靠性、评估成本和评估效率。下述各种评估方法都有自己的特点,不同组织可以根据自身的实际情况具体选择和应用这些方法;也可以综合运用,通过几种方法相互比较、相互引证,得到一个全面的、综合性的评估结论。

公共关系评估常用的评估方法有如下三种。

1)自我评估法。自我评估法即由主办公共关系活动的公共关系人员对公共关系活动进行评价和检查。采用这种方法的前提是公共关系人员在公共关系活动的全过程中,或者在组织的日常活动中坚持记录有关指标和数据的变化。例如,通过公共关系活动前后企业的销售额数据、企业的知名度和美誉度的量化指标的记录,对比就可比较准确地评估出本次公共关系活动的成果。不仅如此,全面、准确的活动记录还可以帮助公共关系人员以时间为周期,如按年度评估公共关系活动的整体效应。此外,值得一提的是公共关系活动总是处于一定的社会环境和自然环境中,组织形象及产品销售量的变化可能是公共关系活动本身引起的,也可能是因同时期其他社会因素或自然因素引起的。所以理想的公共关系评估应排除各种干扰因素,准确地显示出公共关系的真正魅力。

2)公众评估法。公众评估法即通过问卷调查,与公众代表对话、座谈等多种方式,广泛征询公众的意见和反馈,由公众对公共关系活动的效果进行评判。这种方法包括公众意见征询法和公众问卷调查法。所谓公众意见征询法,是在公共关系活动过程中和活动结束后,通过对公众的访问和举行公众代表座谈会,以电话或口头交谈的方式来征求公众的意见。而公众问卷调查法则是在公共关系活动的准备阶段、结束阶段与结束后向目标公众发放问卷,通过对问卷的整理、统计、分析来评估本次公共关系活动的效果。

3)专家评估法。这种方法就是邀请一些公共关系知识丰富并有公共关系实践经验的专家和相关学科、领域的专家组成评估小组,由公共关系人员详细介绍、汇报公共关系活动的情况,提供有关资料和公众反馈的信息,专家们面对面提出质询,进行讨论,然后以匿名的方式就各项内容发表意见,再由公共关系人员将第一轮的全体专家意见汇集整理,反馈给每一位专家,请他们再次发表意见,直至意见趋于一致。最后对专家们的意见进行归纳、整理,形成相对统一的权威性的评估结论。

上述公共关系评估需要关注的六个方面问题,实践中需要做到的不是简单地选择甲还是选择乙的问题,而是需要针对不同的评估目的和评估内容找到侧重点,然后在不同情境中一一找到对应。公共关系评估的难度也就产生于此。

小案例 8-10　老字号　新辉煌——全聚德 135 周年店庆

公关目标：发扬"全而无缺，聚而不散，仁德至上"的企业精神，（对外）弘扬全聚德民族品牌，树立全聚德老字号的崭新形象，以店庆造市场，以文化兴市场；（对内）强化全聚德烤鸭美食精品意识，丰富全聚德企业文化内涵，激励全聚德集团的全体员工以百倍的信心迎接新世纪的挑战。

策划与实施：全聚德 135 周年店庆系列公关活动分为三个阶段。①在含有元旦、寒假、春节、元宵节等节假日的第一季度与《北京晚报》、北京楹联研究会联合举办"全聚德杯"新春有奖征联活动；面向全社会（包括集团员工）开展"我与全聚德"征文活动，征集店史文物；着手整理资料，编辑、出版《全聚德今昔》一书。②在农历六月初六，即全聚德的创建日 7 月 18 日举办"全聚德建店 135 周年店庆暨首届全聚德烤鸭美食文化节"开幕式。③金秋 10 月，在新中国 50 华诞之际举办全聚德品牌战略研讨会。

项目评估：

全聚德集团企业形象公关活动达到了预期的公关目的。

1）"全聚德杯"新春有奖征联活动，历时两个月，公众参与热情高，共收到应征楹联作品 3955 副，它们来自北京、河北、辽宁、内蒙古、山东、江苏、安徽、江西、湖南、贵州、广东、海南 12 个省市自治区，使全聚德的品牌遍及大江南北，长城内外。作者中年龄最小的为 14 岁的初中生，最大的为 82 岁的老人。还有的老者率领全家老少三代参与撰写，甚至还有几位福利工厂的盲人请同事代笔。此次活动把迎春与商业宣传融合为一，把树立全聚德品牌形象与中国传统楹联文化有机地结合起来，营造了"以文化树品牌""以文化促经营"的新闻热点，弘扬了全聚德饮食文化、品牌文化，在社会上引起较大反响。

2）提高了全聚德品牌的知名度和美誉度。众多新闻媒体都对"全聚德建店 135 周年店庆暨全聚德烤鸭美食文化节"做了全面报道。报道的形式有新闻、照片、侧记、专访。这次活动的媒体报道率相当高，不仅国内形成一股全聚德企业形象的冲击波，而且通过一些国外媒体把全聚德 135 周年庆典活动的新闻消息传出北京，传向世界。"全聚德"成为人们普遍谈论和关注的话题，使"全聚德"品牌的知名度和美誉度进一步提升，强化了"全聚德"品牌形象。

3）全聚德集团通过 135 周年店庆活动取得了良好的经济效益。由于"全聚德建店 135 周年店庆暨首届全聚德烤鸭美食文化节"活动的拉动作用，国庆节期间（10 月 1～7 日）集团公司 10 家直营店共完成营业收入 703.5 万元，接待宾客 76325 人次，日平均营业额达 100.5 万元。到 11 月底集团公司营业收入、利润均已提前完成全年的计划任务。其中，利润达到全年计划指标的 110%。该年下半年和平门店、前门店日均营业额均比上年同期增长了 20%左右。

4）全聚德品牌发展战略研讨会明确了全聚德品牌战略目标，即以全聚德烤鸭为龙头、以精品餐饮为基业，通过有效的资本运营，积极审慎地向相关产业领域延伸，创造具有中国文化底蕴、实力雄厚、品质超凡、市场表现卓越、享誉全球的餐饮业世界级名牌。

5）全聚德的战略研讨引发了首都专家、学者对以全聚德为代表的京城老字号发展的内在规律的探索与研究。参加过"全聚德品牌战略研讨会"和曾经参与全聚德有关活动的专家、学者以"老字号怎样迈向新世纪"为主题多次开展大讨论，从全聚德这一典型的经营管理实践作为案例上升为京城老字号发展的一般规律的理论探讨。

三、整理分析评估资料

（一）统计汇总评估资料

评估工作实施到一定程度后，需要对取得的各项评估资料进行统计汇总。在统计汇总评估资料时，必须坚持客观准确、实事求是的原则，去粗取精，去伪存真，筛选出有效资料。

（二）归纳分析评估资料

在整理分析环节，应对照评估指标体系和评估标准，对归档的各种资料进行分析比较，评价既定公共关系目标是否达到，测评预算执行情况与效果，总结公共关系活动取得的成绩，提出公共关系活动实施中存在的问题或新发现的问题，分析产生这些问题的原因。

（三）形成评估成果报告

在对评估资料进行统计汇总、整理分析之后，根据评估指标和评估标准对评估调查结果进行深入分析，形成评估报告。评估报告应以评估调研的结果为依据，广泛征求公共关系人员和有关专家的意见，对此次公共关系活动从策划到实施的全过程进行系统分析，肯定成绩、找出不足、总结经验教训；并对此次活动是否达到了预期的目标，在哪些方面改变了组织的公共关系状态，解决了哪些公共关系问题等做出具体说明，客观、科学地评价公共关系活动的成败得失。评估报告还应分析尚未解决的问题，提出以后应努力的方向、必须采取的措施等，为公关主体再次决策提供必要的信息。

评估报告既是评估者评估工作的最终成果，也是对评估对象工作业绩的集中评价。对于公关主体而言，评估报告是开展后续公共关系工作的重要依据；对于公共关系从业人员而言，可以通过总结公共关系活动的经验教训，丰富公共关系专业知识，提高对公共关系工作的理性认识。

第三节 撰写公共关系评估报告

公共关系评估报告是由公共关系评估者撰写完毕，提供给公关主体阅读和保存的一种正式文本。它是通过文字、图表等形式来体现公共关系活动的成绩、经验、问题、建议等评估工作的成果形式，是对整个公共关系评估工作的总结报告。

一、撰写公共关系评估报告的原则与要求

（一）撰写公共关系评估报告的基本原则

公共关系评估报告是对已经实施完毕的公共关系活动的书面总结和评价，因此，评估报告的撰写除了要遵循公共关系调查报告所要求的科学性、真实性、公正性之外，还应遵循以下五项基本原则。

1. 针对性原则

公共关系评估报告要紧紧围绕公共关系方案目标是否已经实现及实现的程度、公共关系问题是否已经解决及解决的程度、公共关系信息传播的实际效果如何等来撰写。也就是说，公共关系评估报告一定要针对公共关系评估指标体系及评估标准来撰写。

2. 客观性原则

撰写评估报告一定要客观、公正，实事求是地分析公共关系问题是否得以解决，科学地阐述公共关系活动的经验教训和对今后工作的建议等。只有如此，才能真实地评价公共关系活动的实际效果。

3. 完整性原则

评估工作的全面性是评估报告具有完整性的基础。评估报告的内容要全面，结构要完整。评估报告要对评估工作的目的、对象、标准、方法、过程和结果进行全面的概括。

4. 独立性原则

评估报告必须反映评估者的独立结论。在撰写公共关系评估报告的过程中，评估者要做到客观观察、独立评判，避免受到外界的干预和影响。

5. 及时性原则

公共关系评估工作具有时效性，因而评估报告的实效性很强。在公共关系评估工作结束后，要及时撰写和提交评估报告，否则，就失去了评估本身的意义。

（二）撰写公共关系评估报告的基本要求

1. 以公共关系目标为参照

公共关系评估报告应将评估结果与公共关系目标有机联系起来，分析公共关系活动结果是否实现了公共关系方案目标，指出公共关系活动结果对于公共关系目标实现所发挥的作用，以及给公关主体带来的近期和远期影响。

2. 以评估调研事实为依据

公共关系评估报告应将评估调研与评估结果有机联系起来，用活动效果的事实材料论证评估结果，总结成功经验，分析不足之处。

3. 以公关评估结果为主体

公共关系评估报告应将公关评估结果作为主体内容，浓墨重彩、条分缕析地加以表述。

4. 以调研统计图表为辅助

在公共关系评估过程中，常常根据评估内容的特点选择一些有效的评估工具来汇总统计结果，如组织形象地位图、组织形象要素表、组织形象差距图、公众舆论模型图、媒体覆盖率、千人成本等，运用统计汇总形成的这些图表来辅助体现评估结果，评估报告将更加生动、形象、直观。

二、撰写公共关系评估报告的基本方法

公共关系评估报告可以由公共关系活动主办单位撰写，也可委托专业评估机构编制。

（一）标题

公共关系评估报告的标题一般由"关于+事由+的+文种"或"事由+文种"组成。如"关于全聚德135周年店庆活动的评估报告""2010年北京车展公关效果评估报告"。

（二）署名及成文日期

署名一般置于标题之下，居中排列。成文日期一般置于署名之下，居中排列。

一般情况下，公共关系评估工作量大，是由一个团队完成的。因此，评估报告的署名往往是完成评估报告的机构名称，如公共关系部、公共关系公司、第三方专业评估机构。通常情况下，评估报告的作者一般包括评估负责人和评估组成员。为了方便与读者交流，往往需要将他们的姓名、职业、职务、职称、通信方式等写出来。这些内容可置于评估报告末尾。

（三）开头

开头是公共关系评估报告的前言或导语。它往往以精练、简短的文字概括性地介绍公共关系评估的目的、依据、范围、标准、方法、评估过程等内容，或者简要介绍评估项目的基本情况，为评估报告正文的写作奠定基础。如果报告撰写者是受委托的专业评估机构，则还要对评估的由来或受委托进行该项评估的具体原因加以说明。

（四）正文

正文是评估报告的主体和精华，具体表述评估报告的各项指标和结果。表述方法既可对应各项评估标准列出评估结果的各项数据，也可以采用各种形式的图表，辅以文字说明，将预期数、实际数和以往的数据加以对比。要求做到数据准确，材料与观点统一，语言简练。

（五）结尾

用简洁明晰的语言概括总结评估结果，阐明评估结果说明了什么问题，对实现公共关系目标有何贡献。还可针对评估结论，提出改进公共关系工作的意见和建议。

（六）附件

有的评估报告将说明性图表或资料作为附件，这样的话，必须在正文下方依次标注附件的名称。

小案例 8-11 "瑞奇巧克力"促销活动评估报告

"瑞奇巧克力"促销活动评估报告

公司公关部

2014 年 9 月 28 日

为进一步提升"瑞奇巧克力"的知名度，巩固并扩大在江汉地区的市场份额，江汉分公司经集团公司批准，于 2014 年 9 月 26 日在江汉商厦举办了"凭《江汉日报》瑞奇巧克力广告可兑换一盒瑞奇牌巧克力"的活动。为全面掌握本次促销活动的情况，及时总结经验、发现问题，为今后开展同类活动提供借鉴，我部派出 2 名工作人员在活动现场进行了实地观察，活动结束后，又查阅了相关资料，与有关人员进行了座谈，在此基础上对本次活动的准备工作、执行情况、经费使用和活动效果进行了评估。

一、活动准备工作评估

（一）活动的准备情况

1. 人员落实情况

①活动责任人：分公司总经理；②活动执行人：分公司销售总监任总执行人，销售部 6 名工作人员分成 3 组具体负责每个兑换点的活动，另聘用 12 名在校大学生协助现场接待、分发调查问卷、兑换、搬运和维持秩序工作。

2. 事项落实情况

1）与商厦协商，在商厦内人流较多的地方分别安排 3 个兑换点。

2）制作宣传横幅 3 条、广告展板 3 张，分别布置在 3 个兑换点。制作宣传绶带 18 条，供现场执行人佩戴。每处兑换点配备长桌一张，椅子 3 把，台布一块。

3）安排送货车 1 辆，驾驶员和装卸工各 1 名。

4）兑换用巧克力（80 克 10 粒装）10 000 盒。

5）大学生招聘和培训由分公司人力资源部负责。

6）活动广告设计和发布与报社广告部联系，分别于 9 月 18 日和 9 月 25 日在《江汉日报》刊出。

7）现场调查问卷由分公司公关部负责设计，印制 10 000 张。

（二）准备工作评估

整个活动的前期准备工作基本上按照事先的策划方案实施。提前一个月与江汉商厦沟通协商，确定了 3 处兑换活动用地，且能满足活动的要求。

人员落实，分工明确。大学生招聘工作顺利，培训期为 1 天，培训效果良好，基本达到要求。

活动宣传广告按时发布，社会反响较热烈。活动开始前一周，共接到咨询电话 518 次。

各项物品及时准备到位，未发生任何问题。

二、活动执行过程评估

（一）活动基本情况

活动从上午9点30分开始，至晚8点结束。在整个活动过程中，全体工作人精神饱满、态度热情、不厌其烦、分工合作，表现出良好的团队意识，体现了公司的整体形象。尽管有时兑换的人数较为集中，但整个活动基本上比较顺利，秩序良好。

每个兑换点由2名大学生负责向前来兑换的消费者发放调查问卷，然后由销售部1名工作人员负责收取调查问卷和报纸广告并登记人数，再由另一名工作人员负责兑换，流程安排比较合理。

分公司销售总监负责现场3处兑换点的巡视、检查、协调、调度，及时处理临时发生的问题。分公司总经理中午专程前来慰问全体工作人员，极大地鼓舞了大家的工作热情。

（二）活动执行中存在的问题

由于江汉商厦较大，入口处较多，事先没有对3处兑换点的人流情况进行分析、预测，现场的人力和兑换品都是平均分配的，结果导致其中设在正门入口处的兑换点因兑换人数多而集中，造成忙乱和拥挤，还发生几次临时断货，不得不到其他两处临时调运而让消费者等待。对此，部分消费者有一些怨言。

工作人员对一些较挑剔的消费者缺乏沟通技巧，对一些拿了较多的报纸前来兑换的消费者语气上不太尊重，造成了一些小小的语言冲突。

三、活动费用评估

本次活动预算为××万元，实际支出××万元。具体情况见下表。（略）

四、活动效果评估

（一）成效方面

1. 影响人数

1）直接影响人数。根据现场调查登记表的统计，此次活动持《江汉日报》广告前来兑换的消费者共计7 834人，其中男性3 649人，占46.6%；女性4 185人，占53.4%。以每个消费者影响3个家人计，此次活动直接影响人数为23 502人。

2）间接影响人数。《江汉日报》的发行量为10.5万份，另据现场观察，驻足观看和询问活动性质的消费者约3 500人次，一个消费者至少能影响3个家人。上述两项因素综合起来，预计本次活动的间接影响人数超过10万人。

2. 促进销售

我公司瑞奇牌巧克力在江汉地区原来就有较好的市场声誉，但近年来其他品牌的同类产品纷纷打入江汉地区，对瑞奇牌巧克力构成较大的竞争压力。通过此次活动，进一步提高了瑞奇牌巧克力的声誉，扩大了消费群体，能起到巩固和进一步扩大市场份额的作用。

3. 提升形象

本次活动组织有序，工作人员态度热情、服务到位，显示了公司良好的形象。持广告的消费者怀着期待而来，高兴满意而归，许多在场的其他消费者都对他们表示羡慕，纷纷向工作人员打听今后是否还会推出这类活动。这说明公司和"瑞奇"品牌的形象已经为广大消费者所接受。

此外，由于活动影响面广，前来兑换的消费者人数较多，也提升了当日江汉商厦的人气。该商厦表示非常高兴，愿意与江汉分公司进一步加强合作。

（二）不足之处

1）宣传展板的图案未能体现公司的形象，面积太小，色彩比较沉闷，与周边摊位的广告相比，缺乏吸引力。

2）现场工作人员的服饰未经统一设计，尽管佩戴绶带，但还是显得较为凌乱。

3）江汉商厦未配合本次活动做现场宣传，现场没有任何有关这次活动的海报，也没有做广播宣传。经我们在商场内了解，在活动的当天有很多消费者说他们不知道有这样的活动，这在很大程度上限制了此次活动影响力的扩大。

4）调查登记表的信息过于简单，只有性别、年龄等简单的项目，因此，无法获得关于消费者更多的信息，也无法对公司品牌形象以及本次活动的效果展开更深入的分析。

五、几点建议

今后如举办同类活动，可从以下五方面加以改进：

1）活动之前对举办活动的场地要进行实地考察，了解不同区域的人流信息，并据此确定活动的重点区域，并配强人力，配足货源。

2）举办活动前对参与活动的对象要做具体分析，特别是对一些比较挑剔甚至比较蛮横的消费者要有应对办法，学会与之沟通，化解矛盾，避免在现场发生不愉快，影响活动的气氛。

3）要对活动的宣传进行整体策划和设计，比如，媒体广告的版面大小、发布的频率和时机、现场布置的效果、工作人员的服饰、活动地点的指示牌等，应当通盘考虑，努力突出公司品牌形象。

4）与场馆方加强沟通，做好场馆内外的宣传，如张贴海报、广播宣传等。

5）调查登记表的设计要更科学、严谨，这样才能有助于对消费者以及活动效果的分析研究，比如增加对"瑞奇巧克力"的了解程度、购买次数、口味、口感、价格等方面的调查数据。

三、公共关系评估报告的功能

（一）评价激励功能

公共关系评估报告可以说明公共关系活动在实现组织目标中的重要作用，证明公共关系工作的服务价值。一方面，它可以帮助公关主体进一步增强公共关系意识，从而更加重视公共关系工作；另一方面，可以鼓舞公共关系从业人员的士气，更加努力地开展公共关系工作。

（二）实践促进功能

对公共关系评估报告的使用，可以促进公关主体改进决策，为公共关系实践活动奠定更坚实的基础；可以促进公共关系从业人员改进公共关系工作，不断提高公共关系实践的水平。

（三）理论提升功能

公共关系评估不仅仅对公共关系活动具有现实指导意义，而且也是对公共关系理性认识的提升。科学的公共关系评估报告，既能帮助人们对公共关系活动及其效果有更多的理解与认识，也能进一步丰富公共关系专业知识。通过对具体项目效果评估所得到的资料，经过抽象概括后，可以得到具有普遍意义的公共关系思想、方法和原则。

本章小结

1．公共关系评估是指评估者根据特定的标准和方法，对公共关系的整体策划、准备工作、实施过程以及实施效果进行测量、检查和判断的一种活动。它是改进公共关系工作的重要环节，是开展后续公共关系工作的必要前提，是鼓舞士气、激励内部公众的重要形式，也是使组织领导人重视公共关系工作的一种重要手段。

2．对于公关主体而言，公共关系评估是对公共关系活动最终结果的评估，一般应该发生在项目结束以后，用以衡量公共关系投入的价值以及考察公共关系从业人员的能力；而对于公共关系从业人员而言，对计划和过程中的每一个步骤进行及时的评估与纠偏，并最终取得公关主体希望达到的目标，是使用评估这一工具的根本目的所在。

3．公共关系评估准备阶段的核心工作是制订公共关系评估标准。公共关系评估者根据公共关系策划目标选择适度的评估指标，制订公共关系评估标准后，必须取得公关主体最高管理者的认可并将评估过程纳入公共关系工作计划之中，而且必须在公共关系部门内部取得对评估的一致意见。

4．公共关系评估实施阶段主要有：确定收集资料的最佳途径、根据评估标准进行有效评估和整理分析评估资料等工作环节。

5．撰写公共关系评估报告应遵循针对性原则、客观性原则、完整性原则、独立性原则和及时性原则；要以公共关系目标为参照、以评估调研事实为依据、以公关评估结果为主体、以调研统计图表为辅助。

6．公共关系评估报告具有评价激励功能、实践促进功能和理论提升功能。

案例评析

中国青年女科学家奖

"中国青年女科学家奖"是欧莱雅和联合国教科文组织"为投身于科学的女性"计划在中国的发展和延伸，旨在表彰奖励在科学领域取得重大科技成果的女性青年科学家，激励她们继续从事科学事业，在科学技术领域取得更加丰硕的研究成果。

该奖项由中华全国妇女联合会、中国科学技术协会、中国联合国教科文组织全国委员会以及欧莱雅（中国）于2004年联合设立。

"中国青年女科学家奖"设置组委会，中华全国妇女联合会书记处第一书记和中国科学技术协会副主席担任主任，中华全国妇女联合会书记处书记、中国科学技术协会书记处书记、中国联合国教科文组织全国委员会秘书长和欧莱雅（中国）总裁担任主任，组委会下设秘书处和评审委员会。整个过程公正公开，欧莱雅（北京）有限公司主要负责提供奖金独家赞助，以及奖项评选、宣传和颁奖仪式及秘书处等相关工作经费，负责制订年度颁奖仪式方案，经批准后组织实施，同时还要承担工作方案中规定的工作任务。

"中国青年女科学家奖"由中国科学技术协会统一向全国学会和地方科协及其他有关单位发出年度开展"中国青年女科学家奖"评选的通知和推荐报名表。中国科学技术协会所属全国学会和地方科协及其他有关单位按照通知要求，将符合条件的候选人材料、推荐报名表在规定的时间内上报至中国科学技术协会，再由中国科学技术协会负责组织相关学科领域的专家组成"中国青年女科学家奖"评审委员会。评审委员会负责对有关候选人进行评审，选出年度"中国青年女科学家奖"入选者。随后，中国科学技术协会通过媒体对评选出的"中国青年女科学家奖"入选者进行公示，然后将评审和公示结果报组委会审定，最终确定年度"中国青年女科学家奖"获奖者名单。最后，欧莱雅（中国）有限公司举办"中国青年女科学家奖"年度颁奖典礼暨新闻发布会，对获奖青年女科学家进行表彰。

在颁奖典礼前，欧莱雅组织媒体对获奖女科学家开展一对一的访谈，为记者提供关于她们的研究及个人生活的翔实材料，进行深度报道。在颁奖典礼上，欧莱雅邀请覆盖获奖女科学家出生地和工作地的省市媒体专访她们。受邀媒体涵盖大众、科学、女性及生活方式、医学健康、环境、财经及企业社会责任等方向，欧莱雅根据受邀媒体类别制订多角度沟通信息，重点沟通核心媒体刊发深度报道稿件。与此同时，欧莱雅还通过邀请大学生参加每年的颁奖典礼和论坛、举办科学家进高校活动，以及"未来科学家可持续成长计划"等方式，直接影响青年学子，进一步扩大奖项在高校大学生中的影响力，以鼓励更多的年轻人投入到科学研究工作中。

截至2017年，"中国青年女科学家奖"已经举办了14届。14年来，欧莱雅共赞助奖金1240万元人民币，共培养、发现、举荐了124位优秀女科技工作者。

欧莱雅的企业社会责任战略

截至2017年，欧莱雅已经举办了14届"中国青年女科学家奖"。一家化妆品公司为什么对"投身于科学的女性"如此厚爱？

这是欧莱雅实施企业社会责任战略的公共关系实践！欧莱雅实施企业社会责任项目之前，它必须明确地回答，该项目"是否能最大限度地发挥企业的优势，与企业的专业领域相契合，是否能长期推动社会问题的改善"。

为"美丽"而生，是欧莱雅公司的愿景与使命。作为一家以科研为导向、致力于为女性提供服务的企业，欧莱雅也将科技的基因植入公司的产品研发和经营中。女性是欧莱雅最为重视的服务对象，因此欧莱雅的女性科研工作者在整个科研队伍中也占据了55%的比重。现代女性都有家庭、社会、工作等多种角色，女性从事科学事业遇到的困难也多于男性。

用企业的核心竞争力来贡献社会是欧莱雅一直倡导的责任理念，这样的价值观和企业核心竞争力及其资源优势，就决定了科学、教育和扶助弱势群体成为欧莱雅企业社会责任实践的主要关注领域。欧莱雅将企业愿景投入在社会责任实践的价值标尺上，选择与企业资源和价值观更加匹配的"投身于科学的女性"持续投入，传播公司的文化理念，不断提升品牌形象和公司形象，同时，也将可持续发展的理念深入到消费者的意识中。

欧莱雅（中国）总裁盖保罗认为，"企业社会责任的理念植根在欧莱雅的基因当中，也存在于企业运营的各个环节。"欧莱雅（中国）副总裁兰珍珍认为，"集团表彰这些在科学领域已有所成绩的女性，是为了激发更多的青年女性进行科学研究的热情。"

通过本案例的研习，你对公共关系工作是否又有了一些新的感悟呢？

技能训练

会理悬浮照事件

2011年6月26日晚上之前，会理县全县的头等大事是一项拳击比赛——中国·会理"昆鹏杯"WBC（世界拳击理事会）洲际拳王金腰带争霸赛。如果不出意外，这场声势浩大的比赛，将是这座边陲小城在未来几天里最有可能见诸媒体的新闻。然而，当晚20点56分，天涯社区一则《太假了，我县的宣传图片》的爆料帖，使会理县这个知名度并不高的小县城顿时成为全国网民和新闻媒体关注的焦点。

这则帖子曝料，会理县人民政府公共信息网上一条题为《会理县高标准建设通乡公路》（2011.06.16）的新闻中，配图是用Photoshop软件处理过的，并附上了合成照片的新闻页面以及会理县政府官网截图。照片中的三位县领导悬浮在公路上，PS痕迹十分明显。照片下方的图片说明称这几位领导正在当地某乡镇检查新建成的通乡公路。该帖发出后，广大网友纷纷跟帖，并通过微博转载，更有网友在短期内创作了上百张PS照片，瞬间在网络上引发了对会理县领导的PS狂潮，一个网络危机事件就此形成。

会理县政府应对悬浮照网络危机事件大体可以分为三个阶段。

第一阶段：事件始发期，事件曝光、网民围观。天涯爆料帖出现后，当日跟帖量就达到近500条，并通过网友转发在微博等互动媒体上快速传播，网民们的PS热情被点燃，众多兴奋的网民各施所能，欢快地将会理县领导PS到世界各地。会理县政府官方网站也由于访问量突增而瘫痪，虽然当地舆情监测系统当晚就注意到这一舆情，但并未当即做出回应，只是删除了爆料帖所称新闻。网站无端无法访问引发诸多猜测，县领导是否真的到了现场视察？网站无法访问是不是有意回避关闭了网站？这些问题网民都不得而知。在次日的新闻采访中，当地政府部门直言不讳"网友的质疑是对的，我们的工作存在问题"。对新闻媒体的这种一对一的单向问答，加上媒体发布的时间差，显然无法在短时间内平息汹涌的民意。

第二阶段：舆论高潮期，主动回应网民、控制危机事态。在意识到事件可能会恶化后，会理县政府在舆论主要扩散地开帖和发微博解释事件。27日17点左右，金腰带争霸赛的准备工作忙得差不多了，会理县在其官方网站上挂出了《向网络媒体、各位网友致歉信》，17点22分，天涯论坛上出现了该事件的致歉帖，称检查工作确有其事，但"由于照片效果不佳"，便对照片做了拼接、修改，"造成照片失真，带来了不良反应和影响……向有关网络媒体和广大网友表示深深的歉意，恳请谅解，并保证在今后的工作中绝不再发生类似情况。"致歉帖中还贴出了原图和经过 PS 的图片。致歉信的署名是 PS 照片的当事人孙正东。随后，会理县政府在新浪开通官方认证微博，从 18 点 24 分开始连发 3 条道歉微博并贴出照片原图。"希望对此事道歉，并澄清"，并且表示会"以此为鉴，更为谨慎努力地工作"，多数网友对会理县的迅速反应及诚恳道歉表示肯定。与此同时，"会理县孙正东"的微博账号也开通了，从 18 点 55 分开始，"会理县孙正东"共发布了 7 条相关微博，不仅在微博上道歉，承认是"自身工作态度问题"，而且不回避网友创作的 PS 照片，主动转发并进行点评调侃，其戏谑的语言和坦诚开放的态度赢得了网友的好感。真相浮现，因为态度诚恳，没有推诿，网民的指责声渐渐平息，悬浮照危机事态得到控制。

第三阶段：舆论回落期，引导网友舆论、重塑会理形象。6 月 28 日，悬浮照网络危机事态得到基本控制后，当事人孙正东又发文"感谢全国热心网友，让会理县领导有机会在短短的时间内免费'周游世界'，'旅行'归来后，领导已回到正常的工作轨道，也希望网友把关注的焦点，转移到会理这座古城上来。会理是座有着两千多年历史文化的古城，也是古南方丝绸之路的重镇，看看@阿卓志鸿镜头下的美丽的会理吧，绝对没有 PS 哦。"其幽默的话语和开放的态度再次得到网友的支持。6 月 29 日，会理县官方微博也开始用图文并茂的方式转发会理风光，介绍会理旅游资源。这些信息很快便有了上万次的转发评论，而且几乎是一边倒的褒扬之声，大多数网友不仅对会理县政府的做法表示赞赏，并表示有机会要去会理旅游。与此同时，传统新闻媒体的舆论走向亦是如此，在悬浮照网络危机事件高潮期，主要是对事件过程的客观描述，其舆论倾向以负面为主；随着会理县政府开通微博向网民真诚致歉并且借机推介会理旅游资源，负面言论持续减少，肯定态度明显增长。到了 6 月 30 日，正面言论与负面言论基本持平，甚至赞赏略多于批评。

思考题：

1. 该案例的公共关系主体是（　　）。
   A．网民　　　　　　　　B．会理县政府
   C．会理县领导　　　　　D．网络媒体
2. 评估悬浮照事件的公共关系活动效果，收集资料的最佳途径是（　　）。
   A．观察反馈法　　　　　B．舆论和态度调查法
   C．新闻报道分析法　　　D．实验法
3. 如果请你来评估悬浮照事件的公共关系活动效果，你将如何制订公共关系实施效果的评估标准？（请在课程论坛里发表意见，交流讨论。）
4. 运用网络收集评估资料，撰写一份关于"会理悬浮照事件"的公共关系评估报告。（按课程辅导教师要求发送到指定的电子邮箱。）

第九章 公关危机管理

☞ 学习目标

1. 能够通过公共关系问题管理,监测媒体负面报道、应对日常公众投诉、监测公众关系中的消极信息,防患于未然,将可能出现的公共关系危机消弭于萌芽状态。
2. 能够判断引起公共关系危机的原因,有针对性地为危机公关做准备。
3. 能准备危机传播材料,配合组织主管做好相关公众的沟通工作。

引导案例

"青岛天价虾"事件

2015年10月5日,一则《青岛一大排档兜售天价大虾》的新闻引发热议。媒体报道称,10月4日,有游客在"××活海鲜烧烤店"结账时发现,一盘普通的虾要价高达38元一只,整盘收费1 500余元。

10月4日21时56分,四川广元游客肖先生通过新浪微博发文称,在青岛一大排档吃海鲜"被宰"。10月5日9时45分,@青岛交通广播FM 897转载"被宰"博主博文,该文被转发6 000余次,引发媒体及网民关注,澎湃新闻网等媒体对事件予以报道,@头条新闻、@人民日报等蓝V随后相继转载,"青岛天价虾"事件相关舆情热度迅速上升。人民网等媒体对事件进展做跟踪报道,网民亦保持持续关注。截至10月8日8时,共有相关新闻报道4 162篇、论坛帖文1 221篇、博客文章482篇、各类报刊报道223篇,以及新浪微博评议574 920条。

"青岛天价大虾"事件持续发酵,不仅给青岛这个旅游城市的城市形象以重创,而且山东省经过几年着力打造的"好客山东"品牌也被毁于一旦。

危机事件是指那些突然发生的、影响或严重影响社会组织正常运作的事件。社会组织在生存发展的过程中,不可能一帆风顺。《危机管理》一书的作者、美国危机管理专家罗伯特·希斯(Robert Health)曾经对《财富》杂志前500强的大企业的董事长和总经理进行过一项专门调查,结果显示98%的被调查者认为,现代企业面对危机,就像人们必须面对死亡一样,已成为不可避免的事情,每个企业都可能遭遇危机。危机事件可能是事故,也可能是灾祸,引起的原因或是自然的,或是人为的。只要正确、认真地对待,大多数危机事件是完全可以制止的。如果问题已被处理,并争取到社会舆论,使其较同情组织方面,危机即可消除。反之,不管是一个并不复杂的问题还是一次事故、一场灾难,都不可避免地会给组织带来严重的公共关系危机。

公共关系危机是指组织与其公众之间因某种非常性因素引起的表现出某种危险的非常态关系状态,它是组织公共关系状态严重失常的反映。公关危机不仅给组织造成人、财、物的损失,而且会严重损坏组织形象,使组织陷入困境。因此,任何社会组织都必须高度重视公共关系危机管理,做好危机公关工作。

危机公关是指社会组织对危机事件进行预测与防范、发现与处理,以及修复与完善组织形象的一系列公关活动过程。一个社会组织,平时多一些危机意识,设想种种危机可能,制订种种危机策略,提高危机管理水平,在危机来临时能够镇定从容,就赢得了第一步。危机事件一旦发生,就必须运用相关的经验和专业技巧,或释冰为水,或化险为夷。危机公关是公共关系的一项专门活动,是公共关系实务方法的全面运用,是社会组织获得成功不可缺少的一部分。

在本章中,我们将探讨如何预防、识别和处理公共关系危机。

第一节 预防公共关系危机

虽然社会组织不可避免地要遭遇公共关系危机,但是,公关人员仍然可以在危机到来之前，运用敏锐的眼光，提前发现可能会出现的危机苗头，采取一系列有效的手段，把危机制止在萌芽状态中，或是减轻危机带来的危害程度。能实现这样结果的前提是公关人员必须预防公共关系危机。

一、树立全员公关意识

公共关系危机预防的前提，是在组织内部树立全员公关意识。在危机管理中树立全员公关意识，就是要树立居安思危、未雨绸缪、防患于未然的思想；要让全体员工都有公共关系观念，时刻感受着危机的存在，并时刻提防危机发生。只有这样，才能有效地防止危机发生，或者危机一旦来临也能从容应对。在组织生产经营管理中，要经常性地开展危机管理培训。危机管理培训的目的与危机管理教育不同，它不仅在于进一步强化员工的危机意识，更重要的是让员工掌握危机管理知识，提高危机处理技能和面对危机的心理素质，从而提高整个组织的危机管理水平。

组织中的任何一员都应该具有公关意识，对目前组织的公关目标有确切的了解。组织的领导也应该将全员公关当成预防公关危机的第一要务，不仅要求全体成员贯彻统一的公关理念，更要让大家知道，每一个岗位都是展示组织形象的阵地，都是组织公关战略不可缺少的重要组成部分。

小案例9-1　长城饭店的三个公关事件

1984年长城饭店刚落成时，为了扩大宣传，提高知名度，将里根总统的答谢宴会争取到了长城饭店，在几百名记者对答谢宴会的采访报道中，长城饭店名扬全球，这可以说是一次公关的大手笔。

1985年圣诞节前夕，长城饭店邀请各国驻华大使馆工作人员的孩子到长城饭店装饰圣诞树。这些小朋友受到了长城饭店热情的款待，他们必定也将对长城饭店的良好印象带回了家中，长城饭店的形象就树立起来了。

一名客房服务员在收拾房间时发现有位客人的书摊放在桌上，她收拾好房间后将一张小纸片插进了摊开的地方作为记号，客人见了非常感动。

长城饭店公关部经理曾就这第三件事大发感慨，认为第三件事才是真正意义上的公关。虽然客房服务员不是公关人员，这种岗位也十分普通，但是在长城饭店美好形象的塑造上，起了巨大的推动作用。服务如果能周到至如此程度——无须规范、信手做来、体贴入微、宾至如归，这样的服务类企业，何愁良好形象难以塑造？如果组织中每个人都能具有公关意识，就会避免很多公关危机。

全员公关意识的培训，也是在唤醒全体员工时刻警惕，积极关注从各方面传递出的组织潜在危机的信号，多加防范，以避免危机的发生。

树立全员公关意识，就是要求全体员工都要有高度的主人翁责任感和警惕性，从自身做起，从小事做起，努力维护组织的形象，增强质量意识、服务意识、创新意识，不满足于现状，积极进取，并留心观察潜伏的危机，将危机消灭于萌芽状态，做好危机的预防工作。

二、建立漏洞审查制度

一个危机事件的出现,往往是发挥不良作用的因素由量变到质变的结果。因为平时疏于注意,危机在不经意的情况下出现,突然爆发,这让人感到意外。事实上,一次偶然出现的恶意中伤对组织形象、信誉造成的伤害,是组织平时对公众关系疏于沟通造成的;一次偶然的食物中毒,往往是平时不注意严格把握生产经营管理细节造成的;一次偶然的毒气泄漏,可能是由于器具性能缺陷造成的……太多的偶然,其实都有它的必然性。

德国安全工程师帕布斯·海因里希提出了一个法则——海因里希安全法则(Heinrich's Law)。他指出:每一起重大事故的背后,必然有29起轻微事故和300起潜在的事故隐患。该法则强调两点:一是事故的发生是量的积累的结果;二是再好的技术、再完美的规章,在实际操作层面,也无法取代人自身的素质和责任心。海因里希法则告诉我们,事故的发生看似偶然,其实是各种因素积累到一定程度的必然结果。任何重大事故都是有端倪可查的,其发生都是经过萌芽、发展到发生这样一个过程。如果每次事故的隐患或苗头都能得到重视,那么每一次事故都可以避免。据报道,为确保"嫦娥一号"卫星的安全,几乎每个系统、每台仪器都配有应对"意外"的备份,即"故障对策"。可见,只有平时精心,关键时才能放心;只有平时周全,关键时才能安全。能不能做到精心、周全,一丝不苟,说到底是事业心、责任感的问题。另一条安全规则——"墨菲定律",也能给我们预防公共关系危机一定的启示。墨菲定律源自一个名叫墨菲的美国上尉,他认为"只要存在发生事故的原因,事故就一定会发生",而且"不管其可能性多么小,但总会发生,并造成最大可能的损失"。这就告诉我们,对任何事故隐患都不能有丝毫大意,不能抱有侥幸心理,或对事故苗头和隐患遮遮掩掩,而应想尽一切办法,采取一切措施加以消除,把事故消灭在萌芽状态。

建立漏洞审查制度,即在组织经营管理中,加强问题管理,及时解决小问题,堵住漏洞,防患于未然。由于组织管理方面的责任所引起的危机事件,如工伤事故、生产事故、环境污染事件、监管疏漏等,都会引发组织的公共关系危机。因此,在日常经营管理过程中,要加强对小问题的监管,发现问题及时解决,发现漏洞及时填堵,注意从组织内部的管理入手,让危机没有可乘之机。

小案例9-2　惹祸的开机界面

2003年2月18日,有媒体报道称,南京某女士在她新买的某品牌手机屏幕上竟发现了带有侮辱性质的英语问候语,是设置在新手机之中的。于是消费者群情激愤,纷纷声讨该手机品牌。

事件发生当日,生产该品牌手机的公司立即派公司市场部总监飞往南京与该顾客沟通,并迅即就该事件发表声明,声明中表示该手机产品的问候语原意为"你好,可爱的宠物狗",是该款手机人性化的开机界面。对由于公司没有顾全到该问候语的所有含义而给消费者带来的不便,公司表示诚挚的歉意,并宣布,本着对国内购买者负责的原则,购机用户如果不喜欢该界面,公司可提供免费软件升级服务。

该品牌手机的人性化开机界面创意带来了一场不大不小的危机。如果该品牌手机的公司在日常的工作中能建立完善的"漏洞审查制度",对各工作环节进行监管,在此创意出炉的时候,就会发现该创意存在的漏洞,进而更改或是取消可能会出现令人误解的开机界面。

建立了漏洞审查制度,公关人员就可以清楚明了组织的哪些环节可能会面临危机,组织的各相关部门就能制订出预防危机发生的措施,以避免危机事件的发生。"35次紧急电话"这一案例,足以启迪我们认识建立漏洞审查制度的意义和价值。

小案例 9-3　35 次紧急电话

一位美国记者来到东京著名的奥达克余百货公司,打算买一件见面礼送给住在东京的婆婆。售货员用日本人特有的微笑和礼节为她服务,细致地介绍产品,热心地帮她参谋,最后,她选购了一台 VCD 机,愉快地回到住处。但当她开机试用时,却意外发现该机根本没有装内件,因而无法使用。这使她非常恼火,准备第二天去奥达克余百货公司交涉,并出于职业习惯,迅速写好了一篇新闻稿,题目是《笑脸背后的真面目》。

第二天一早,在她动身之前,忽然接到了奥达克余百货公司打来的道歉电话。50 分钟以后,一辆汽车赶到她的住所。从车上下来的是奥达克余百货公司的副经理和提着大皮箱的职员。两人一进客厅便俯首鞠躬,表示此行是特地来请罪的。除了送来一台新的合格的 VCD 机外,又加送蛋糕一盒、毛巾一套和著名唱片一张。接着,副经理又打开记事簿,宣读了一份备忘录,上面记载着公司通宵达旦地纠正这一失误的全部经过。

原来,在这名美国记者购买 VCD 机的当天下午 4 点 30 分,奥达克余百货公司在例行每天的清点商品工作时,售货员发现错将一个空心货样卖给了顾客,她立即报告公司迅速寻找,但为时已晚。经理接到报告后,马上召集有关人员会议。当时只有两条线索可循,即顾客的名字和她留下的一张"美国快递公司"的名片。据此,奥达克余公司连夜打了 35 次紧急电话,终于弄清了这位顾客在东京期间的住址和电话。这一切使美国记者深受感动,她立即重新写了新闻稿,题目叫作《35 次紧急电话》。

三、保持良好的媒介关系

媒介公众是组织外部公众中非常特殊、十分重要的一个组成部分。在现代社会中,新闻媒介的影响力越来越大,它已经深入社会生活的各个层面,形成一股谁也无法忽视的力量。新闻界是影响社会舆论的权威性机构,具有舆论导向性。在现代信息社会,各种新闻媒介的传播速度如闪电般迅捷。危机发生,最容易引起各方面公众特别是新闻界的关注。无论在平时,在危机中,还是危机解决后,组织都应该尽量争取主要媒体的记者和编辑的支持与信任,获得新闻媒介公正对待的机会,这将有利于引导舆论并弱化负面舆论的不利影响。

建立起与媒介长久的、融洽的、互信的关系,对危机管理非常重要。如果平时缺乏与媒介真诚、有效的沟通,在危机到来时就会很仓促,在危机公关过程中就很难得到媒介的支持与配合。

面对危机事件,没有一个组织可以与那些会引起公众关注、影响关键性支持者及唤起情感之类的事件脱开关系。无论什么问题都会引起严重的传播挑战，任何掩盖都是徒劳的。所以，危机传播是现代公关中最新的项目，有效的传播战略和行动计划在整个危机管理中具有非常重要的作用。由于公众受媒体舆论影响较大，所以危机公关在很大程度上就是要考虑如何向媒体进行公关。只有把握舆论的主动权，才可能变不利因素为有利因素，尽快恢复组织的社会声誉。

小案例 9-4　放心奶工程

由于受到三聚氰胺事件的影响，自 2008 年 9 月中旬以来，中国乳业经受着有史以来最大的震荡。震荡之后的乳品企业最期待得到的认可便是"放心"二字，并为此纷纷出台新举措。伊利集团为此开展了"放心奶工程"，为了让公众了解自己的用心与努力，从 10 月 16 日起至 10 月 30 日，先后邀请了世界各国及我国港澳台驻京媒体和新华社、人民日报海外版、央视海外中心、中国日报等 32 家权威媒体走进伊利，聚焦伊利的"放心奶工程"。在参观采访过程中，中外媒体记者亲眼看到伊利在国内首创的"奶牛合作社"，还看到了伊利拥有的国际先进的现代化全自动挤奶机和原奶质量检测分析系统，见证了伊利从源头保证最安全、最放心的原奶供应生产线。

伊利集团的新闻宣传活动给了我们很好的启示：与媒介沟通的策略最终成效如何，主要体现在以下两个方面：①组织被作为主要消息来源的程度。这是指组织在危机事件发生时对媒介的议题设置效果。有研究指出，重大危机事件由于具有突发、威胁、决策时间短等特性，所以通常没有充裕的时间针对消息来源进行媒体议题的建构。②新闻媒介的报道给予组织的评价。这种评价是指媒介对组织处理危机事件做法的评论报道，也是社会各界的受访对象接受访谈时所做的正面或负面评论。

四、建立危机预警系统

事后处理不如事中控制，事中控制不如事前预防，可惜不少组织未能认识到这一点，等到危机造成了重大的损失，才想到用公关去弥补，很多时候，为时已晚。在危机来临之时，正确、及时、妥当的处理固然很重要，将危机隐患消除于萌芽之时更为重要。组织应建立一套危机预警机制，组建危机管理小组，将危机预防工作落到日常工作的实处。建立危机预警机制，及时寻找危机根源、本质及表现形式，弄清危机的类型及特征，并分析它们所造成的冲击，应针对具体问题，随时修正和充实危机处理对策，通过降低风险和缓冲管理来更好地进行危机管理，是组织生存和发展的重要内容。

小案例 9-5　康泰克事件

2006 年 11 月 16 日，国家药品监督管理局发布了一则《关于暂停使用和销售含苯丙醇胺的药品制剂的通知》，中美史克的感冒药康泰克与康得被停止销售。年销售额达七亿元的市场瞬间化为乌有。

当天，中美史克公司立即成立危机管理小组，并发布了危机公关纲领：坚决执行政府暂停令，暂停生产和销售此两种药品；通知经销商和客户立即停止康泰克和康得的销售，取消相关合同；停止广告宣传和市场推广活动。

11月17日中午，中美史克在全国各地的50多位销售经理被召回总部召开全体大会。中美史克总经理杨伟强向员工通报了事情的来龙去脉，并宣布公司不会裁员。

11月18日，50多名销售经理带着中美史克《给医院的信》和《给客户的信》奔赴全国各地。经销商们得到了中美史克公司明确的允诺，没有返款的不用再返款，已经返款的以100%的比例退款。中美史克在关键时刻以自身的损失换来了经销商的忠诚。

11月20日，中美史克在北京召开了新闻媒体恳谈会，会议邀请了多家中央及地方媒体。这也是中美史克总经理杨伟强首次在"康泰克事件"后在媒体前露面，他强调"维护广大群众的健康是中美史克自始至终坚持的原则"，并表示"不停止投资"的决心。

11月21日，15条消费者热线全面开通。

此后，面对部分新闻媒体的不客观报道及同行的借机炒作和攻击行为，中美史克保持了应有的冷静，并没有过多追究，只是尽力争取媒体做出正面和客观报道。

与此同时，公司高层把股东请到了生产地点，以事实为依据，恢复股东对公司的信心，促使其继续投资。

2010年9月3日，中美史克对外宣布，新康泰克获得国家药品监督管理局通过，并于即日起上市，打响了中美史克大规模收复失地的战役。

案例中，中美史克面对危机的表现，可以说是很完美的。然而，在这次危机中，中美史克也暴露出了自身在建立危机预警系统中的缺陷。因为早在国家药监局做出禁售决定的前一个月，我国媒体便报道了美国耶鲁大学关于苯丙醇胺的研究报告。在美国耶鲁大学的研究报告被披露出来之后，很多国家都开始禁售含有苯丙醇胺成分的感冒药。作为曾被评为"中国最大的500家外商投资工业企业"和"中国最受赞赏的外资企业"之一的中美史克错误地抱有侥幸心理，希望政府会看在自己占有巨大市场份额的情况下，网开一面。这种心理导致中美史克没有采取任何预警措施，在危机降临的时候显得非常被动。

组织常态运营过程中，发生危机就像生一场病，只有预警与防范机制强大的组织才能成功地应对。因此，为有效防范突发性事件的发生，社会组织必须对危机事件发生的全过程进行全面的系统分析和预警研究。

建立危机预警系统，及时捕捉危机的前兆，主要应做好的工作有：①建立起高度灵敏、准确的信息监控系统。加强信息收集和分析工作，及时掌握公众对组织的评价，了解外部环境的变化，并根据捕捉到的危机征兆制订对策，调整组织行为。②定期或不定期开展自我诊断，客观评价组织形象，找出薄弱环节，采取必要的补救措施。③重视与各类公众的信息沟通，积极妥善处理与公众之间的纠纷，无论纠纷大小都应予以高度重视。④进行危机预案演习。把危机管理纳入组织战略管理的核心内容，建立专门的危机预警机构，定期开展潜在危机预测和分类工作，分析预计危机情景，制订各种危机预防措施，根据危机处理预案进行定期或临时的演习，之后再检讨演习过程中有无疏漏。危机预案演习可以使员工在面临危机时，有经验可循，做到临危不乱，从容应变。

第二节　识别公共关系危机

美国危机管理专家诺曼·R.奥古斯丁认为:"危机就像普通的感冒病毒一样,种类繁多,难以一一列举。"弄清楚组织公共关系危机的种类和引起组织公共关系危机的原因,对于组织确定正确的防御和处理政策具有重要的意义。

一、公共关系危机的类型与特点

(一)公共关系危机的类型

按照不同的分类标准,可以将组织的公关危机分为多种类型。但是在公关工作中,关于危机的根本分类标准就是按危机的内容和形式两个方面来划分。这是因为任何事物的基本组成部分是内容和形式两个方面。从内容方面来看,公关危机可以分为信誉危机、效益危机和综合危机。从形式方面来看,公关危机包括点式危机、线性危机、周期性危机和综合性危机。

1. 信誉危机、效益危机和综合危机

1)信誉危机。信誉危机是指组织由于在经营理念、组织形象、管理手段、服务态度、组织宗旨、传播方式等方面出现失误造成的社会公众对组织的不信任,甚至怨愤的情绪。信誉危机也称为形象危机,这种危机尽管看上去是软性的、人气方面的,但是它直接影响组织的经济效益和可以量化的其他收益。因此,信誉危机是真正意义上的公关危机,它是组织形象在公众心目中的倒塌,是公关工作的重大失误,如不及时想办法挽救,很快就会波及组织的其他领域,带来灾难性的损失。

2)效益危机。效益危机是指组织在直接的经济收益方面面临的困境。例如,出现了同行业产品价格下调,原材料价格上涨;出现了行业的恶性竞争,或者是该产品市场疲软,产品过剩;或者是组织的投资出现了偏差等。这方面的危机出现后,也是很棘手的,因为效益是一个组织存在的生命,所以当面临直接的、单纯的经济效益灾难时,要想办法、想策略及时补救,做到统筹全局,使亏损降到最小。

3)综合危机。综合危机是指兼有信誉形象危机和经济效益危机在内的整体危机。这种危机的爆发往往是出现了影响重大的突发性事件,而且情况总是由信誉危机引起,由于处理不及时,或者事态发展太快而造成经济利润的全面下降,促成互相联系的连锁损失,在这种情况下,就需要组织公关部门刻不容缓地竭尽全力,尽快找到问题的突破口,迅速、果断地控制事态的发展,有效地解决面临的问题,使组织尽快走出困境。

2. 点式危机、线性危机、周期性危机和综合性危机

1)点式危机。点式危机事件的出现是独立的、短暂的,和其他方面联系不大,产生的影响比较有限,它往往是产生在一定范围内的局部性危机,这也是一种程度较轻的危机状况。在实际的公关工作中,这种危机常属于一般性危机的范围,大部分情况下,处在隐性危机状态。它可能是组织内部某些局部和一些具体因素由于控制不严造成的具体方面的失控和混乱。但是这种危机是大危机到来的征兆，如不及时将问题消灭在萌芽状态，就会酿成大祸。

2）线性危机。线性危机指由某一项危机出现的影响而造成的事物沿着发展方向出现的一系列接二连三的危机连锁现象。这种状况往往会造成一个危机流，如不及时控制事态发展的势头，就会造成大的灾难。线性危机的根本原因在于事物之间的联系。当组织在公关的某一方面工作中出了问题，面临危机时，一定要措施得当，力度适当。如果在某一环节上出现偏差不及时处理，造成失控，那么困难的局面就会像多米诺骨牌一样发生连锁反应，最终由一次危机，演变成一系列的危机。

3）周期性危机。周期性危机是一种按规律出现的危机现象，是由于事物的性质和发展规律造成了某些公关工作在经过一段时期后，有规律地出现困难现象的危机状态。例如，某些产品的销售，有旺季，也有淡季。当进入淡季后，就要有相应的处理措施，以应对不利的局面。这种周期性困难是一种可以预测、能够预防的危机。也就是说，公关人员经过几次危机的锻炼后，就会找到危机出现的规律。当积累了一定经验后，就能够把握其规律，控制这种危机的出现，避免危害的发生。

4）综合性危机。综合性危机是指在一个社会组织中，突然出现了兼有以上三种危机汇成的爆炸性危机。它是一种迅速蔓延、向四面发展的危机状态，也是一种最严重的危机状况。它一般是先由点式危机处理不得力造成了线性危机，再加上其他因素的作用，使危机的事态急剧恶化，短期内迅速发展成一种重度危机局面。这种危机的程度最深，挽救和扭转相当困难。一般而言，必须组织内部群众群策群力，上下同心去面对。必要时聘请相关方面的专家，提供专业的意见和建议，或者汇集公关专业人士协同组织的管理和决策者对危机事态进行紧急会诊，及时找到解决的突破口，不然就会彻底葬送已经建立的事业。

3. 其他危机类型

根据公关危机危害程度的不同，可以将危机分为一般型公关危机和重大型公关危机。前者程度较轻，是局部性的，危害小；后者情况严重，是整体性的，危机深重。另外，根据公关危机事件呈现的状态，还可以分为隐性公关危机（即某些局部要素上的隐患）和显性公关危机（即已经形成事实的整体性危机事件）。

（二）公共关系危机的特点

1. 必然性与偶然性

组织的公共关系危机是必然会发生的，这是公共关系存在的必然结果，当然，危机的破坏程度不一定都是致命的，可能仅仅是组织发展道路上的一块绊脚石，但危机是时刻存在的，即便人们不希望它到来。诱发危机产生的原因，却是偶然性的。一次小小的失误、一个突发的意外、一场误会、不期而至的偶然事件，都可能使平静发展的组织公共关系突然失衡，导致公共关系危机的出现。

小案例 9-6　奔驰漏油事件

消费者花了 66 万元在西安利之星奔驰 4S 店购买了一辆奔驰车，但车还没开出 4S 店门，就发现了发动机漏油现象。起初，4S 店承诺在 3 天之内退款，后来慢慢演变成换车，15 天过去后又变为"依据三包法，只能换发动机"的解决办法，百般退让后车主忍无可忍，无奈来到 4S 店讨要说法。研究生学历的女车主坐在花了 66 万元买的奔驰车上面号啕大哭。女车主维权的视频在网络上疯传，立即引来众多网友的同情和抱打不平，以至于"花 66 万买奔驰还没开就漏油"硬生生地被众网友和媒体顶上了微博热门话题，并一时间登上热搜榜，各大媒体也纷纷深入报道。

因产品质量引发纠纷是偶发事件，但这种偶然事件如果处置不当，就会引发公共关系危机。如此看来，好像公共关系危机都是偶然发生的，但这种偶然性是店大欺客、形象意识淡薄、唯利是图等错误思想行为的必然结果。

2. 渐进性与突发性

公共关系危机的爆发，是一个从量变到质变的过程。酿成危机的因素有一个出现、积累、膨胀到爆发的过程。看似偶然的突发事件，其实是在一定的隐藏期之后才显现出来的结果。一个组织突然爆发了公关危机，其实是不会没有任何潜在因素的。管理的漏洞、不严格把握细节、疏于人际关系的处理等，往往使组织走进危机的深渊。

小案例 9-7　三聚氰胺事件

2008 年 9 月，甘肃等地报告多例婴幼儿泌尿系统结石病例，患儿多有食用三鹿牌婴幼儿配方奶粉的历史。经相关部门调查，石家庄三鹿集团股份有限公司生产的三鹿牌婴幼儿配方奶粉受到三聚氰胺污染。三聚氰胺中含有大量氮元素（用普通的全氮测定法测饲料和食品中的蛋白质数值时，根本不能区分这种伪蛋白氮），添加在食品中，可以提高检测时食品中蛋白质检测数值。为了提高蛋白质检测数值，不法分子长期将含有三聚氰胺成分的非食用化学物质掺杂在鲜奶中，销售给三鹿集团。由于奶源收购把关不严，三鹿牌婴幼儿配方奶粉中三聚氰胺严重超标，致使长期食用该奶粉的婴儿身体受到极大伤害，爆发了重大危机事件。

3. 破坏性与建设性

公关危机一旦出现，是具有破坏性的。对组织而言，公关危机会严重损害组织形象，使几年、十几年甚至几十年的努力付之一炬。公关危机会破坏组织已经成形的内部结构。1999 年可口可乐的中毒事件，使得可口可乐全球共裁员 5 200 人，董事会主席兼首席执行官道格拉斯·伊维斯特被迫辞职。公关危机会带来巨大的经济损失，可口可乐公司 1999 年年底宣布利润减少 31%，竞争对手抓住这一机会填补了可口可乐此时货架的空白，并向可口可乐公司 49% 的市场份额发起挑战。

但是，我们也要看到，危机的另一半——机遇。"危机=危险+机遇"。普林斯顿大学的诺曼·R.奥古斯丁教授认为，每一次危机本身既包含导致失败的根源，也孕育着成功的种子。发现、培育,以便收获这个潜在的成功机会,就是危机管理的精髓。危机具有破坏性的同时,也具有难得的建设性机遇。意识到危机的建设性机遇,在组织发生危机时,采取主动姿态,沉着冷静地应对,积极并满怀信心地面对危机,为组织建立富有竞争力的声誉和形象。

小案例9-8 旅游胜地附近的火山爆发之后

有一年,墨西哥某旅游胜地附近的火山爆发,引发地震。因为这座火山与该旅游胜地同名,新闻报道了这次地震之后,当晚该旅游地的饭店就接到了很多游客的电话,要求取消到该地的旅游计划,退掉原来预订的房间。旅游业是该地的主要经济来源,如此一来,该地的经济损失就会很大。

当地人马上请美国著名的公关公司为其出谋划策。公关专家到当地考察,发现那座与旅游地同名的火山,实际距离旅游地较远,旅游地根本没有受到火山爆发的影响。同时发现,火山爆发的景观,颇有吸引力。于是,专家们策划拍摄了一部电视纪录片:一边是完好无损的旅游区,一边是正喷出熔岩的火山。他们还组织了一些有探险精神的旅行者,专程来观看火山爆发的奇景。电视片播出后,原来由火山爆发而给游客带来的恐惧心理,被渴望亲眼看到火山爆发奇景的好奇心理所取代。该旅游地不仅保留了已有的游客,还吸引了更多专程来观看火山爆发的游客。

4. 急迫性与关注性

组织公共关系危机的爆发就像爆炸一样,短时间内发生,影响迅速扩大,同时带来社会公众对其高度的关注。此时,组织的一举一动都成为媒体、公众及政府密切关注的焦点。在传媒高度发达的今天,组织的一个小小事件,如果处理不当,都可能被公众舆论推成"大雪球"。

危机处理专家建议,一旦爆发严重的危机,组织的高层领导所要做的是在24小时内及时处理危机,不要错过了处理危机最重要的这24小时。在事态还没有恶化时,在公众正高度关注事件进程时,必须当机立断、快速反应、果断采取对策。

小案例9-9 饮料公司的态度

几名小学生因喝了某食品公司生产的果汁饮料产生呕吐、腹泻等中毒反应,住院接受治疗。此事被媒体在报刊上曝光,一时引起公众的广泛关注,公众纷纷要求该公司出面解释饮料使学生中毒的原因,并承担相应的责任,媒体记者在医院跟踪报道此事。两天过去了,仍然没有该公司的人员出面。拨打该公司的电话,被告知老板不在本市。第三天,终于有该公司的一名员工前来医院,但却是来询问学生家属究竟要怎么样才能罢休。这引起了媒体和公众的愤怒。记者到公司门口等到了经理,问经理为什么不出面承担责任,经理刚开始还能客气地回答,解释问题饮料是在灌装过程中被污染了,饮用其他的饮料是不会出现中毒事故的。后来经理被追问得急了,打算一走了之,但被记者围住,经理便很气愤地大吼:"你们有完没完,不是没有死人吗?"记者闻言很震惊,反问经理:"如果你家的孩子也中毒了,你还会说出这样的话吗?"

虽然中毒事故没有带来致命的危险，可关系到食品安全的问题是不容忽视的。"民以食为天"，公众对于食品安全的关注度要远远大于其他的问题。三天的时间，是大众产生首因效应的关键时期，关注度足以让这个坏消息传得众所周知。组织应该尽早、尽快地采取主动措施，积极树立起组织诚信、勇于承担责任的形象，避免事态进一步恶化。

二、公共关系危机发生的原因

引起组织公关危机的原因很多，大体可以分为组织内部原因和组织外部原因。

（一）组织内部原因

1. 缺乏危机意识

危机意识是一种对环境时刻保持警觉并随时做出反应的意识，它建立在这样一个基础认识上：随着时间的推移，今天的优势可能会在明天消失甚至变为劣势，环境中任何一点变化都可能在未来的某个时刻对组织产生重大影响，因此必须随时准备对可能发生的变化做出反应。有些组织在事业蒸蒸日上的时候，得意忘形，只看到眼前的成功，看不到前路的风险，失去了警惕意识，造成不可挽救的危机。

对缺乏危机意识这一现象，2001年时任联想总裁的杨元庆说："我们的员工看到的是联想每个月、每个季度、每年都在持续地高速增长，听到的是一次又一次提前超额完成任务的捷报。在我们的成绩被别人津津乐道的今天，我们的员工是否还能想到如果有一天，公司没有完成任务怎么办？公司的增长速度放慢甚至停滞了怎么办？公司不再保有现在的优势怎么办？我们的年轻员工是否有这样的危机意识，是否具备了危机到来之后的心理素质？我们能坦然地面对裁员、减少开支、降低薪酬吗？盲目乐观，看不清我们面临的压力和挑战，将成为来自我们自身的最大危机！"

2. 经营决策失误

组织将走什么路线，向哪个方向发展，领导者的经营决策对组织的存亡兴衰有决定性的作用。领导者在制订经营决策的时候，要自觉考虑社会环境、组织自身条件、公众利益要求等重要因素；否则，会因经营决策失误而造成公关危机。例如，昔日夺下中央电视台黄金时间段广告权的两届"标王"连任者某酒厂，没有考虑到自身条件，盲目地对广告进行超负荷投入，结果无法完成超出能力所及的订单，只好选择走勾兑的"捷径"，最终事发，被公众遗弃。

3. 成员素质低下

一个人的素质，包括思想素质、道德素质、心理素质、业务素质等方面的能力和修养，组织的成员上至领导层，下至普通员工，修养不够，素质低下，不能尽到岗位职责，不能摆正自己与公众之间的位置，甚至对公众极为不礼貌，都会影响组织的形象，带来公关危机。

4. 法制观念淡薄

现代社会是法制社会，法律对社会起到监管和保护的作用。组织在社会上立足，必须知法、懂法、守法，才会被社会容纳。如果组织狂妄自大、践踏法律、侵害公众利益，必然难逃法律制裁，给组织的形象和生存发展带来严重危机。法律不容亵渎，公众权益不能侵犯，组织要恪守这条原则。

5．公关行为失策

组织形象是依靠积累才得以树立的，可形象的倒塌却可能是瞬间的。因此，组织面对公众时的一言一行都必须小心谨慎，深思熟虑，切不可图一时痛快，损害组织形象。例如，2000年某汽车公司没有处理好与某森林野生动物园的维修、退车纠纷，某森林野生动物园工作人员将车砸毁。某汽车行业协会副理事长认为：该汽车公司在整个事件中，难逃"店大欺客"之嫌。之后，该汽车中国有限公司总裁对他的失败公关做出检讨，认为公司与客户沟通缺乏技巧。不恰当的公关行为使汽车公司形象大跌。

6．活动组织不力

组织开展各项活动都应正确策划与充分准备，策划要以保证社会和公众的利益为前提，准备工作要扎实充分，这样活动才会成功，取得预期效果；反之，不仅活动可能失败，组织形象也可能严重受损，带来公关危机。

7．纠纷处理不当

组织必然要与公众打交道，因而与公众之间发生纠纷摩擦是不可避免的，对纠纷的处理要以公关意识为指导，正确看待公众利益与组织利益的关系；反之，将会使小纠纷演变成大纠纷，小摩擦升级为大危机。

除了以上的几点内部原因以外，还有诸如不重视公关调研、股东对组织丧失信心、组织内部成员贪污腐化等引发组织危机的原因，这些内部原因都应该引起组织领导者的高度重视。

（二）组织外部原因

1．外界恶性竞争

恶性竞争即不正当竞争，是指在市场经济活动中，违反国家政策法令，采取弄虚作假、投机倒把、坑蒙诈骗等手段牟取利益，损害国家、生产经营者和消费者的利益，扰乱社会经济秩序的不良竞争行为。

一些为牟取利益不择手段的不正当竞争者，经常采取一些手段：散布谣言，诋毁竞争对手形象；盗用竞争对手的商标生产假冒伪劣产品；进行比较性广告宣传，贬低竞争对手的能力；采取恶劣行径严重扰乱竞争对手的经营秩序等。一个组织受到外部其他组织的不正当竞争，使该组织面临严重的经营危机和信用危机，是组织发生公关危机的原因之一。

2．外部公众误解

信息从信源出发，经过编码，通过信道，再被公众译码理解的过程中，很多环节都会造成信息的失真。由于组织编排信息的形式不当，或公众对信息接收得不够完整，或公众偏听偏信不实传言，而造成对组织的误解，也可能带来组织的公关危机。

3．政策体制不利

在制约组织生存发展的诸多因素中，国家经济政策和管理体制是组织无法控制的外部因素。组织希望国家的政策体制会对组织的发展有利，但在很多特殊的环境中或是特定的条件下，组织的希望难以实现。特别是受传统经济体制的约束、传统思想观念的制约、地方产品保护主义的排挤等影响，组织可能会遭遇极大的打击，带来避免不掉的危机。例如，因地方保护主义的阻挠，某品牌的异地推广之路艰辛难行。这是客观存在的社会因素带给组织的危机。

4. 科技负面影响

科技的进步，可以推动组织技术力量的壮大，同样也会带来组织技术水平的落后和技术价值的贬值。科技进步导致组织的形象危机，其原因有两个：①新技术本身的危险性所致，例如，被人们看成"挪亚方舟"和"潘多拉魔盒"的核电能源，既会造福人类，又可能因为泄漏或爆炸事故而带来巨大灾难；②因技术进步带来技术标准变化，而组织一时很难达到标准要求所致。例如，海尔集团将防电墙列入电热水器国家标准，标志着在产品中使用该技术的电热水器生产企业的产品将受到市场的青睐。

5. 公众自我保护

随着现代科技的发展和保护消费者法律的不断完善，消费者的自我保护意识正在觉醒，开始学会用法律的武器来保护自己的合法权利。这使组织原来认为合理的、正常的做法，在消费者思想中已经变成需要改变的不合理的做法。消费者对组织的抗议使组织面临危机。例如，2004年上海一名消费者一纸诉状将上海雀巢有限公司告上法庭，要求雀巢公司摒弃双重标准，承诺在中国销售的产品不使用转基因原料事件。

除了以上几点外部原因外，还有诸如具有敌意的兼并、大众传媒泄露组织秘密、恐怖破坏活动等其他外部原因。

了解公关危机产生的原因，对预防与处理危机具有非常重要的意义。

三、识别公共关系危机的方法

公共关系危机的种类繁多，而且诸多内外部因素都可能引发公共关系危机。那么，如何识别公共关系危机呢？

识别公关危机是指公关工作者在日常的公关工作中，通过一些事物的现象和自己长期的工作经验，对危机事件出现时的及时发现和判断。具备识别公关危机的能力相当重要，它可以使组织的损失在及早发现的情况下得到降低。公关危机的识别包括两个方面：一种是显性状态下的发现；另一种是隐性状态下的察觉。

1. 察觉隐性状态下的公关危机

组织出现隐性状态下的公关危机时，公关工作还处在表面正常的状态，但是隐患已经在某些因素和环节中存在。例如，组织内部干群关系、部门关系、上下级关系不和；或者是组织内部管理出现了混乱，效益停滞不前；或者是时代进步了，组织发展的脚步却越来越慢，跟不上形势；或者是出现了组织和公众之间的不协调；或者是组织与政府、社区、同行业产生了摩擦等，在这种情况下，有经验的公关人员就会发现这些不和谐因素，目前的发展状态只是萌芽，随着事物的进程和发展规律，就会由量变到质变。特别是会由局部发展到全局。因此，当一些细小的环节或因素上出现问题时，就要及时发现，马上处理。

这种发现问题的能力需要学习和长期经验的积累。它不仅是理论学习的结果，也是社会经验和工作经验的体现。

小案例9-10　D航空公司班机集体返航事件

2008年3月31日到4月1日，D航空Y分公司的21架客机都在快到达目的地时突然返航，使至少1 500名乘客出行受影响。4月2日，D航Y分公司总经理杨某对媒体表示，3月31日Y分公司执行航班295个，其中18个航班因低空扰流等天气原因先后返航，并影响到后续运力安排，造成较大面积航班延误，千余名旅客滞留机场。然而事情没有如杨某期望的简单结束，随后发生的戏剧性变化，证明这位总经理的话是谎言。

D航Y分公司前身为"中国Y航空公司"，直属中国民用航空总局。1992年7月28日正式成立。2001年，Y航共安全飞行34 449班次，运输总周转量近41 236万千米，盈利9 221万元，在业内名列前茅，成为国内众多航空公司中赢利的三家之一。2002年10月，D航空、Y航空和X航空被重组合并成一家公司，以D航空的名称来命名新公司。在新组建的D航空公司的领导班子里，原来的Y航空公司的人很少，加上当初合并的时候，D航空方面曾经对Y航的人承诺"待遇不会下降""可以根据自己的效益来发放收入"。但情况并不是这样，在Y分公司一直保持效益良好的同时，人员的待遇却在下降，地面工作人员的工作收入下降了近一半。这样，大家的怨言就自然而生了。除了平日里大家的各种牢骚、议论，甚至在内部互联网上也是骂声一直不断。但这些"民间呼声"并没有引起Y分公司和D航总部的注意，也没有具体措施改变现状。时间久了，积怨深了，危机就不可避免地爆发了。因这次危机，D航的两条航线被停航，损失达4亿多元。

量变的积累转变为组织公共关系的质变，这次D航的危机事件起源于其内部，"冰冻三尺，非一日之寒"。如果D航能早点发现来自不满者的声音，及时解决矛盾，相信不会酿成如此严重的后果。

2. 发现显性状态下的公关危机

比起隐性状态，显性状态下的公关危机比较容易被发现。稍有一些公关经验，或者是任何一个人都可以判断显性公关危机。因为它是既成事实的危机状态，而且多是影响较大的突发性危机，常常以重大的损失作为标志，容易为人所重视，但是对于重大显性危机危害程度的认识和判断却需要很多的公关经验和很高的判断水平，因为它涉及对危机处理的决策和处理手段的制订，以及处理措施的实施。

已经造成组织信誉损害和效益损失的危机，由点性危机带来的线性危机和综合性危机，都是显性危机。

小案例9-11　赢了官司，输了世界

1997年8月5日，王洪在北京安特明科技有限责任公司（以下简称"安特明公司"）购买恒升笔记本电脑一台，恒升的保修证书中标明"对所售产品实行3年保修，其中1年之内按规定使用发生故障时，本公司负责免费维修或更换损坏部件"。1998年4月，

王洪的笔记本电脑显示屏出现质量问题。6月1日,王洪与安特明公司联系维修事宜,次日将笔记本电脑送至安特明公司进行维修,被告知如无保修卡,维修应交纳7300元。王洪对处理方式不满,认为笔记本电脑在保修期内,公司应无条件免费维修,遂又多次与安特明公司沟通,未果。

6月9日,王洪在网络上发表《请看我买恒升上大当的过程》一文,并向消协投诉。7月2日,恒升与王洪取得联系,同意免费为王洪修理笔记本电脑,但要求王洪在互联网上发布至歉函,否则不予修理。王洪感到备受愚弄,决定放弃维修。7月3日,王洪又写了《誓不低头》一文在互联网上发表,文中将恒升笔记本电脑比作垃圾。7月25日,王洪收到律师事务所发来的邮件,要求王洪停止"损害恒升的名誉",并威胁要诉诸法律。随后,王洪在国际互联网上设立名称为"声讨恒升,维护消费者权益"的个人主页,社会反响强烈,王洪因此被恒升公司以侵犯名誉权为由推上被告席。

通过两审,王洪最后被判向恒升公开致歉,并赔偿北京恒升远东电子计算机集团经济损失人民币9万元。二审宣判当天下午,恒升公司的网站主页遭到黑客攻击,页面被黑客肆意更改成"赢了官司,输了世界"。

王洪状告恒升事件,是一场因纠纷处理不当而导致摩擦升级的典型的显性危机,这种危机很容易被发现,但是恒升对这场危机危害程度的认识和判断却出现了偏差,很武断地将消费者告上法庭,危机处理决策的失误和处理手段的极端,最终导致了恒升"赢了官司,输了世界"的结局。

第三节 处理公共关系危机

并不是只要组织有完善的运行机制就不会出现危机了,危机是一种客观存在的现象,它是不速之客,会经常与组织打"恐怖"的招呼。面对危机进行妥善处理是组织迫切需要的一种公关工作。

危机一旦发生,不可避免的麻烦就到来了。社会组织如何才能正确地应对危机呢?

危机公关是公共关系工作的一种特殊形态,是组织的公共关系工作水平的综合显示。有效的危机公关不仅有助于避免组织不希望的事情发生,而且是组织自我保护、维护自身形象的客观要求,它对于防止组织形象的下降,保卫已有的公共关系工作成果有着不可替代的作用。危机公关的一般程序有别于常规公共关系工作的程序,它包括五个环节:采取措施、控制事态;坦诚告知、表明诚意;调查情况、收集信息;确定策略、有效沟通;评价总结、改进工作。

一、采取措施、控制事态

危机事件一旦爆发,消息便会像病毒一样以裂变方式高速度地传播,组织必须当机立断,在最短的时间内做出最快的反应,迅速表达自己的立场,采取果断措施控制事态,掌握主动权,防止事态扩大。反之,逃避、推脱、心存侥幸,都会使事态扩大、升级,使局势难以控制。因而,在危机发生的第一时间,有效控制事态是处理危机的关键。

小案例9-12 食品公司迅速召回"问题花生酱"

2007年2月，国家质检总局接到美国食品药品管理局通报，卫生部亦接到了世界卫生组织通报，2006年5月后生产的Peter Pan和Great Value两款花生酱被怀疑遭受沙门氏杆菌污染，两种产品已向中国出口。2007年2月23日晚，卫生部发出通告，要求消费者和食品经营机构停止食用和销售上述两种美国花生酱。仅仅在我国卫生部发布"问题花生酱"通告后的第三天，北京时间2月25日9时，美国ConAgra食品有限公司就通过企业财经资讯平台"中国商业电讯"（http://www.prnews.cn）发布了召回新闻。ConAgra食品有限公司发言人Chris Kircher表示："尽管我们广泛的产品测试并未证明沙门氏杆菌的存在，但我们仍采取防范措施，因为消费者的健康和安全是最重要的。"

该召回新闻对消费者如何获得全额退款进行了详细说明："凡购买该产品的消费者请丢弃该产品，但请保留产品的盖子。为了获得全额退款，中国的消费者必须将Peter Pan花生酱产品的盖子连同消费者的姓名和通信地址信息邮寄到以下地址：Goodwell China Company Limited，中国上海凯旋路3131号××室，邮编：200030。消费者如有任何关于产品召回的疑问，请拨打电话86-21-6487-××××联系Goodwell China Company Limited。"

美国ConAgra食品有限公司对于此次危机事件快速响应，通过电子化的新闻传递，可在几分钟内将企业新闻推送到中国成百上千家新闻媒体供记者选用，传播速度较传统媒介数倍提升，令高效的危机公关成为可能。

该召回新闻发布后，已被国内十几家网站转载，包括新浪、搜狐、北青网、南方都市网、环球财经、天下财经等。搜狐财经发布时间显示为2007年2月25日10时，来源为中国商业电讯，距ConAgra食品公司发布时间仅1个小时。

因为反应及时，事态被控制住了，美国ConAgra食品有限公司在坏消息还没有蔓延之前，就利用传播速度最快的网络媒介发出了回收声明，给危机处理开了一个好头。

二、坦诚告知、表明诚意

危机事件已经发生，面对媒介、受害者、政府部门及社会公众，我们究竟应该表达些什么？

处理危机事件的公关宗旨是"真实传播，挽回影响"。当事件发生后，与该事件有关的人们出于趋利避害的本能，强烈要求了解事件的状况及与自身的关系，如果缺乏可靠的信任，则往往做出最坏的设想来作为自己行动的根据。只有真实、准确地传播，才能获取公众的信任，争取公众的谅解与配合。

小案例9-13 SOHO"跳槽事件"

SOHO中国有限公司是一家为注重生活品位的人群提供创新生活空间以及引领时尚生活方式的房地产开发公司。它在市场竞争中非常成功，自1999年以来，连续多年在北京乃至全国稳居项目销售冠军。1999年8月，SOHO总裁潘石屹为"寻找灵感"，到

> 成都、拉萨、珠穆朗玛峰旅游。回到总部后,听到一个惊天的消息,负责销售的总经理向他汇报,正在进行"现代城"销售的 50 多名销售精英被 SOHO 的竞争对手——"中国第一商城""挖"走了。得知消息的当晚,潘石屹便给跳槽的人开会,苦口婆心地做工作:目前公司前景光明,希望大家不要离开,与第一商城签订的合同,公司可以找律师处理。但是,仍然有 23 个人,被高薪"挖"走了。SOHO 陷入了"跳槽事件"的危机。一些朋友告诉潘石屹:家丑不要外扬了,20 多个人,不会产生什么大影响。经过一番思想斗争,潘石屹还是写了一封题为《现代城的四名副总监被高薪挖跑了》的信,并在第二天买了《北京青年报》《北京晨报》《北京晚报》和《精品购物指南》这几家北京最有影响力的报纸半个版面,发了这封信。信的最后有这样一段话:"现代城的员工们,无论我们是成功还是失败,无论我们受到竞争对手什么样的打击,千万不要忘记我们做人的准则,不要忘记我们的使命,也不要忘记客户对我们的期盼。"
>
> 中央电视台《经济半小时》节目和北京电视台的《北京特快》节目都对此做了报道,《北京特快》节目一共做了 4 期,其中有两期节目还获了奖。这次危机给"现代城"带来的最大收获是,"现代城"一下子出名了,形象凸显出来了。1999 年全年销售额达到 18.9 亿元。

在 SOHO 的发展过程中,曾经历各种危机事件,总裁潘石屹悟出了危机公关的真谛。他表示:"我们所有人都已经进入了一个信息时代,这个信息时代就是一个媒体时代。在这个时代,我们对许多事情都应该有一个新的定位,跟我们在工业时代思考问题的方法应该有所不同。对媒体最重要的一个原则,我认为是要坦诚,你想什么事情,你就说什么事情;你做了什么事情,你就承认什么事情。只要你拿出足够的坦诚,媒体和社会公众就会理解你,如果你去躲躲藏藏,反而会出现一发不可收拾的情况。"

危机公关专家指出,危机沟通有"两要两不要"原则:

1)要诚实。建立信任,是与公众进行危机沟通的最重要的基础。信任是来自很多方面的,最重要的是诚实。"9·11 事件"后,纽约市长朱利安尼向公众承认他也害怕,他也不知道下一步会发生什么事,他的痛苦是诚实的,也是真实的。他没有试图控制公众的情绪,也没有试图保持完全的冷静。这样反而使公众更信任他,使他能更有效地帮助公众消除过分的忧虑。诚实和公开有助于建立信任,使危机沟通更有效。

2)要尊重公众的感受。公众的恐惧是真实的,公众的怀疑是有理由的,公众的愤怒是来自内心的。这是事实。我们永远不要埋怨公众太不理智,永远不要忽略和漠视公众的真实感受。否则,不仅不会使他们平静下来,还会丧失他们对你的信任。通常危机沟通失败的几个原因是:①批评人们对于危机本能的反应;②不接受恐惧的感情基础;③只注重事实,不注重人们的感受。

3)不要过度反应,过犹不及。在危机发生后要镇定。让自己在对事实了解后,做出适当的反应。在与公众或媒体沟通的过程中,一定要确定自己的"反应度",而不要过度反应。否则可能会人为地把事情闹大。

4)不要过度承诺。由于危机的突发性和不可预期性,决策者必须在得到专家意见后尽快与公众和员工沟通。但是往往很多信息是有局限性的和不准确的,因此,作为决策者,要面对这种后果。必须及时告诉公众,告诉员工,事情并没有预期那么顺利。如果没有把这些坦率地公布出来,就会威胁到那些认为事情进行得很顺利的人的安全。决策者需要对公众公开，但同时也需要谨慎。尤其讲话要慎重，不然会显得不够专业，使承诺失去了可信度。这里不仅仅是过分承诺的问题，更是尊重公众的智力和判断力的问题。

三、调查情况、收集信息

组织对于突发性公关危机的处理，最终是建立在针对事件真相，采取相应、得体的公关措施的基础之上，因此，调查危机事件的真相就显得非常重要。也就是说，在灾难得到遏止、危机得到初步控制后，组织就要立即展开对危机的范围、原因和后果的全面调查，查明原因是为危机处理决策提供依据，也是成功处理危机的关键所在。

只有在调查研究的基础上，对信息进行分类、整理，向各个有关部门提供客观、真实、重要的信息，上报决策层，才能开展有效、严密的公关活动。同时加强与公众之间的协商对话，建立起组织与公众之间新的信任与合作关系，进而使危机的处理更加顺利。

小案例9-14　豪车肇事逃逸案

电视剧《完美关系》中，一人三餐公司的外卖员叶永福被一辆豪车撞倒，肇事者在他的身上留下了1万元的现金就离开了，这件事经新闻报道后引起了轩然大波。肇事者董小鹏之母明通股份董事长董天慧来DL公关传媒公司找卫哲，希望卫哲和江达琳消除这件事的负面影响，不能让这件事牵连明通股份。董小鹏的律师告诉卫哲和江达琳，叶永福在送外卖时无视红灯，被董小鹏的车撞倒，董小鹏下车查看了叶永福的伤势，并与叶永福达成了口头协议。律师还给卫哲看了董小鹏的证词，说董小鹏就是违章驾驶，算不上肇事逃逸，并将几个证人的联系方式交给了卫哲。江达琳和卫哲去找目击证人刘东询问情况，同时派人去医院找当时的医护人员。

董小鹏事件的舆论仍然在持续发酵，卫哲一边派人安排叶永福到单人的特护病房，以此来安抚受害人家属，一边让董小鹏录了视频道歉。之后，卫哲带董小鹏去医院向叶永福和叶东烈道歉，并安排助手去查董小鹏那辆车的违章记录。叶东烈情绪激动地不接受道歉，还说卫哲他们在网上造谣，称网上那些帖子都是DL公司帮忙传播的，说他们收了董小鹏的钱，然后合起伙来做局撒谎。原来是董小鹏买水军骂人。这打乱了卫哲的下一步计划。卫哲再次单独找到叶东烈谈和解条件，除了支付医疗费以外，董家还愿意赔付100万元，叶东烈却不愿意庭外和解。

一人三餐欲利用董小鹏事件转移舆论导向，公司老板徐斌领着一群记者来看望叶永福，劝说叶东烈不要和董小鹏和解，还说自己可以出钱来帮叶东烈和董小鹏打官司，让他们和董小鹏斗争到底。董天慧知道一人三餐的所作所为后，让闫律师赶紧处理好这件事，否则董小鹏一旦被认定为交通肇事逃逸，自己就要在董事会上引咎辞职。有些事情DL公司做不了，只能闫律师去做。闫律师找人剪辑了一段视频，想要引导舆论为董小鹏开脱。闫律师将剪辑好的视频交给卫哲，希望他们尽快把视频发出去，调转舆论的风向。

闫律师走后，江达琳想要再看一遍视频，她看出视频被剪辑过了，但卫哲却让江达琳搞清楚自己的立场，不要胡来，江达琳却要亲自去调查清楚视频的事情。她去交管中心申请调取监控录像，仔细查看监控之后，认为有人收买了证人刘东，这也说明之前董小鹏所说的一切都是谎言。卫哲再次强调公关法则第一条是客户至上，客户需要什么，他们就要提供什么，闫律师给他们的视频是让他们有足够的筹码去与叶东烈和解，只要叶东烈同意和解，这件事就结束了，而网友们是最健忘的，不出一个月，网友们就会把这件事情忘得干干净净。江达琳却觉得这样做对叶永福父子不公平，卫哲劝江达琳不要把自己逼到墙角，而江达琳不想因为眼前的利益而破坏了DL公司的口碑。

江达琳召开合伙人会议，决定要将真相告诉叶东烈，并要求董小鹏自首。江达琳和卫哲来到董家，向董天慧说明来意，董小鹏当时就火了，扬言自己可以再找新的律师来证明自己的清白。卫哲看着董小鹏嚣张无知的样子，觉得应该要给董小鹏一个教训，否则他将来会犯更大的错误。两人离开后，董天慧狠下心打了报警电话替董小鹏自首。在江达琳的坚持下，董小鹏终于受到了应有的惩罚，豪车肇事逃逸案终于落下帷幕。

四、确定策略、有效沟通

在对危机事件真相调查分析的基础上，组织就可以针对不同的对象确定恰当的沟通策略，有效地与公众进行沟通。

危机沟通的作用是：帮助公众理解影响他们的生命、感觉和价值观的事实，让他们更好地理解危机，并做出理智的决定。危机沟通不仅是告诉人们你想要他们做的事，更重要的是告诉他们你理解他们的感受。

小案例9-15　银行挤兑风波

某大型跨国公司因投资失败而破产，贷款给它的美国S银行某分行因此无法收回贷款，面临危机。一时间该分行即将倒闭的传言在大街小巷飞速传开，几乎所有在该银行存款的储户都赶到银行来提现，生怕在银行倒闭前无法取出现金。前来提现的人群排了延伸几个街区的队伍，场面很混乱。S银行总行接到消息，马上派出运钞车从各分行紧急调拨1 000万美元运送至该分行，并派出了一位解决危机的高手——总行副行长阿里克斯。

阿里克斯火速赶往现场，到达时距银行下班时间还有不到一个小时。现场场面混乱，上千人挤在银行门口，甚至有激动的储户已经开始要砸银行的玻璃，情况非常危急。阿里克斯站在一处高台上，手中拿着扩音器宣布："我是总行副行长阿里克斯。我知道大家急于提现，担心快到下班时间了。现在我宣布，今天银行在办理完所有的业务后，再下班。"人群中议论了一小会儿，接着稍稍安静。阿里克斯接着说："今天是周末，大家取出了大量的现金，带在身上或放在家里，都是不安全的。现在我的助手就在为大家联系就近的其他银行，希望他们能延时下班，方便大家存款。"这一席话换来了人群中的掌声。接着阿里克斯的助手宣布了几家已经谈妥延时营业的银行。

一对老夫妻提着一个装了大量现金的袋子，从银行中走出来。阿里克斯看到了，忙迎上去，询问两位老人是否有人陪同。老人红着脸对阿里克斯说："我们夫妻俩在这存款有30多年了。这袋子里是我们所有的积蓄，要用来养老的。要不是这次出了这样的事，我是不会把钱都取出来的。"阿里克斯真诚地说："老人家，看来我们是30年的老朋友了，感谢您一直的信任。为了您的安全，我派人开车把您送到就近的银行去存钱。"

说完回身找来自己的司机。两位老人商量了一下，打断了阿里克斯的安排，问道："小伙子，你能向我保证，这银行不会倒闭吗？"阿里克斯沉思两秒，郑重地点了点头："我向您保证，它不会倒闭的。"两位老人手拉着手，转身又走进了银行。此时，挤在银行门口的人群也开始一点点地散开了，人们渐渐地离去。

结果，该分行办理完最后一笔业务，只比平时下班时间晚了10分钟。

该案例充分地说明了危机公关中有效沟通的作用和价值。在调查研究，了解危机发生的范围、原因及后果以后，我们必须分别针对组织内部公众、新闻媒介公众、受害者、政府主管部门、业务往来单位及其他公众开展卓有成效的沟通工作。

五、评价总结、改进工作

在危机事件平息后，组织需要成立一个评估小组，对整个危机管理活动进行评估，总结经验和教训。这里的总结工作包括两个方面：一方面要注意从社会效应、经济效应、心理效应和形象效应等方面，检查组织在应对危机的过程中所做的决策与所采取的行动，评估消除危机有关措施的合理性和有效性，实事求是地写出总结报告，以便进一步完善组织的危机管理工作，也为以后处理类似事件提供依据；另一方面是对所发生危机本身的总结，认真分析事件发生的深刻原因，收集公众对组织的看法、意见和议论，总结经验教训，以便改进组织工作，从根本上杜绝类似事件再度发生。

小案例9-16　泰诺药片中毒事件

1982年9月，美国芝加哥地区发生了7人服用含氰化物的泰诺药片中毒死亡的严重事故。事件发生后，在首席执行官吉姆·博克（Jim Burke）的领导下，强生公司迅速采取了一系列有效措施。首先，该公司立即抽调大批人马对所有药片进行检验。经过公司各部门的联合调查，在全部800万片药剂的检验中，发现所有受污染的药片只源于一批药，总计不超过75片，并且全部在芝加哥地区，不会对美国其他地区有丝毫影响，但公司仍然不惜花巨资在最短时间内向各大药店收回了所有的数百万瓶泰诺药片，并花50万美元向有关的医生、医院和经销商发出警报。

事故发生前，泰诺在美国成人止痛药市场中占有35%的份额，年销售额高达4.5亿美元，占强生公司总利润的15%。事故发生后，泰诺的市场份额曾一度下降。当强生公司得知事态已稳定，并且向药片投毒的疯子已被拘留时，并没有马上将产品投入市场。当时美国政府和芝加哥等地的地方政府正在制定新的药品安全法，要求药品生产企业采用"无污染包装"。强生公司看准了这一机会，立即率先响应新规定，仅用5个月的时间就夺回了原市场份额的70%。

强生公司处理这一危机事件的做法成功地向公众传达了企业的社会责任感，受到了消费者的欢迎和认可。对此《华尔街日报》报道说："强生公司选择了一种自己承担巨大损失而使他人免受伤害的做法。如果昧着良心干，强生将会遇到很大的麻烦。"

本章小结

1. 社会组织进行公共关系危机管理不只是对危机的处理，还要争取防患于未然。树立全员公关意识，保持良好的媒介关系，建立漏洞审查制度和危机预警系统，是预防公共关系危机的基本方法。

2. 引起组织公共关系危机的原因有很多，组织应注意发现显性公关危机，更要目光敏锐地察觉隐性公关危机，尽量减少危机爆发的频率，减轻危机的危害程度。

3. 组织处理公关危机要遵循的一般程序是：采取措施、控制事态；坦诚告知、表明诚意；调查情况、收集信息；确定策略、有效沟通；评价总结、改进工作。

案例评析

"三鹿"奶粉事件

石家庄三鹿集团股份有限公司是集奶牛饲养、乳品加工、科研开发为一体的大型企业集团，是中国食品工业百强、中国企业500强、农业产业化国家重点龙头企业，也是河北省、石家庄市重点支持的企业集团。该企业先后荣获全国"五一劳动奖状"、全国先进基层党组织、全国轻工业十佳企业、全国质量管理先进企业、科技创新型星火龙头企业、中国食品工业优秀企业等省以上荣誉称号200余项。

三鹿集团前身是1956年2月16日成立的"幸福乳业生产合作社"，经过几代人半个世纪的奋斗，在同行业创造了多项奇迹和"五个率先"：1983年，率先研制、生产母乳化奶粉（婴儿配方奶粉）；1986年，率先创造并推广"奶牛下乡、牛奶进城"城乡联合模式；1993年，率先实施品牌运营及集团化战略运作；1995年，率先在中央电视台一频道黄金时段播放广告；1996年，率先在同行业导入CI系统。

三鹿奶粉产销量连续14年实现全国第一，酸牛奶位列全国第二，液态奶进入全国前四名。三鹿奶粉、液态奶被确定为国家免检产品，并荣获"中国名牌产品"荣誉称号。2005年8月，"三鹿"品牌被世界品牌实验室评为中国500个最具价值品牌之一；2006年位居国际知名杂志《福布斯》评选的"中国顶尖企业百强"乳品行业第一位。经中国品牌资产评价中心评定，三鹿品牌价值达149.07亿元。2007年被商务部评为最具市场竞争力品牌，"三鹿"商标被认定为"中国驰名商标"；产品畅销全国31个省、市、自治区。

这样一家实力雄厚的企业，在2008年因"婴儿结石门"深陷危机之中。2009年2月12日，石家庄市中级人民法院正式宣布石家庄市三鹿集团股份有限公司破产。"三鹿大厦"因三聚氰胺事件在人们的愤怒和声讨中突然坍塌了，留给我们无尽的遗憾和思索。

2008年3月，南京出现了婴儿肾结石病例；6月，南京媒体报道幼儿批量发病。质检总局网站亦可见投诉，"请尽快查清奶粉是否有问题，为避免更多婴儿得此病。"7月，长沙株洲衡阳，患者家属投诉质量问题。7月16日，甘肃卫生厅接到了多起患病的报告。"三鹿"自称送检的产品都是合格的。

第九章 公关危机管理

2008年9月6日、9日：在国家质检总局食品生产监管司的"留言查询"版内，记者发现均有消费者向国家质检总局反映有婴儿因长期服食奶粉而患肾结石。该消费者还表示："强烈希望你们能检验此品牌奶粉的质量，以免更多的孩子再受其害！"当时，国家质检总局回复称，该局正在严重关注此事，并联合有关部门积极调查处理。同时，该局还建议消费者，"请你也将详细信息向卫生部门反映"。

2008年9月9日，一则标题为《14名婴儿同患"肾结石"》的报道出现在《兰州晨报》上。报道披露，"9月8日，中国人民解放军第一医院泌尿科接收了一名来自甘肃岷县的特殊患者，病人是一名只有8个月大的婴儿，可是却患有'双肾多发性结石'和'输尿管结石'病症，这是该院自6月28日以来收治的第14名患有相同疾病的不满周岁的婴儿。这14名婴儿有着许多相同点：都来自甘肃农村，均不满周岁，都长期食用某品牌奶粉"。随后，湖南、湖北、山东、安徽、江西、江苏等地相继有媒体传出消息称，出现疑似案例。湖北发现3例！江苏发现10例……事情变得复杂起来。"疑喝同一品牌奶粉而导致宝宝患肾结石"的消息开始像乌云一样笼罩在那些年轻妈妈、准妈妈的心头。不少人开始联想起2004年的安徽阜阳，那一次，劣质奶粉导致了"大头娃娃"事件。

裹挟的愤怒和不满变为汹涌的民意，在天涯、西祠等各大论坛及各大门户网站的新闻跟帖迅速以几何数级的速度增长。网友直指："强烈要求公布是何品牌奶粉！"9月11日，事件出现升级的迹象。这一天，《东方早报》率先将矛头指向"三鹿"奶粉。报道说，"医生们注意到，这些患病婴儿在没有母乳之后，都使用了品牌为'三鹿'的奶粉。"记者引用医生的分析说，"因为这些婴儿最主要的食品来源就是奶粉，且都是长时间使用同一品牌的奶粉，因此不排除与奶粉有直接的关系。"

2008年9月11日10时，三鹿集团回应奶粉事件：严格按国家标准生产。三鹿集团委托甘肃权威质检部门对三鹿奶粉进行了检验，结果显示质量是合格的。

2008年9月11日17时，三鹿称本公司没有18元价位奶粉。三鹿集团传媒部部长告诉记者："作为具有60多年历史的国家知名企业，三鹿几乎成了我国奶粉的代名词，因此我们具有极高的社会责任感……我们可以肯定地说，我们所有的产品都是没有问题的。"

2008年9月11日21时，卫生部提醒：立即停止使用三鹿受污染奶粉。卫生部9月11日晚指出，近期甘肃等地报告多例婴幼儿泌尿系统结石病例，调查发现患儿多有食用三鹿牌婴幼儿配方奶粉的历史，经相关部门调查，高度怀疑石家庄三鹿集团股份有限公司生产的三鹿牌婴幼儿配方奶粉受到三聚氰胺污染。卫生部专家指出，三聚氰胺是一种化工原料，可导致人体泌尿系统产生结石。

2008年9月11日22时，石家庄三鹿集团股份有限公司发布产品召回声明称，经公司自检发现2008年8月6日前出厂的部分批次三鹿婴幼儿奶粉受到三聚氰胺的污染，市场上大约有700吨。三鹿集团公司决定立即全部召回2008年8月6日以前生产的三鹿婴幼儿奶粉。此前，该公司有关负责人表示，公司密切关注奶粉致病事件，已派人赴相关地区了解情况，并全力配合有关部门调查。

2008年9月12日10时，三鹿集团称在8月1日，已经查出是不法奶农向鲜牛奶中掺入三聚氰胺造成婴儿患肾结石，不法奶农才是这次事件的真凶。警方正抓捕不法奶农。至此，三鹿乳业集团三聚氰胺事件全面爆发。

从三鹿奶粉事件看公关危机的处理

回顾 2008 年三鹿奶粉事件我们可以看出，三鹿集团在处理危机事件方面确实存在一系列问题：

一是危机发生后缺乏及时的回应。危机处理必须分秒必争，三鹿集团却是在事件发生后一味否认和逃避问题，不能在第一时间与社会媒体进行有效沟通，没有对社会做出必要的解释，这种不明确的态度最终导致了社会上流言四起和集团内部的恐慌。

二是没有制订有效的处理措施。危机处理中要以消费者的利益为核心。在制订处理措施时，首先要对公众真诚致歉、主动承担社会责任，与消费者代表协商处理应急方案。三鹿集团却是在事件发生后拖延、瞒报、封口，试图掩盖真相，种种行为让媒体和公众失望。

三是没有做好外部沟通。良好的外部沟通是整个事件解决的关键。如果是一家机构健全的企业，三鹿集团不可能在媒体曝光前没有发现问题；事件曝光后，集团第一时间否认奶粉质量有问题，并对外一致口径"我们所有的产品都是没有问题的"，几个小时后才承认自检发现部分批次奶粉受三聚氰胺污染，这样前后矛盾的回应导致公众强烈不满。

四是缺乏有效的善后措施。事件发生后，三鹿集团没有采取有效的善后措施，比如产品召回和下架，对受害人的相关道歉等。整个危机处理过程杂乱无序，公众对这样一家没有社会责任感的企业失去信心是必然的。

三鹿奶粉事件为社会组织危机处理敲响了警钟。如何正确地处理公关危机，成为社会组织必须面对的问题。

1）建立及时的应急机制。第一时间回应是处理危机事件的前提。英国危机公关专家里杰斯特有个著名的三 T 原则，其中一条就是"第一时间对外宣传"。所谓及时性，是指一旦出现危机的征兆，应最高效地搜集、发布相关信息，查明危机出现的原因、哪个环节出现疏漏、有无可行的应急补救措施等。抓住最佳时机，避免局势失控，可以将损失降低到最小，变被动为主动，适时转危为机。一旦失去先机，公众和媒体胡乱猜测，谣言四起，组织会深陷被动状态。

2）制订合理的处理措施。发生危机事件，认清事态局势是首要，随后要采取及时有效的处理措施，防止危机扩大以致无法挽回。首先，积极召回问题产品。召回的方式多种多样，比如可以通过维护检修、召回更新、召回回收、召回和赎买等；其次，通过各种渠道积极补偿受害方。很多国家的法律中明文规定，因产品缺陷给消费者造成损害时，所要承担的赔偿既包括直接经济损失，也包括间接损失以及精神损失。依据问题产品所造成的损害程度，组织要积极主动地进行合理补偿，获得消费者和社会的理解与赞同，使公众感受到组织的社会责任感。

3）加强与新闻媒体的沟通。危机发生之后，小道消息满天飞，新闻媒体也会借机炒作。里杰斯特教授尤其强调"实言相告"的原则，他指出，越是隐瞒真相越会引起更大的怀疑。名牌企业本来就受到消费者所信赖，这些公司一旦发生产品质量问题，公众在心理和情感上更加难以接受。尤其是危机爆发初期，公众和媒体情绪比较激动，如若沟通不及时，消费者情绪安抚不到位，就容易产生敌对情绪。因此，企业首先要摆正态度，以诚恳的态度与媒体和公众就此事件进行沟通；其次是借助舆论的力量，公布真相。与其封锁消息让媒体发挥想象猜测事件，不如尽可能地向其提供事件真实的一幕，通过媒体将企业搜集的最新消息、采取的有力措施传达给公众,让公众了解真相,理解并支持企业的应急策略。

4)做好事件的善后工作。善后工作是危机事件处理的最后阶段。这个阶段,企业应致力于正常工作的恢复,反思企业在危机处理过程中的表现,总结经验,从而完善企业危机处理机制。对危机处理的效果进行评价,一方面评价处理方式是否得当、效果是否收到;另一方面对自身产品质量和管理流程等进行重新审视,开展产品质量与安全生产检查,完善危机预防体系,为重塑企业产品形象奠定坚实基础。

技能训练

埃克森公司原油泄漏事件

埃克森公司是一家规模宏大的石油公司,其原油生产和销售业绩曾高居美国国内石油公司之榜首。在美国《幸福》杂志1990年4月所列出的全美500家公司中,埃克森公司名列第三位,仅次于通用汽车公司和福特汽车公司,其业务范围遍布全世界。然而,由于对突发性危机事件反应迟钝,一次油轮泄漏事件令埃克森公司在企业形象和经济上都遭受了巨大损失。因这一事件的影响,埃克森公司在人们心目中成了"破坏环境,傲慢无礼"的公司,西欧和美国的一些老客户纷纷抵制埃克森公司的产品。此外,埃克森公司还陷入了旷日持久的法庭诉讼中。1991年,埃克森公司为此支付了9亿美元的调解费,赔偿了3亿美元用于安抚受其影响的渔民,但根据当时的裁决,联邦政府和阿拉斯加地方政府有权在事后针对当时无法预测的损害向埃克森公司的继续追责。这一案件最初于1994年开始在纽约审理,一个陪审团做出裁定,要求埃克森公司向32 000名渔民、阿拉斯加当地居民以及其他受影响的人支付共50亿美元的赔偿。后来美国一家上诉法庭裁定赔偿金降为25亿美元。直至2006年,美国相关部门及阿拉斯加地方政府还裁决埃克森公司再交9 200万美元罚款,为十几年前"埃克森·瓦尔迪兹号"油轮原油泄漏事件买单。

1989年3月24日,埃克森公司的一艘巨型油轮"埃克森·瓦尔迪兹号"在阿拉斯加州美、加交界的威廉王子湾附近触礁,原油泄出达800多万加仑,在海面上形成一条宽约1千米、长达800千米的漂油带。事故发生地点是一个原本风景如画的地方,盛产鱼类,海豚、海豹成群。事故发生后,礁石上沾满一层黑乎乎的油污,不少鱼类死亡,附近海域的水产业受到很大损失,纯净的生态环境遭受了巨大的破坏。

事故发生以后,地处较偏僻的阿拉斯加地区少有记者光顾,偶尔有几个,他们也只是随意拍几张照片,报道的不过是一个一般性的泄油事故。环境保护组织对这一突发事件感到伤心,加拿大和美国当地政府的官员敦促埃克森公司尽快采取有效措施解决这一难题。

对于这一事故,埃克森公司方面却无动于衷。它既不彻底调查事故原因,也不及时采取有效措施清理泄漏的原油,更不向美、加当地政府道歉,致使事态进一步恶化,污染区域越来越大。到了3月28日,原油泄漏量已达1 000多万加仑,25万只海鸟、2 000多只海豚、海豹和至少22只鲸鱼死亡。加拿大和美国当地政府、环境保护组织以及新闻界对埃克森公司这种置公众利益于不顾、企图蒙混过关的恶劣态度极为不满,群起而攻之,发起了一场"反埃克森运动"。各国新闻记者从世界各地纷至沓来,电视台、广播电台、报纸、杂志、新闻电影制片厂动用了所有的媒介手段，向埃克森公司发起总攻，埃克森公司一下子陷入了极为被动的境地之中。

各国新闻媒介的群起而攻和国际环保组织的严厉批评，惊动了美国总统。3月28日，总统派出了运输部部长、环保局局长和海岸警卫部队总指挥等高级官员组成特别工作组，前往阿拉斯加进行调查。经过调查得知，造成这起恶性事故的原因是船长玩忽职守，擅离岗位。事故发生时，船长因饮酒过量而不在驾驶舱，油轮由一个未经海岸警卫队认可的三副驾驶。港口领航员和海岸警卫队官员在发生事故后都从船长的呼吸中闻到很浓的酒气。调查结果传出后，舆论为之哗然。埃克森公司的公共关系危机不可避免地出现了，以往埃克森公司曾做过这样那样对社会有益的事情，现在都被公众抛在脑后。人们现在所知道的，就是埃克森公司是个破坏环境、傲慢无礼的公司。结果，埃克森公司被迫以重金聘请人员清理海滩、刷洗岩石。初春的阿拉斯加寒风袭人，海滩的清理工作十分费力、进展缓慢。据路透社报道，埃克森公司仅此一项就付出了20多亿美元。

在漏油事件发生后的一个星期内，埃克森公司高层都没有公开发言，不仅没有在第一时间展开补救行动及对外公布信息，还企图靠拖延时间、指责政府部门延误清除油污等来推卸自身责任，在事故发生后的10多天用大篇幅广告来进行正面回应时，仍然不能掩盖媒体铺天盖地的批评指责。这一事件引起美国公关界的高度重视，他们一面分析埃克森公司在原油泄漏事件中公关失败的原因，一面提醒企业经理们要从中吸取教训，该案例被评为1989年美国最差公关案例。美国公关协会会员、公关学者詹姆斯·卢卡斯泽威基教授对这一公关危机进行了系统分析，指出埃克森公司犯了以下错误：反应迟钝；企图逃脱自己的责任；事先毫无准备，既无计划，也无行动；对地方相关部门傲慢无礼；自以为控制了事态发展；不接受任何解决问题的意见；存在侥幸心理；信息系统失控；忽视了能够赢得公众同情和支持的机会；错误地估计了事故规模；丝毫没有自责感。

如果埃克森公司在事发后能快速行动，积极清理泄漏原油以防止事态扩大；如果埃克森公司能及时与政府、新闻媒介和环保组织等公众进行有效沟通，是否能够避免多方责难及公共关系危机？埃克森公司的悲剧告诉我们，有效的公共关系活动对于任何一个社会组织都是至关重要的，正确的公关决策、及时而恰当的公关行动，在危机处理中显得尤为重要。

思考题：

1. 在事故发生伊始，你认为埃克森公司应该如何做才能赢得公众的同情和支持？
2. "反埃克森运动"开始之后，假如你是该公司的公关顾问，你将提出怎样的建议以帮助公司重塑形象？

参 考 文 献

[1] 熊源伟. 公共关系学[M]. 3版. 合肥：安徽人民出版社，2003.
[2] 杨波，寇荣. 如何进行公关管理[M]. 北京：北京大学出版社，2004.
[3] 朱崇娴. 公共关系原理与实务[M]. 北京：高等教育出版社，2008.
[4] 周安华，苗晋平. 公共关系：理论、实务与技巧[M]. 2版. 北京：中国人民大学出版社，2007.
[5] 陶应虎，顾晓燕. 公共关系原理与实务[M]. 北京：清华大学出版社，2006.
[6] 姚惠忠. 公共关系理论与实务[M]. 北京：北京大学出版社，2004.
[7] 黄昌年，赵步阳. 公共关系学[M]. 上海：上海交通大学出版社，2003.
[8] 何伟祥. 公共关系原理与实务[M]. 2版. 大连：东北财经大学出版社，2006.
[9] 田野. 拿破仑·希尔成功学全书[M]. 北京：经济日报出版社，1997.
[10] 游昌乔. 危机公关[M]. 北京：北京大学出版社，2006.
[11] 倪剑. 危机公关诊所[M]. 上海：文汇出版社，2007.
[12] 布鲁姆. 有效的公共关系[M]. 明安香，译. 北京：华夏出版社，2002.
[13] 卢卡斯. 演讲的艺术[M]. 俞振伟，译. 8版. 上海：复旦大学出版社，2007.
[14] 王伟娅. 公共关系概论[M]. 3版. 大连：东北财经大学出版社，2014.
[15] 中国公关网编委会. 最具影响力公共关系案例集[M]. 北京：企业管理出版社，2014.
[16] 李道平. 公共关系学[M]. 5版. 北京：经济科学出版社，2014.
[17] 曾琳智. 新编公共关系学[M]. 3版. 上海：上海财经大学出版社，2016.
[18] 希尔. 心静的力量[M]. 戴至中，译. 北京：北京联合出版公司，2016.